海西求是文库

中共福建省委党校、福建行政学院
《海西求是文库》编辑委员会

主　任： 刘大可

副主任： 温敬元　林　红　顾越利

委　员：（以姓氏笔画为序）

　　　王海英　田恒国　江俊伟　刘大可　刘　明
　　　李海星　肖文涛　何建津　陈丽华　陈辉庭
　　　林　红　罗海成　周　玉　胡　熠　顾越利
　　　郭若平　程丽香　温敬元　魏绍珠

| 海西求是文库 |

涉农战略性商品定价权研究

蔡俊煌 / 著

R ESEARCH ON PRICING POWER
OF AGRICULTURAL STRATEGIC
COMMODITIES

社会科学文献出版社
SOCIAL SCIENCES ACADEMIC PRESS (CHINA)

总　序

党校和行政学院是一个可以接地气、望星空的舞台。在这个舞台上的学人，坚守和弘扬理论联系实际的求是学风。他们既要敏锐地感知脚下这块土地发出的回响和社会跳动的脉搏，又要懂得用理论的望远镜高瞻远瞩、运筹帷幄。他们潜心钻研理论，但书斋里装的是丰富鲜活的社会现实；他们着眼于实际，但言说中彰显的是理论逻辑的魅力；他们既"力求让思想成为现实"，又"力求让现实趋向思想"。

求是，既是学风、文风，也包含着责任和使命。他们追求理论与现实的联系，不是用理论为现实作注，而是为了丰富观察现实的角度、加深理解现实的深度、提升把握现实的高度，最终让解释世界的理论转变为推动现实进步的物质力量，以理论的方式参与历史的创造。

中共福建省委党校、福建行政学院地处台湾海峡西岸。这里的学人的学术追求和理论探索除了延续着秉承多年的求是学风，还寄托着一份更深的海峡情怀。多年来，他们殚精竭虑所取得的学术业绩，既体现了马克思主义及其中国化成果实事求是、与时俱进的理论品格，又体现了海峡西岸这一地域特色和独特视角。为了鼓励中共福建省委党校、福建行政学院的广大学人继续传承和弘扬求是学风，扶持精品力作，经校院委研究，决定编辑出版《海西求是文库》，以泽被科研先进，沾溉学术翘楚。

秉持"求是"精神，本文库坚持以学术为衡准，以创新为灵魂，要求入选著作能够发现新问题、运用新方法、使用新资料、提出新观点、进行新描述、形成新对策、构建新理论，并体现党校、行政学院学人坚持和发展中国特色社会主义的学术使命。

中国特色社会主义既无现成的书本作指导，也无现成的模式可遵循。

思想与实际结合,实践与理论互动,是继续开创中国特色社会主义新局面的必然选择。党校和行政学院是实践经验与理论规律的交换站、转换器。希望本文库的设立,能展示出中共福建省委党校和福建行政学院广大学人弘扬求是精神所取得的理论创新成果、决策咨询成果、课堂教学成果,以期成为党委政府的智库,又成为学术文化的武库。

马克思说:"理论在一个国家实现的程度,总是取决于理论满足这个国家的需要的程度。"中共福建省委党校和福建行政学院的广大学人应树立"为天地立心、为生民立命、为往圣继绝学,为万世开太平"的人生境界和崇高使命,以学术为志业,以创新为己任,直面当代中国社会发展进步中所遇到的前所未有的现实问题、理论难题,直面福建实现科学发展跨越发展的种种现实课题,让现实因理论的指引而变得更美丽,让理论因观照现实而变得更美好,让生命因学术的魅力而变得更精彩。

中共福建省委党校　福建行政学院
《海西求是文库》编委会

序

在经济全球化大背景下，国际政治呈现出一种以经济利益分配或财富转移的博弈为特征的趋势，其中，国际大宗产品定价权的争夺成为大国经济安全关注的重大议题。全球定价权的博弈既是一种综合竞争实力和规则制定权的争夺，更是各利益主体之间的战略博弈。美、欧、日资本集团之间、西方发达国家与新兴经济体之间、纽约与伦敦两大国际金融中心之间对定价权的争夺愈演愈烈，影响着国际政治的未来走向。

大宗商品具有商品属性和金融属性。在传统市场交易方式中，侧重于商品属性定价，买卖双方谁拥有了更多选择权或替代品，谁就拥有了定价权，而在现代国际交易中，则侧重于金融属性定价，国际金融衍生品期货市场成为国际定价中心。在现代国际贸易中，美、英由于分别拥有芝加哥期货交易所、纽约商品交易所和伦敦国际石油交易所等，因而成为主导（涉农）大宗商品的国际定价中心，也就拥有了全球定价主导权。特别是第二次世界大战结束后，美国和欧洲发达国家，凭借金融市场优势发展出全球非对称定价机制，进而以市场中性逻辑为借口，来隐蔽实现对后发国家的财富转移，被国际社会许多国家认为是一种非热战殖民式掠夺的新型财富转移方式。

涉农战略性商品定价权博弈向来是全球农业和粮食安全的主要关注点。在供求关系总体平衡的情况下，以国际粮价为主的涉农战略性商品价格的波动具有常态性和随机性特征。但是，国际粮价经常呈现出阶段性的大幅异常波动，这种波动会导致相关国家出现粮食危机，甚至会引发社会动荡和政治动荡。如，2008年4月12日，海地总理雅克·爱德华·亚历克西因没解决好粮价飙升危机而被国会罢免。因此，涉农战略性商品价格的上涨，不仅威胁涉农产业链供给安全，危及农产品高进口依存度国家的粮食安全，甚至事关一国国内的政治动荡。

中国作为经济持续快速发展的国家，对国际大宗产品市场的影响必然会越来越大。同时，国际大宗产品价格的波动对中国经济安全和社会稳定的影响也会越来越大。所以，关注涉农大宗产品的战略性研究，无疑是学术界不可忽视的重大议题。作者在书中从涉农大产业安全的高度，采用长周期的交叠实证和系统分析相结合的方法，对涉农战略性商品定价权进行研究，且自始至终贯穿一条主线——涉农产业链定价安全和供给安全，为定价权博弈的探析提供一个纵向分析框架和逻辑，具有一定的创新性和前瞻性。同时，该研究集中于涉农战略性商品的定价权博弈，拓宽了大国博弈的视野，极大地丰富了经济安全的内涵，为国际政治经济学的实证研究提供了具有可操作性的案例。

在《涉农战略性商品定价权研究》出版之际，附上几点粗浅认识以表祝贺，同时更望作者百尺竿头更进一步，在相关议题领域作出更大的贡献。

王正毅
北京大学博雅特聘教授、长江学者
国际关系学院学术委员会主任
2021 年 9 月 5 日

前　言

谁控制了石油，谁就控制了所有国家；谁控制了粮食，谁就控制了人类；谁掌握了货币发行权，谁就掌握了世界。

——亨利·阿尔弗雷德·基辛格（Henry Alfred Kissinger）

粮食依赖进口，将不仅因成本较高而给中国的经济资源造成紧张，而且也会使中国更容易受到外部压力的打击。

——兹比格纽·布热津斯基（Zbigniew Brzezinski）

美国最具影响力的两位大战略家——基辛格和布热津斯基关于"粮食政治化、武器化"的思想，直接点出了以粮食安全为核心的中国涉农产业安全乃至国家安全的重大隐患。其中，石油、粮食和美元是美国经济霸权的三大支柱，也是战略性商品定价权的三大核心要素。

在全球经济一体化背景下，全球市场竞争已进入定价权博弈的时代。全球涉农产业呈现的不完全竞争和寡头垄断市场态势无疑是研究当前国际定价权和国内自主定价权问题的逻辑前提。定价权的博弈已成为产业安全的新常态，是一种关于竞争综合实力和规则制定权的博弈，实质上更是各利益主体间的战略博弈。在开放大格局背景下，涉农战略性商品国际定价权受控或缺失、国内自主定价权不断弱化已成为众所周知的显性现象，正危及中国涉农战略性商品的价格安全和产业利益安全，成为涉农产业安全的一种新常态。中国不论是作为产业链上游的资源或初级原料的供给者或购买者、产业链中游的生产者，还是作为产业链终端的最大消费者，都不拥有定价权，如中国不仅是全球水产品的主要供给者，还是全球钾肥、大豆、棉花等涉农战略性商品的最大需求者，但都只能是国际交易价格的被动接受者。这表明中国涉农产业在国际分工格局中被锁定在涉农战略性商品全球价值链的低附加值环节,大部分产业利益以"兵不血刃"的方式被剥夺,陷入了定价权丧失或弱化的产业安全困境。为此,本书从全球视野、涉农产业安全的战略高度对涉农战略性商品定价权展开研究具有重大的理论和现实意义。

本书以涉农产业体系的系统性安全为研究重点,以全球定价权博弈的研究为破解中国涉农产业安全问题主要矛盾的手段。尝试以国际政治经济学、不完全竞争条件下的寡头垄断理论、全球价值链治理与经济租理论、战略性贸易政策理论等相关理论为依据,运用系统的理论分析、总体和个体相结合的定量实证研究、典型的案例研究和技术路线图等方法,从产业安全战略高度、全球视野对涉农战略性商品的国际定价权、国内自主定价权和全球价值链治理下的定价权的实质、定价机制、影响因素和战略性成因分别进行系统的透析,揭示涉农战略性商品全球价格大幅波动所蕴藏的定价权博弈真相及其所引发的产业安全问题,随后提出破解困境、防控涉农产业安全风险的机理,并主要从创新健全理论体系、国家战略、市场主体、市场体系和规则等方面提出对策与建议。

研究重点体现在如下三个方面。一是如何从全球定价权博弈的战略高度和涉农产业安全的系统视角进行有机结合,将定性和定量相结合,进而全面透析、揭示我国所面临的涉农战略性商品国际定价权和国内自主定价权缺失的战略性成因。在定量实证研究上,基于不同历史时期的时空背景差异性和数据可获得性,本书在 2002~2012 年实证研究(篇)的基础上,进行了 2002~2017 年的后续实证研究。一方面,这保留了第一阶段研究(2002~2012 年)基于当时历史事实研究的系统性,尤其是在其间恰逢中国面临 2004 年"大豆风波"事件、2006~2012 年的国际大宗农产品价格大幅异常波动,至今仍凸显了该时期系统研究的历史史实意义和现实借鉴意义;另一方面,2002~2017 年的后续实证研究(篇),在定量研究方法上进行"交叉验证",对先期基于 2002~2012 年的数据和案例研究结果,采取相同的研究方法、采用新数据源和新自变量组合对因变量进行"交叉验证",其中变量主要采用 2002~2017 年的联合国粮食及农业组织(FAO)、国际货币基金组织(IMF)、世界银行集团(WB)、中国国家统计局和万德数据库的数据;着重运用协整分析、方差分解分析和 VAR 分析等定量方法和比较分析法来实证研究外部因素对我国涉农战略性商品国内自主定价权的影响情况。新验证的结果进一步表明，原来的结论成立，即对涉农战略性商品的总体（以农产品总体价格为例）实证研究和个体（以猪肉价格为例）实证研究的结论均表明，国际因素的影响在增强，而国内因素的影响在减弱，进而揭示出国内自主定价权在外部因素的冲击下正呈现弱化态势。另外，源自不同冲击路径（贸易传导、FDI和国际金融市场）的国际因素的影响也正不断削弱我国自主定价权；不同之处在于，新的验证表明外部因素的影响比原研究结果更为显著，即在一定程度上说明了处于中国涉农战略性商品下游的农产品的自由定价权弱化日益凸显的现实。

二是构建基于全球定价权博弈的涉农产业体系安全生态的结构化、流程化模型，为分析揭示国际国内影响因素和寻求对策提供系统参照系和思路。这体现于第八章，采用理论分析、路径图解法（技术路线法）、实证研究和典型案例分析相结合的方法来综合考察、揭示全球性涉农寡头主导涉农战略性商品全球价值链治理的路径。结果表明，当前，对中国涉农产业价值链的战略性布局和联合治理正是以美为主的涉农寡头进行全球扩张的战略重点，攫取经济租或定价权收益、分享我国经济高增长成果是其战略目标。

三是如何从合理化全球经济治理和维护中国涉农产业安全的战略层面来探求破解我国定价权困境的长效对策，切实保障我国涉农产业利益、企业利益和农民利益。这体现于第十章，提出破解涉农战略性商品定价权缺失/弱化困境的对策，旨在提升产业安全度。基于上述定价权缺失的影响因素和内外深层成因的分析，对策建议着重包括打造一批有定价优势的世界级涉农市场主体、创新健全产业安全理论体系、加强涉农国际化战略的顶层设计与正和博弈规划、构建战略储备体系和供需平衡机制、构建进出口调控和行业协同机制、建立期现货市场体系和促进国际合作、制定并完善反垄断法等方面。

本书研究的特色和创新点主要体现在如下三方面。首先是学术思想的特色和创新：①超越技术竞争和价值创造的研究范畴，从全球利益分配博弈的视角展开涉农产业体系安全问题的研究，在研究中发展并完善全球定价权博弈理论和研究范式；②坚持全球视野、战略高度、大系统思维和纵向关联的逻辑相结合，全面深度剖析中国涉农产业安全问题的主要矛盾，进而寻求破解的战略性对策；③2006 年来国际大宗农产品价格的"大幅异常波动"、中国进出口普遍陷入"贵买贱卖"的"被动接受价格困境"都已无法由传统西方经济学进行解释，而跨国涉农寡头滥用市场力量的市场现状倒逼我们要从全球定价权博弈的理论新视角透彻剖析其根源和实质。

其次是学术观点的特色和创新：①在本研究中，把握安全问题的实质主要借用西方"零和博弈"思维，但破解安全问题的长效策略主要发挥东方"合作共赢"（即"正和博弈"）的智慧；②全球定价权博弈不仅仅体现于全球市场层面的实体经济和虚拟经济相结合的立体博弈、规则博弈上，更是事关维护合理公平国际经济安全环境乃至全球经济治理秩序的战略博弈；③要站位全球博弈，从战略高度和系统思维中筑牢中国涉农产业的安全底线，将提升中国涉农战略性商品的定价话语权（国际定价权、国内自主定价权和全球价值链治理下的定价权）作为提升安全度的主要矛盾来抓，真正做到以开放促安全。

最后是研究方法的特色和创新：①尝试将经济学、国际政治经济学和国际经济关系理论相结合，旨在从全球经济治理与利益分配博弈的战略层面来透析中国涉农产业安全问题的主要矛盾和实质；②以博弈分析、实证研究和案例研究相结合、相弥补。通过博弈分析透析定价权主导方的博弈策略，同时对长时间序列非线性数据以协整分析等来实证研究博弈方的战略性行为与战略绩效的相关性以及对因果关系进行考量。

后续研究可深入的几个主要研究方向。一是构建基于涉农产业大系统的涉农战略性商品价格预警体系：一方面发挥大数据优势建立实时价格跟踪和监控系统，加强预警分析，及时发布预警信息；另一方面探索建立完善中央宏观产业损害预警机制和地方特色产业损害预警机制。二是进一步对具有定价优势的国际涉农寡头及其对中国的战略布局进行跟踪研究。三是进一步加强宏观、中观和微观三个层面对策的协同性、精准性。四是进一步健全利益驱动和空间博弈相结合的全球定价权博弈的理论分析框架。

本书在定量研究中采用"交叉验证"的方法，发现外部因素对中国国内农产品价格的影响日益显著。本书以笔者的博士论文为基础，在定量研究方面，先期基于 2002~2012 年的数据和案例进行考察，总体上覆盖了 2004~2014 年国际涉农战略性商品价格大幅异常波动的大部分历史时期，至今仍具有理论意义和现实意义。现对原研究成果进行出版，原计划对数据进行更新，但是在更新时发现其中一些指标的资料来源已断而无法获取新时期的数据。为此，本书在定量研究方法上进行创新，采取相同的研究方法、采用新数据源和新自变量组合对原因变量进行"交叉验证"，其中变量主要采用2002~2017年FAO、IMF、WB、中国国家统计局和万德数据库的数据。新验证的结果进一步表明，原来的结论成立，即外部因素分别对中国农产品价格的影响总体上比国内因素大；不同之处在于，新的验证表明外部因素的影响强度比原研究结果更为显著，即在一定程度上说明了处于中国涉农战略性商品下游的农产品的自由定价权弱化日益凸显的现实。

本书为笔者所主持的国家社会科学基金项目"总体国家安全观下的全球定价权博弈与中国国家经济安全研究"（项目编号：18BKS143）提供了一个基于空间博弈和利益驱动相结合的全球定价权博弈的理论分析框架。其中，空间博弈的分析框架体现于本书对国际定价权、国内自主定价权、全球价值链治理下的定价权等三个维度的分析之中；利益驱动的分析框架体现于笔者所主持的2015年度福建省社会科学基金一般项目的成果《全球定价权博弈下的中国经济安全风险与对策研究》一文中所提出的基于国家利益驱动、资本利益驱动和国家利益与资本利益交集驱动三个维度的分析之中。

本书第五篇后续验证研究系笔者所主持的2018年度国家社会科学基金项目"总体国家安全观下的全球定价权博弈与中国国家经济安全研究"（项目编号：18BKS143）的阶段性研究成果。

目　录
Contents

第一篇　总论

第一章　导论 / 003
第二章　产业安全视角下涉农战略性商品定价权研究的文献述评 / 016

第二篇　理论基础

第三章　研究的理论基础分析与相关概念界定 / 053
第四章　中国涉农战略性商品定价权问题的环境、现状及表现形式 / 076
第五章　基于产业安全的涉农战略性商品定价机制 / 107

第三篇　实证研究

第六章　涉农战略性商品国际定价权的影响因素分析和案例研究 / 121
第七章　涉农战略性商品国内自主定价权的影响因素分析 / 149
第八章　涉农战略性商品定价权受控的路径与案例分析：基于全球价值链视角 / 178

第四篇　战略成因与对策

第九章　基于产业安全的涉农战略性商品定价权缺失的成因分析 / 193
第十章　破解涉农战略性商品定价权缺失，提升产业安全度的对策 / 218

第五篇　后续实证研究

第十一章　基于谈判定价的涉农战略性商品国际定价权的实证分析
　　——以钾肥为例 / 235

第十二章　中国涉农战略性商品价格波动的国内外影响因素的 VAR 实证分析
　　——以农产品总体为例（2002~2017 年）/ 248

第十三章　中国涉农战略性商品价格波动的国内外价格影响因素的 VAR 实证分析
　　——以猪肉个体为例（2004~2017 年）/ 262

第十四章　美国大豆期货、玉米期货与中国大豆期货、玉米期货价格的联动性考察 / 276

尾　篇

结　论 / 289

参考文献 / 293

第一篇 总 论

第一章

导　论

一　研究的背景与意义

（一）研究的背景

1. 国际国内物价起伏涨跌中的"八个悖论"蕴藏着定价权缺失与弱化问题

当前国际国内的涉农战略性商品物价在起伏涨跌中出现了"八个悖论"。一是"全球供需基本平衡下的大幅涨价"，如全球农产品价格在背离供需平衡关系的情况下在大幅波动中上涨，作为涉农战略性商品的钾更是出现了在供过于求格局下的上涨；二是"经济金融危机下的逆周期涨价"，如农产品价格居高不下，其价格指数一般高于同期的非农商品价格指数；三是"进出口贸易中的量价背离现象"，如在国际贸易中，中国企业屡屡"买涨卖跌"或"贵买贱卖"等国际定价权缺失现象已成为常态，在每年中国农产品进出口中体现为"量减额增""量增价增"现象，农业农村部统计数据显示，2011年，中国谷物进口"量减额增"、棉花进口"量增价更增"、食用油籽和食用植物油进口均是"量减额增"；四是中国"八连增"后的粮价持续涨价，与传统经济学的需求弹性相悖；五是"跌了伤农、涨了伤民也不益农"；六是国际粮商"涨跌均受益"，而中国农民"涨跌均受伤"；七是中国农产品价格的"调控悖论"，中国农产品价格出现"越调越涨"，程国强研究指出中国农产品价格近几年波动已不再遵循"蛛网理论",出现了异常波动;八是农产品大量进口与国民消费剩余减少。

透析国内外涉农战略性商品价格起伏涨跌中的"八个悖论",其在相当程度上蕴藏着定价权缺失与弱化问题。另外,中国对外投资的低收益与FDI在中国的高收益更凸显了中国涉农产业利益的重要性。在全球性的经济后危机时期,涉农产业利益更是关乎中国最大的且可持续的内需,涉农战略性商品的定价权事关国计民生和中国社会的稳定。

2. 国际国内各层面对农产品"价格安全"的关注

农产品价格安全问题正引发政府和学术界的关注,经济社会现实中的矛盾引发了关于中国在农产品国际交易中的国际定价权的研究。

一是宏观政策背景——农产品价格安全问题正引发国际组织和中国政府等官方层面的关注。"粮食价格——走出危机实现稳定",从2011世界粮食日主题就可看出粮食价格安全问题引发的全球性不安,全球粮食油料供给"廉价时代"已远去。过去五年,全球粮价过山车式的大幅波动和趋势性上涨正引发全球担忧,全球粮价已从低价格水平均衡步入高价格水平均衡。

联合国三大组织(联合国粮食及农业组织、国际农业发展基金和世界粮食计划署)联合发布的报告《2011年世界粮食不安全状况:国际粮价波动如何影响各国经济及粮食安全?》,表明全球粮食价格持续波动和居高不下的局势可能会更为严重。[①] 世界银行2011年11月1日发布《食品价格观察》说,全球粮价的居高不下和波动给世界经济增大压力,对最贫困国家的打击最为严重。

二十国集团领导人第六次峰会于2011年11月4日在法国戛纳召开,大宗商品价格波动、就业和劳工等问题成为会议主要讨论议题。时任国家主席胡锦涛在会上就"抑制投机炒作 稳定大宗商品价格"做了专题发言,呼吁推动形成更加合理的大宗商品定价和调控机制。[②] 在2012年亚太经济合作组织第二十次领导人非正式会议第二阶段会议上,国家主席胡锦涛再度指出,要稳定粮食等大宗商品价格,防止过度投机和炒作。[③]

---

① 联合国粮食及农业组织:《2011年世界粮食不安全状况:国际粮价波动如何影响各国经济及粮食安全?》,联合国粮食及农业组织新闻司。
② 央视网:《胡锦涛:抑制投机炒作 稳定大宗商品价格》。
③ 中国国情-中国网:《胡锦涛在亚太经合组织第二十次领导人非正式会议上的讲话》,http://www.china.com.cn/guoqing/2012-09/19/content_26748502.htm。

"中国在国际贸易体系的定价权，几乎全面崩溃"，"中国当前面临的一大问题就是（大宗农产品等）大宗商品定价权的缺失"，商务部新闻发言人姚坚在2010年5月16日的新闻发布会上直言。[①] 由于丧失定价权，中国在国际贸易上的"贵买贱卖"对国家的经济利益造成巨大的损失。中国实体经济在全球产业价值链上被动挨打，不仅无法"对冲"外部危机的渗透，而且无法公平、合理地分享中国经济高速增长的成果。

二是产业博弈背景——市场主体的定价权博弈。围绕涉农产业链的博弈已成为国与国之间涉农产业竞争的常态，正引起优秀企业家的关注。如新希望董事长刘永好认为，世界级的农企决胜主要集中在产业链的掌控上，全产业链战略是大型食品和涉农企业发展的大趋势，国际涉农产业竞争已经凸显为以涉农企业为主体的涉农产业链之间的竞争，抢占产业价值链高端环节或高附加值环节和未来农业发展主导权正成为竞争的焦点。中国中粮等优秀央企均实施涉农全产业链战略来抗衡美国阿丹米（ADM）、邦吉、嘉吉等国际涉农寡头对中国涉农产业价值链的战略性布局。

三是理论研究背景——大宗商品定价权的研究基础。哈佛大学的Goldberg认为，涉农产业价值链一体化乃至全价值链一体化是一种趋势。国家自然科学基金管理学部于2005年设立了"中国战略性资源（商品）和金融资产的国际定价权研究"的应急项目。该项目于2006年结题，定位是大宗商品和金融资产的国际定价权的研究，为大宗商品定价权的科学研究奠定了基础。但对大宗商品的研究仅囿于国际贸易环节呈现的定价权缺失现象，基于2001年12月入世至2005年8月的时间序列数据显然过短，涉农战略性商品的研究仅限于"大豆"个案进行，只能对其定价权博弈过程存在的"异常"现象提出质疑，由于缺乏更多的"偶合"案例或数据来进行归纳或逻辑合理的推理，只能是超前的初步分析，无法揭示背后的动因或真相；此外，对于大宗商品国内定价权及国内外定价权的联动、互动性则没有涉及，涉农大宗商品主要以"大豆"为例且囿于贸易视角进行了研究，而对大豆等涉农战略性商品的定价权缺失对其产业链下游的影响则没有涉及。为此，根据产业链的价格传导性、成本传导性、价值传导

[①] 中证网：《商务部：我国国际贸易体系定价权接近崩溃》，https：//news.163.com/10/0517/17/66TDS10B00014AED.html。

性等产业价值链的内在逻辑来研究上中下游各涉农战略性大宗商品的定价缺失及其相互影响具有很大的现实意义；同时，国家自然科学基金的研究仅限于国际定价权，无疑凸显了本书提出并侧重于对国内涉农战略性商品自主定价权和产业价值链全球治理下的定价权研究的重要意义。

基于上述背景的研究提出如下问题。一是定价权博弈已成为涉农产业安全问题的常态。二是在后世界贸易组织（WTO）时代，作为农业国际综合竞争力弱国，从涉农产业（链）安全的视角来研究中国所面临的定价权问题主要体现在以下方面。①如何厘清中国所面临的涉农战略性商品定价权问题的全貌和实质？②如何从产业安全的战略高度来揭示中国所面临的涉农战略性商品定价权的缺失或弱化问题的影响因素和深层原因？③揭开定价权缺失或弱化背后的战略性成因，如何为中国破解涉农战略性商品定价权缺失和弱化问题寻找对策？

（二）研究的意义

1. 研究的理论意义

全球化时代，产业安全是经济安全的核心，其已凸显为有别于传统军事、政治安全的新型安全问题，是一种"新型市场失灵"。涉农产业安全问题更是事关各国经济社会稳定和最广大国民福祉的战略性基础问题。涉农产业安全是本国资本对涉农产业（链）定价权、收益权和关键性产业环节的控制，能够自主实现涉农产业链利益可持续循环和涉农产业可持续发展且不受威胁的状态（蔡俊煌等，2011）。

本书为从全球视野、产业安全的战略高度，以及涉农产业大系统和纵向关联的逻辑层面来全面研究涉农战略性商品定价权问题提供了一个新的研究思路和分析构架。同时，全球性的经济金融危机也为从宏观经济景气变动的视角来考察涉农战略性商品定价权问题的实质提供了一个很好的机会。

本书在界定涉农产业安全问题相关概念并基于产业链视角研究中国涉农产业安全问题及其对策之后，再次将定价权问题明确纳入产业安全的研究范畴，进一步发展了涉农产业安全理论。同时，基于定价权理论研究滞后于现实，现有的定价权研究大多实际囿于国际定价权研究的现状，本书在厘清产业安全和定价权问题各自逻辑前提的基础上分析了两者之间的相互关系，尝试基于现实问题来拓宽定价权的内涵和范围（包括国际定价权、国内自主定价权、全球价值链视角下的定价权），完善分析研究定价权的框架和理论视角，旨在抛砖引玉。从定价权的视角以公式化和相关的理论演绎来发展全球价值链理论，同时尝试以全球价值链治理和经济租理论、战略性贸易政策理论为新的理论视角来分析涉农战略性商品的定价权问题。

定价权的博弈已成为产业安全的新常态，是一种竞争综合实力和规则制定权的博弈，究其深层原因，实质上是各利益主体间的战略博弈。众所周知，解决问题的关键在于抓住主要矛盾。本书选题的目的在于从全球视野、产业安全的战略高度对事关国计民生和中国涉农产业利益自主可持续循环的战略性问题——涉农战略性商品定价权问题进行研究，旨在厘清问题的全貌和实质，揭开定价权缺失或弱化背后的战略性深层成因，从而为中国破解涉农战略性商品定价权缺失和弱化问题寻找对策。

推动产业安全观的转变，要从描述与监控涉农产业安全状态的传统产业安全观转向以维护公平的价格秩序或定价安全为目标导向的产业安全观，在拓宽定价权内涵的同时，对涉农战略性商品国内定价权进行初步研究，并从单一商品国际定价权的研究拓展到从产业纵向关联和产业垂直压榨定价的视角对不同涉农战略性商品定价权间的关系进行研究。

2. 研究的现实意义

中国涉农战略性商品定价权的缺失意味着中国涉农产业利益在"兵不血刃"的情况下被剥夺。涉农产业，从产业横向看，涉及农林牧渔业（大农业）；从产业纵向看，是以大农业为基础，由供需关联的第一、二、三产业有机构成的产业体系。为此，涉农产业安全问题更是关乎各国的经济社会稳定和最广大国民福祉的战略性问题。基于涉农产业安全视角来研究涉农战略性商品定价权问题意义重大、刻不容缓。

当前，在美国主导的世界经济治理大格局下，谁掌控了全球战略性（资源性或大宗）商品的定价权，谁就成了该商品全球价值链上经济利益分配的主导者和最大赢家；谁掌控了世界涉农战略性商品的定价权及国际贸易的主要供给方，谁就掌控了全世界人民的生计。在寡头垄断和涉农战略性商品金融化、能源化背景下，国际涉农战略性商品定价已逐渐脱离市场供需法则，这是经济全球化背景下的新型市场失灵。始于2006年的三次（2008年、2010年、2012年）大幅波动中不断上涨的世界粮价，引爆了2008年全球粮食危机和不少国家的社会动荡，这正威胁着粮食缺口大的国家的国民生计和社会安全，其原因正成为世界各国政府、国际组织和学术界极力关注和研究的全球性重大问题。为此，从全球视野、涉农产业安全的战略高度展开涉农战略性商品定价权的研究有助于揭开高粮价背后的深层原因，有利于寻找破解的对策。

由于中国涉农战略性商品定价权丧失或弱化，在国际贸易过程出现"贵买贱卖"的国际定价权缺失现象正给中国涉农产业带来巨大的利益损失和国民福利损失；同时，近几年，涉农战略性商品中的大宗农产品、种子和钾肥等战略性农资在进口中价格呈现偏离供需基本面的异常大幅上涨，这成为输入性通胀的主因，并损害了国家的宏观调控能力；中国实体经济在全球涉农产业价值链上被动"挨打"，不仅无法"对冲"外部危机的渗透，而且无法公平、合理地分享中国经济高速增长的成果。

中国涉农产业（综合体）GDP 在 2005 年占整个 GDP 的 32.3%，是我国第一产业环节 GDP 的 2.5 倍（荷兰、美国等农业强国基本为 10 倍以上），将是一个极具上升空间的经济增长点，是中国的朝阳产业。正如厉以宁指出的，现阶段拉动国内需求的症结所在——9 亿农民的钱袋子问题。① 为什么农民的钱袋子如此重要？由于涉农产业利益事关中国最大的内需，对涉农战略性商品定价权的缺失问题的研究刻不容缓。

从涉农战略性商品定价权视角来研究中国的涉农产业安全问题及对策不仅具有理论意义，而且对中国构建新农业产业安全观和正确制定涉农产业安全战略与政策具有重大现实意义。

二 研究的目标、内容及技术路线

1. 研究的目标

首先，本书尝试从全球视野、产业安全的战略高度，涉农产业大系统和纵向关联的逻辑来全面研究涉农战略性商品定价权问题，旨在厘清问题的全貌和实质，揭开定价权缺失或弱化背后的战略性的深层原因，从而为中国破解涉农战略性商品定价权缺失和弱化的问题寻找对策。众所周知，解决问题的关键在于抓住主要矛盾。本书选题尝试从战略高度破解涉农战略性商品定价权的

---

① 央视网：《厉以宁：中国经济不能再靠"四万亿" 农民才是关键》，http://news.cntv.cn/china/20111225/115260.shtml，最后访问日期：2021 年 12 月 10 日。

问题，即从全球视野、产业安全的战略高度对事关国计民生和中国涉农产业利益自主可持续循环的战略性问题——涉农战略性商品定价权问题进行研究。

其次，本书试图从国际定价权、国内自主定价权、涉农战略性商品全球价值链治理下的定价权等三个方面构建涉农战略性商品定价权问题的分析框架，旨在全面深入探析中国涉农战略性商品所面临的定价权问题。在研究中，规避对国际贸易环节的国际定价权缺失问题进行大量重复的实证研究，而是尝试探析中国涉农战略性商品国内自主定价权弱化的原因，侧重于用理论分析、案例研究、实证研究和逻辑推理等方法来综合研究全球价值链下的定价权问题，并提出中国自主定价权受控的演进方向。

最后，在后WTO时代，在全球涉农产业趋于高度集中并呈寡头垄断的大背景下和中国利用国际农产品市场补缺大于调余的大趋势下，破解中国面临的国际/国内定价权困境的关键在于解决好如下战略性的产业安全问题。①在国际贸易自由化背景下，如何抵御受到高额补贴或策略定价的国际农产品对中国农产品市场公平竞争秩序或农业生产能力的冲击？②在国际资本全球化背景下，如何规制以美国为主的国际涉农产业寡头对中国涉农产业的侵袭——对中国涉农产业链进行战略性布局和控制（零和博弈）？③在农产品金融化背景下，如何在国际粮食金融化中争夺定价权，以减缓粮价大幅波动传导或联动对居民消费价格指数（CPI）、农民收益和产业链稳定性的冲击？④在农业全面对外开放大格局下，如何在外部冲击下确保粮食安全、农民增收安全和产业链利益自主可持续循环安全？如何在资源约束和利益动力弱化的情况下，确保涉农产业链的基础战略环节——种植业的可持续发展？

2. 研究的内容

根据以上研究目标，本书包括以下十四章内容和结论。

第一章导论。本章主要阐述研究的背景、研究的理论意义与现实意义、研究的目标、研究的内容、研究的方法、研究的技术路线、研究的资料来源与本书可能的创新和不足等。

第二章，产业安全视角下涉农战略性商品定价权研究的文献述评。本章回顾、整理和评述了国内外（涉农）产业安全理论、国际/国内定价权和全球价值链理论的相关研究成果。

第三章，研究的理论基础分析与相关概念界定。在述评文献的基础上，本章分析了产业安全和定价权问题的各自逻辑前提及两者间的关系，并界定了相关概念。本章对不完全竞争市场下的定价权问题的相关基础理论进行了阐述，并根据相关理论初步分析了定价权问题。

第四章，中国涉农战略性商品定价权问题的环境、现状及表现形式。本章全面分析了涉农战略性商品定价权问题面临的全球市场环境、中国产业安全环境。同时，分析了不同环境下的产业安全问题现状、定价权问题的表现形式等。

第五章，基于产业安全的涉农战略性商品定价机制。本章从三个方面对四种定价机制进行分析：一是分析涉农战略性商品的国际交易定价机制，包括国际贸易的谈判定价机制和国际贸易以期价为基准的定价机制（基差定价）两种情况；二是分析涉农战略性商品的国内定价机制（政府调控下的市场主体定价方式），包括农业发达国家的国内农产品定价机制和中国涉农战略性商品国内定价机制；三是分析涉农战略性商品全球价值链治理下的定价机制。

第六章，涉农战略性商品国际定价权的影响因素分析和案例研究。本章侧重分析影响国际大宗农产品价格波动（一般波动、异常波动）的因素，从而对基于期货定价的涉农战略性商品国际定价权问题的影响因素进行理论分析；以钾肥为典型案例对基于谈判定价的涉农战略性商品国际定价权问题的影响因素进行分析。

第七章，涉农战略性商品国内自主定价权的影响因素分析。一是通过运用相关性分析、协整分析、方差分解和 VAR 分析等研究方法，采用国际/国内所有冲击变量的自 2002 年 1 月到 2012 年 6 月的月度同比数据，来分别综合考察国际各因素和国内各因素在长时间序列中对中国农业产品（总体）价格波动/猪肉（个体）价格波动的冲击影响程度及强度变化趋势，随后通过对国际因素和国内因素的各自冲击影响的动态再进行比较，揭示中国涉农战略性商品国内自主定价权的变化趋势。对涉农战略性商品的总体实证研究结论和个体实证研究结论均表明，国际因素的影响在增强，而国内因素的影响在减弱，即揭示出国内自主定价权在外部因素的冲击下正不断弱化。二是从不同冲击路径（贸易传导、外商直接投资和国际金融市场）的国际因素出发，对国内自主定价权的影响进行理论分析，揭示中国自主定价权不断弱化的机理，起到补充上述实证分析的作用。

第八章，涉农战略性商品定价权受控的路径与案例分析：基于全球价值链视角。采用理论分析、路径图解法(技术路线法)、实证研究和典型案例分析相结合的方法进行综合考察和逻辑推理,揭示全球性涉农寡头主导涉农战略性商品全球价值链治理的路径,分析以美国为主的涉农寡头主导涉农战略性商品全球价值链治理下的定价权(以大豆产业全球价值链治理下的定价权为例)问题。同时,在上述研究的基础上,分析中国国内涉农战略性商品自主定价权日益受控及其演进方向,对产业安全防范的宏观决策具有现实意义。

第九章,基于产业安全的涉农战略性商品定价权缺失的成因分析。在前述各章节论述的基础上,从外因和内因两大方面来分析、揭示涉农战略性商品定价权缺失或弱化的深层原因。研究认为,涉农战略性商品定价权缺失的深层外因主要体现在以下五个方面:旨在攫取"经济租"的涉农垄断寡头的战略行为、实质上扭曲国际定价的以美国为主发达国家涉农战略性制度安排、国际多元利益主体的"合作博弈"、农产品日益金融化加剧其价格不确定性和WTO农业协议及国际定价规则的不平等;涉农战略性商品定价权缺失的深层内因主要体现在战略性障碍、理论性障碍、涉农产业层面的制约、市场主体层面的制约、多层面的协同性障碍等五个方面。

第十章,破解涉农战略性商品定价权缺失,提升产业安全度的对策。基于上述定价权缺失的影响因素和内外深层原因的分析,提出了八大方面的对策建议:构建以价格安全和产业利益安全为导向的涉农产业(链)安全理论体系;加强涉农国际化战略的顶层设计与正和博弈规划,破解定价权博弈困境;健全战略储备体系和供需平衡机制,提升涉农产业(链)的价格调控力;健全涉农战略性商品进出口调控和行业协同机制,增强国际定价话语权;坚持产融结合、创新驱动,打造一批有定价优势的世界级涉农市场主体;创新健全期现货市场体系和国际合作,巧争涉农战略性商品定价话语权;健全反垄断法,规制国际涉农寡头旨在定价权收益的战略性布局与控制;健全产业安全预警体系和利益动力机制,协同提升涉农产业(链)安全度。

第十一章至第十四章,基于2002~2017年的数据进行后续实证研究,对前面的2002年到2012年的实证研究进行"交叉验证"。

结论与后续研究展望。在对本研究的主要结论总结的基础上,提出今后研究需关注的问题。

3. 研究的技术路线

本书依据研究的步骤绘制了开展研究的技术路线,如图1-1所示。

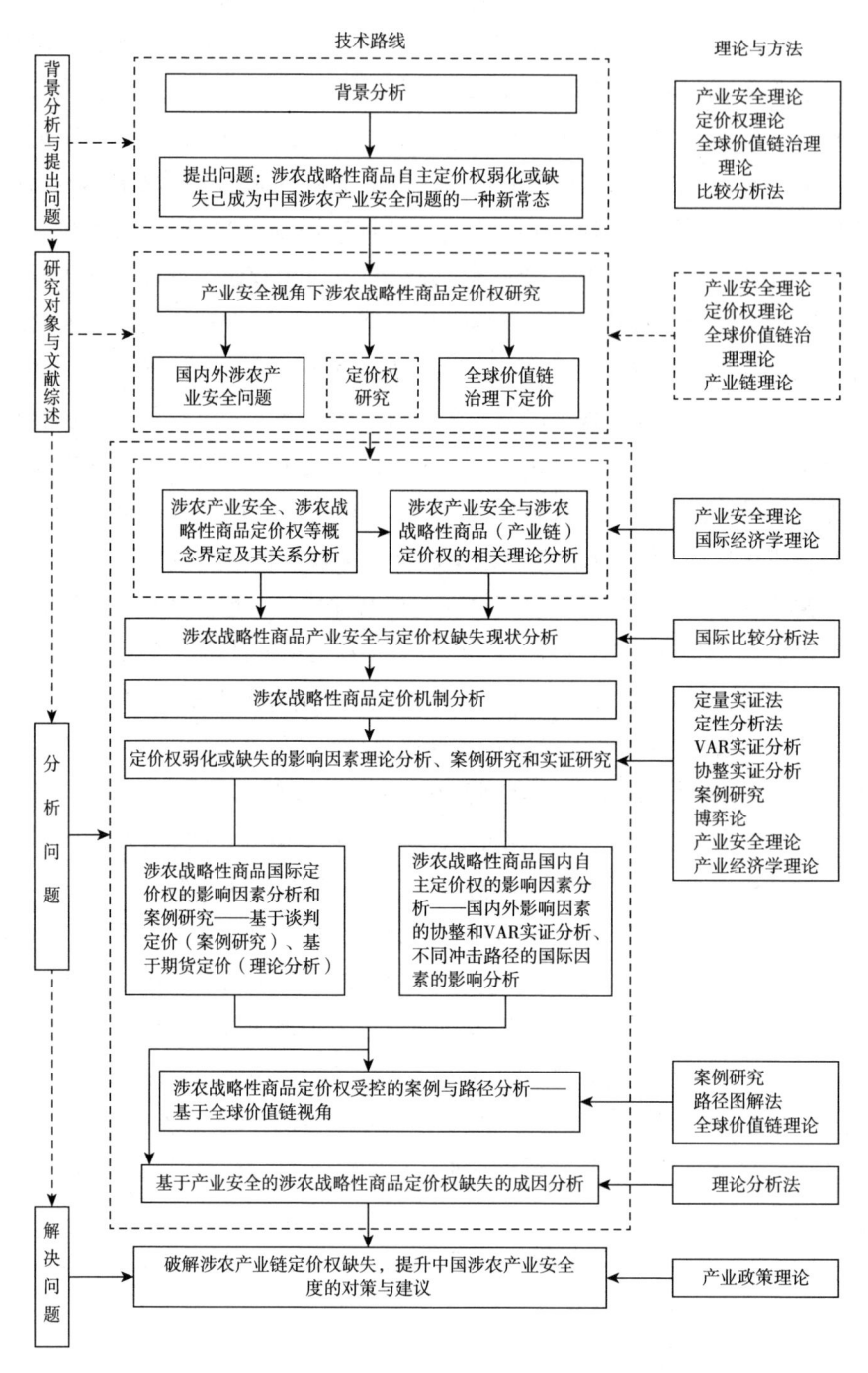

图 1-1 技术路线

阶段划分（左侧）：
- 背景分析与提出问题
- 研究对象与文献综述
- 分析问题
- 解决问题

技术路线（中间流程）：

1. 背景分析
2. 提出问题：涉农战略性商品自主定价权弱化或缺失已成为中国涉农产业安全问题的一种新常态
3. 产业安全视角下涉农战略性商品定价权研究
   - 国内外涉农产业安全问题
   - 定价权研究
   - 全球价值链治理下定价
4. 涉农产业安全、涉农战略性商品定价权等概念界定及其关系分析 ／ 涉农产业安全与涉农战略性商品（产业链）定价权的相关理论分析
5. 涉农战略性商品产业安全与定价权缺失现状分析
6. 涉农战略性商品定价机制分析
7. 定价权弱化或缺失的影响因素理论分析、案例研究和实证研究
   - 涉农战略性商品国际定价权的影响因素分析和案例研究——基于谈判定价（案例研究）、基于期货定价（理论分析）
   - 涉农战略性商品国内自主定价的影响因素分析——国内外影响因素的协整和VAR实证分析、不同冲击路径的国际因素的影响分析
8. 涉农战略性商品定价权受控的案例与路径分析——基于全球价值链视角
9. 基于产业安全的涉农战略性商品定价权缺失的成因分析
10. 破解涉农产业链定价缺失，提升中国涉农产业安全度的对策与建议

理论与方法（右侧）：
- 产业安全理论、定价权理论、全球价值链治理理论、比较分析法
- 产业安全理论、定价权理论、全球价值链治理理论、产业链理论
- 产业安全理论、国际经济学理论
- 国际比较分析法
- 定量实证法、定性分析法、VAR实证分析、协整实证分析、案例研究、博弈论、产业安全理论、产业经济学理论
- 案例研究、路径图解法、全球价值链理论
- 理论分析法
- 产业政策理论

图 1-1 技术路线

三　研究方法与资料来源

1. 采用的研究方法

基于本书的研究对象及研究的需要，本书在研究过程中运用的研究方法总体上是案例研究与理论分析相结合、规范分析与实证研究（相关性分析、协整分析、方差分解分析和 VAR 分析等定量方法）相结合、归纳与演绎相结合、国际比较分析与逻辑推理相结合。主要研究方法如下。

（1）国际比较分析法。如对涉农战略性商品中的六种大宗农产品（稻米、小麦、玉米、大豆、棉花、猪肉）国内价格与国际价格的波动进行比较分析，旨在揭示定价权缺失的问题；比较分析中国大宗农产品价格波动的国际因素和国内因素的影响程度，揭示出国内自主定价权不断弱化的态势。

（2）案例研究方法。以钾肥为典型案例，对谈判定价的涉农战略性商品的定价权缺失的影响因素进行剖析；以大豆为典型案例，对全球价值链治理下定价权问题进行剖析。

（3）实证研究方法。通过相关性分析、协整分析、方差分解分析和 VAR 分析等定量研究方法相结合，综合考察国际各因素和国内各因素在长时间序列中对中国农业产品（总体）价格波动/猪肉（个体）价格波动的冲击影响程度及其强度变化趋势，以及揭示中国涉农战略性商品国内自主定价权的变化趋势。通过四大全球性涉农寡头（孟山都、先锋、阿丹米、邦吉）自 2002 年始的财务数据对具有定价优势的涉农寡头日益受益于涉农战略性商品国际价格上涨的现状进行实证分析来验证结论。

（4）路径图解法（技术路线法）。如在第八章中，采用路径图解法来揭示以美为主发达国家的涉农寡头治理下的涉农战略性商品全球价值链及对中国战略布局的态势；采用路径图解法来剖析国际涉农产业/金融寡头对国际定价权和国内定价权的掌控的战略性路径与策略。另外，采用路径图解法来分析产业安全与定价权的关系。

2. 研究的资料来源

研究所需的国内统计数据主要源自中国国家统计局、中国海关和文献检索；国际数据主要源自美国农监局（USDA）、FAO 和 IMF 的数据库和各主要涉农寡头的财务报表等。

变量选取因考察对象的不同而不同，需要不同的数据来研究。如在研究涉农战略性商品价格波动受到国际因素和国内因素两方面的影响时，所有指标均采用2002年1月到2012年6月/4月的月度同比数据，其中国际因素包括国际石油价格、国际农产品价格［由于反映国际农产品价格波动的指标很难获取，我们以国际食品价格指数（GJJG）代替］、国际生物质能源产量（采用美国燃料乙醇月度产量代替）、国际猪肉价格、国际大豆价格、国际玉米价格、美元对人民币汇率；国内因素包括反映产业链上游传导的农业生产资料价格、反映产业链下游联动的肉类蛋白消费量（由于反映肉类蛋白月度消费量指标很难获取，我们以肉类及其制品价格代替）、反映期货市场与现货市场联动的中国农产品综合指数、中国货币发行量（M2）、宏观经济景气指数、国内大豆集贸市场价格、国内玉米集贸市场价格。

四 本书的创新与不足

1. 本书可能的创新

本书从战略高度破解战略性的问题，即从全球视野、产业安全的战略高度对关乎国计民生和中国涉农产业利益自主可持续循环的战略性问题——涉农战略性商品定价权进行研究。

在全球视野和开放格局下，拓展了产业安全的内涵，基于理论滞后于现实的局面，明确将自主定价权纳入产业安全的内涵，指出定价权缺失成为中国产业安全问题的新常态。原因是生存和发展的产业安全观已无法解读中国产业当前普遍陷入高发展、低附加值和工人低收入的产业困局。

现行学术界关于定价权的研究基本上局限于国际定价权。本书从国际定价权、国内自主定价权、涉农战略性商品全球价值链治理下的定价权三个方面来全面深入探析中国涉农战略性商品所面临的定价权问题，旨在抛砖引玉。

在完善分析研究定价权的框架和理论视角方面，如从定价权的视角以公式化和相关的理论演绎来发展全球价值链理论，同时尝试以全球价值链治理和经济租理论、战略性贸易政策理论为新的理论视角来分析涉农战略性商品的定价权问题。

从涉农产业大系统及产业安全的新视角来研究涉农战略性商品定价权问题。一国的产业简单地可划分为涉农产业和非农产业两大部门，如美国所发布月度非农就业数据或由美国经济学家 Ray Goldbergt 和 John H. Davis 定义的涉农综合体（agribusiness）概念及其相关研究等正体现了这一产业划分思想。这也表明研究农业问题应将其置于更高的层面（介于宏观和中观之间）和大系统（涉农产业）的框架下而不能囿于独立的第一产业（农业）环节来考虑。

在定量研究方面，采用相关性分析、协整分析、方差分解分析和 VAR 分析等研究方法，来实证考察中国涉农战略性商品自主定价权问题。在定性与定量结合研究的基础上梳理出定价权博弈的路径图（技术路线法），旨在为破解中国涉农战略性商品定价权缺失困境提供可能的方向和系统对策。

2. 本书的不足之处

本书从大系统、全球视野和战略层面研究涉农战略性商品定价权问题并进行了可能的创新，但时间和个人学识有限，只能在定性研究的基础上采用点面结合的方法，对国内定价权国际化趋势下的中国食品价格异常波动的国际国内影响因素和部分定价权缺失严重的涉农战略性商品（如玉米、棉花）进行实证研究，而无法对所有的涉农战略性商品定价权问题逐一进行全面考察，更无法对涉农战略性商品定价权间的关系逐一进行全面研究，故只能抛砖引玉，为后续深入研究奠定基础。

第二章
产业安全视角下涉农战略性商品定价权研究的文献述评

一 国内外（涉农）产业安全的研究

全球化时代，产业安全是经济安全的核心，已凸显为有别于传统的军事、政治安全的新型安全问题，是一种"新型市场失灵"。涉农产业从产业横向看涉及农林牧渔业（大农业）；从产业纵向看是以大农业为基础，由供需关联的第一、二、三产业有机构成的产业体系。为此，涉农产业安全问题更是关乎各国的经济社会稳定和最广大国民福祉的战略性问题。

国外学者对国家经济安全和产业安全问题的研究成果较多，最早可以追溯到重农主义及18世纪的贸易保护主义。而现代经济学对经济安全和产业安全的研究始于20世纪60年代后期，美国学者提出要关注"经济安全问题"。到了70年代，日本学者开始关注"日本的生存关键和经济安全问题"。除此之外，英国、法国、印度等国也提出了本国的国家经济安全思路。之后国际货币基金组织和世界银行、联合国非洲经济委员会（UNECA）、经济合作与发展组织（OECD）、美国劳伦斯·利弗摩尔（Lawrence Livermore）国家实验室、斯坦福研究院、兰德公司、Sankeys能源中心、加拿大社会发展院、德国柏林Thunen研究所、俄罗斯社会科学院经济研究所、韩国产业研究院、法国及印度有关机构，都在有组织地研究国家经济安全问题（何维达，2016）。在WTO农业协议下，一方面，美欧等发达国家的高额农业补贴让农业的国际竞争实质上演变成各国财力的比拼较量，其扭曲了涉农战略性商品的国际定价，摧垮了不少发展中国家的农业生产能力并诱发了世界粮食危机；另一方面，以美国为首的涉农产业寡头，联合金融资本和商业资本，以超额利润为导向，设法取得涉农战略性商品定价权，将以发达国家为核心的涉农产业（链）一体化模式向以发展中国家为主的世界各国扩张，这更是冲击并改变了各国涉农产业生态和正常的产业链条，其旨在逐步控制各国涉农产业链，结果是导致发展中国家出现普遍的农业产业安全危机。更严重的是，千百万人口的生存权与取食权在这种普遍性的农业产业安全危机中有可能被剥夺，这已经、正在或将成为引发一些发展中国家社会动荡和政治危机的根源。中国已完全兑现了入世承诺，但在对接各产业链环节时，寡头垄断、产业链间的竞争或产业链的控制和反控制之争已成常态的国际涉农产业（链）体系中，完全竞争、产业链协调度低的中国涉农产业已成为入世后受冲击最大的产业之一。显然，对涉农产业安全问题进行研究具有理论的重要性和现实的紧迫性。

农业产业安全是涉农产业安全乃至产业安全研究领域的重要组成部分，主要囿于第一产业环节的农业产业安全问题研究和其他产业安全研究的成果对涉农产业安全研究也有重要的借鉴意义，本书从以下四个方面进行综合评述。

（一）（涉农）产业安全概念界定的研究

1. 产业安全的内涵

产业安全一词最初的含义实际上是把产业安全等同于生产安全，属于技术操作问题。一些日本的以产业安全为题的资料就是指这类含义。而现在从国际贸易领域提出的是被广为接受和应用的含义，指在开放的经济格局下，一国或地区的某一产业如何在国与国的竞争中保持自主的产业竞争优势和产业地位。

新理论下的产业安全概念大致可以分为四种说法，包括产业权益说、产业竞争力说、产业控制力说、产业发展说。第一种是产业权益说。如吕政（2006）认为，产业安全是指在对外开放和国际竞争的条件下，国家在资本、市场和技术等领域不受跨国资本的左右，而且国家在重要产业领域能够保持相对优势，从而实现本国利益的最大化。祝年贵（2003）等认为，产业安全是本国资本对关键性产业及其收益的控制。第二种是产业竞争力说。马晓河、赵苹等（2009）认为，作为国家经济安全的重要组成部分，产业安全指的是在开放条件下，一国产业抵御外来威胁或干扰并能获得持续发展的状态。产业安全是一国产业综合素质在不同发展阶段的集中反映，并在很大程度上体现了本国产业的竞争力与主导地位。产业的国际竞争力是产业安全的核心。第三种是产业控制力说。以何维达和宋胜洲（2000）为代表的学者给出的产业安全定义是：在开放的市场条件下，一国的重要产业（影响国民经济全局）的生存发展和政府对产业的控制权或调整权受到威胁的状态。张碧琼（2003）认为，国家产业安全问题最主要是由于外商通过直接收购、合资等直接投资方式来控制国内企业，乃至控制某些重要产业，进而威胁国家经济。李孟刚等（2018）认为，产业安全是指一国在对外开放的条件下，在国际竞争中具有保持民族产业持续生存和发展的能力，保持本国资本对本国产业主体的控制。以美国为代表的发达国家已经开始加强自身产业的安全工作，并通过改善自身产业结构来降低其经济风险。中国作为一个发展中国家，其经济发展阶段及体制制度与西方国家存在较大差异，这就要求政府更加注重产业自身的安全。第四种是产业发展说。张立（2007）认为，在对外开放的条件下和国际竞争的发展进程中，产业安全是指一国具有保持民族产业持续生存和发展的能力，始终保持着本国资本对本国产业主体的控制。景玉琴（2004）把产业安全分为宏观和中观两个层次分别进行定义。李孟刚等（2018）认为，产业安全是指特定行为体自主产业的生存和发展不受威胁的状态。前述四种分类基本涵盖了产业安全的全部内涵。李孟刚（2006）认为，可以将产业发展安全具体地定义为产业价值或市场份额的提高、产业技术创新，以及产业的赶超不受威胁的状态。研究产业安全和产业发展一定要有大视野、大局观和大战略，微观应当服从于宏观，并结合"一带一路"倡议分析了中国在促进自身产业发展的同时要考虑国际尤其是周边环境，要坚持文化先行的基本思路，把发展文化产业作为国民经济的支柱产业，坚持"共商、共建、共享"的全球治理理念，打破零和发展旧观念，实现合作共赢新模式。

2. 农业产业安全的概念界定

农业产业安全是指农业的生存与发展不受外来势力根本威胁的状态（朱丽萌，2007）。李孟刚（2006）根据产业经济学的理论框架，将产业安全划分为产业的组织安全、结构安全、布局安全和政策安全。徐洁香、邢孝兵（2005）认为，农业产业安全体现为农产品具有国际竞争力和农业生产不受外来资本控制，农民收入安全是产业安全的重点，粮食安全是产业安全的核心。刘乐山（2002）、朱钟棣（2006）认为，农业产业安全是指一国农业产业整体上基础稳固、健康增长、持续发展。综上可见，学界在对（农业）产业安全的概念进行界定时，基本上将开放格局作为引发产业安全的逻辑前提，在外部因素冲击下，强调一国对本国经济的自主性、自卫力、控制力、竞争力，强调产业的生存和持续发展能力。有些学者以产业经济学理论来分析和解读产业安全问题及含义，并借用李孟刚对产业安全的划分法来划分农业产业安全（包括农业产业的组织安全、结构安全、布局安全和政策安全等四方面）。上述研究者对农业产业安全的概念的界定基本上限于农业直接生产环节（第一产业环节），而未从产业纵向关联或产业链整体的视角进行考察。此外，避免出现产业安全困境或危机、维护一国产业利益的最大化无疑是维护产业安全的根本目标，但以上学者在概念界定和内容上并未涉及该目标。

3. 涉农产业安全内涵的界定

在涉农产业安全的经济学属性方面。刘忠华和崔健（2005）认为，国家经济安全是一种提供给企业和本国居民的公共品，产业安全同样具有公共品的属性，因此，保护产业安全是政府的主要责任。纪宝成和刘元春（2006）认为，产业安全是一种在经济全球化时代广泛出现的"新型市场失灵"现象，这种市场失灵在发展中国家表现得尤其突出。因此，国家必须将产业安全视为纯公共品。由国家统一提供和统筹管理，对关乎国计民生、国家安全和影响产业生态的跨国并购活动以及市场营销行为进行国家干预。李孟刚（2006）指出，产业安全是经济安全和发展的基础，是国家制定产业政策和实行经济干预最基本的出发点。李宁、辛毅（2009）认为，农业是发展中国家的国民经济基础部门，而农业产业安全是国家产业安全的基础。因此笔者认为，涉农产业安全也应当属于纯公共品，政府应当承担保护涉农产业安全的首要责任。

借鉴上文产业安全和涉农产业安全的内涵，笔者认为，涉农产业安全是本国资本对涉农产业（链）的定价权、收益权和关键性产业环节的控制，自主实现涉农产业链利益可持续循环和涉农产业可持续发展且不受威胁的状态。由于涉农产业链的价值增值呈"类U形"分布，产中的种养业的价值增值率较低且易受上下游的利益挤压，而上游的农资业和下游的加工流通业的价值增值率较高，但产中的种养业具有提供准公共品（农民就业、农村保障和生态效益）的属性，为此要通过国民财富二次分配机制来平衡全产业链的利益，即产业链的产中利益要靠产前产业链环节和产后产业链环节的利益来补偿，粮主产区的利益要靠粮主销区的利益来补偿，实现涉农产业链利益可持续循环。

（二）涉农产业安全的影响因素的研究

1. 农业产业安全（主要为第一产业环节）的影响因素研究

学术界关于农业产业安全的影响因素总体上可归为外部因素和内部因素。

一是侧重于外部因素影响农业产业安全。随着"一带一路"倡议和京津冀协同发展战略的提出与实施，供给侧结构性改革和"营改增"税制改革的逐步落实，中国产业发展面临的大环境发生了改变。吕立才、熊启泉（2007）认为，拉美国家不加任何控制地利用农业外资，是导致该区域农业产生依赖性发展和被发达国家农业跨国公司高度垄断的主要原因。程国强（2005、2006）指出，外资垄断性并购是导致中国大豆产业危机的主要因素。王欣兰、姜红（2003）指出，加入WTO是影响中国农业产业安全的一个重要因素，分析并指出中国与主要西方贸易大国间的贸易地位和待遇方面的差异可能是对中国农业产业安全产生威胁的原因。涂武斌、傅泽田和张领先等（2007）指出，跨国公司加速并购中国企业已经影响了中国一些产业的安全，中国大豆业已成为被境外资本挤压的产业"样板"。上述国内外的研究实际上说明，在全球化时代，发展中国家产生农业产业安全危机的风险主要来自国家外部的冲击（顾海兵等，2007）。国内外现状清楚表明，以美为主的涉农寡头是导致发展中国家出现农业产业安全危机的主因之一，但中国国内学术界却极少关注发达国家跨国农业企业。周灏（2018）认为，中国需通过多方合作降低国外反倾销发起的频率和可能性、针对美国建立农产品的产业安全预警系统、在人民币升值的阶段积极开拓新兴市场等措施来维护中国农业产业安全。学术界对农业产业安全关注不足也是造成中国农业产业安全危机的潜在风险。

二是侧重于内部因素影响农业产业安全。如，张峭、徐磊（2008）指出，中国大豆产业濒临危机的重要根源是产业组织化程度太低。高扬（2011）认为，国内纺织业横向和纵向一体化程度低是导致中国棉花在国际市场上没有定价权的原因。关锐捷（2006）指出，导致棉花产业面临被外资垄断性并购的主要原因是国外棉花的大量集中进口，棉花产业安全濒临严重危机。朱广其、赵家风（2007）从农业产品国际竞争力的视角分析，指出农业人力资本供给的不足、现代农业组织发展的滞后、农产品科技支撑的乏力、规模不经济等因素影响中国农业产业安全。王永刚（2006、2007）认为，中国植物油加工业具备了被跨国企业进行垄断收购的结构性条件，具体体现在加工环节存在严重的过度竞争、产能严重过剩与行业平均利润水平过低的情况。东北大豆产业发展能力和国际竞争力研究课题组（2003）研究认为，加入WTO以后，由于政府不够重视和支持，本身具有比较优势的国内大豆产业国际竞争力出现严重下降。基于上述研究，导致中国农业产业安全危机的内部因素主要是政府的产业扶持政策力度不足和农业产业自身的弱点。

三是认为外部因素和内部因素均产生影响。朱晓峰（2002）认为，当前威胁中国农业安全的外部因素是中国农业（国际竞争力较弱）在WTO农业协议内的发展存在转变为依赖性发展与被边缘化的风险，一些地区的加工设备、出口市场和基础设施等关键环节已经出现依赖跨国公司的状况；具有消极影响的内部因素主要是农业生产要素供给不足、生态环境恶化、农产品质量安全水平低下等。

上面的系列研究主要限于第一产业环节来分析影响涉农产业安全的内外因，且在国际视野上具有很大局限性，如均未涉及对转基因农业、国际粮食政治化、能源化和金融化等重要的外部因素影响。

2. 涉农产业影响因素的研究

刘元琪（2004）指出，跨国农业食品联合公司（TNAC，发达国家的大型农业跨国企业）垄断全球的农业和食品生产的力量在逐步增长。它们利用收购、合并、知识产权控制和生产专业化等方式，逐渐控制全部农业和食品生产链条（从原料供应、核心加工环节至终端销售），这种控制实质上是通过以少数发达国家为中心对其他国家的农业产业实施垂直一体化战略来实现的。在这一控制全球涉农产业价值链的过程中，全球农民和中小农场大量破产，发展中国家失去食品自主权并普遍引发严重的农业产业安全危机，同时还引发严重的社会问题。

Sarah Nolet 和 Jason Jay（2016）提出，涉农产业逐渐成熟，目前进入重整阶段。种植者、加工商、制造商正在对环境和社会可持续发展造成越来越明显或隐性后患的巨大影响。食品生产商、供应商和销售商都面临着压力，要满足消费者对更健康的产品、更透明的供应链方面日益增长的需求。与此同时，行业也面临着多种导致供应紧张的现实因素，如气候变化、自然资源退化和日益严格的监管。

显然，从国际视野出发并以涉农产业体系为研究对象的产业安全影响因素的研究不多，且已揭示的产业安全影响因素在系统性、超前性和内在逻辑性方面不足，难以较全面地反映中国等发展中国家所面临的严峻的涉农产业安全国内外生态环境。

（三）涉农产业安全问题传导机制的研究

关于产业安全危机传导机制的研究方面，如赵蓓文（2006）指出，外资风险通过国际收支、市场结构等传递到直接影响国家经济安全的关键领域（金融和财政安全、战略资源安全、本土关键产业安全）；通过人才争夺、资源配置和汇率压力等外围主要环节传递到影响国家经济安全的重要领域（如国际经济关系、生态环境和经济增长、就业、信息安全等），使得外资风险扩散化。涂武斌等（2007）在考察跨国并购对中国生鲜农产品国际竞争力的作用机理时，提出构建典则相关分析模型来分析。剖析产业安全危机的传导机制是研究定价权问题的传导机制、制定产业安全预警机制和客观评价产业安全水平的基础，但目前这方面的研究并不多见。

（四）关于涉农产业安全问题的对策研究

朱广其、赵家风（2007）从提升农业国际竞争力的视角对产业安全提出主要对策：一是积极推进农业实行适度规模经营，二是深化农业科技创新的市场化改革，三是加快发展现代农业组织，四是形成"供推需拉"的农业人力资本积累机制。朱丽萌（2007）认为，要采取严格的耕地保护政策、大幅提高农业投入（尤其是农业新技术研发和推广投入）、严格实行计划生育政策以及加大对农业的补贴等主要措施来有效保护中国农业产业安全。温铁军（2006）认为，中国社会主义新农村建设政策的实质是在WTO框架下确保农业作为国家经济安全基础和国家经济命脉的战略产业的地位，旨在实现中国粮食安全的战略目标，其实质上是从国家农业总体发展战略的视域保护农业产业安全。朱钟棣（2006）、叶堂林（2005）认为，应当在WTO框架下对农业实施保护政策。潘勇辉（2006）认为，防止跨国公司垄断中国农业的有效措施在于建立有效识别跨国公司对中国涉农类上市公司是否具有垄断性并购动机的风险预警系统。国际行动援助组织（Actionaid International）认为，国际组织和世界各国应采取措施来有效监管涉农跨国公司，规避其对全球小农和发展中国家农业造成侵害。吕立才和熊启泉（2007）、许丹松（1999）认为，在利用FDI时应当坚持以下原则：利用外资和农业可持续发展相结合、自力更生和利用外资相结合、利用外资与国家农业结构调整相结合、利用外资与保护农民利益相结合以及利用外资与实现充分就业相结合。赵慧娥（2005）考察了韩国、印度、泰国、日本、新加坡和巴西等国的农业利用外资政策及其绩效，认为中国应当注意在利用农业FDI的同时，要引导外资开发中国落后地区并引进先进农业技术。

东北大豆产业发展能力和国际竞争力研究课题组（2003）曾指出，中国应加强对进口转基因大豆的生物安全管理，建立中国大豆产业协会，完善国家大豆振兴计划。程国强（2005、2006）指出，要通过建立国家大豆协会等方式来加强中国大豆产业组织建设，要将大豆加工环节纳入中国粮食安全的应急体系建设。张峭、徐磊（2008）认为提高大豆产业的组织化程度可以通过"订单农业+农业保险+农产品期货市场"的一体化风险管理工具来实现。关锐捷（2006）认为，保护和发展棉花产业的具体措施可采取改革棉花进口配额管理办法、研究制定国家棉花产业安全战略、建立健全棉花市场风险预警机制和提高新疆棉花出疆运力等方式。柯炳生（2006）提出，可通过实施公开拍卖来分配棉花进口配额、充分发挥棉花期货市场的避险作用、杜绝增发棉花进口配额和建立棉花产业发展基金等政策来达到构建中国棉花产业安全体系的目标。

上述关于涉农产业安全问题的对策研究存在的主要问题是至今仍局限于第一产业环节的产业安全问题研究与被动应对，现有研究主要集中在确保粮食自主有效供给安全，而农资业、涉农加工业及涉农流通服务业等产业链环节对农业产业安全、国家经济安全乃至国家安全的战略价值在理论研究和经济活动中基本上不被重视,更缺乏从产业关联的角度分析涉农产业链中哪些环节可能出现产业安全危机的研究。如通过分析农产品加工业尤其是食品加工业和纺织工业出现产业安全危机会对整体涉农产业安全产生何种影响。现有研究中提高涉农产业安全水平的对策偏重于农业直接生产环节,这也是已有涉农产业安全问题研究的不足之处。

(五)对国内外涉农产业安全的研究简评

上文已对每部分的研究所存在的问题进行了评述,不再重述。总结上文各部分的评述可知,一是国内学术界较少有以涉农产业体系为研究对象,更缺乏从产业纵向关联视角或产业链视角来全面探析具有最长产业跨度的中国涉农产业(链)体系的产业安全问题的研究;二是国内已有的第一产业环节的产业安全问题研究及结论与中国面临系统性涉农产业安全危机的严峻现实相脱节;三是全球化背景下国际涉农寡头所实施的全球价值链一体化战略及经营实践已超越了国内的理论研究。

正确识别并抓住中国涉农产业安全实质问题是有的放矢地破解产业安全危机和产业安全困局的关键。在后 WTO 时代,中国利用国际农产品市场补缺大于调余的大趋势,涉农产业(链)安全主要问题体现在:作为农业国际综合竞争力弱国,如何抵御受到高额补贴或策略定价的国际农产品对中国农产品市场公平竞争秩序或农业生产能力的冲击;如何规制以美国为主的国际涉农产业寡头对中国涉农产业的侵袭——对中国涉农产业链进行战略性布局和控制(零和博弈);如何在国际粮食金融化中争夺定价权以减缓粮价大幅波动传导或联动对 CPI、农民收益和产业链稳定性的冲击;如何在外部冲击下确保粮食安全、农民增收安全和产业链利益自主可持续循环安全;如何在资源约束和利益动力弱化的情况下确保涉农产业链的基础战略环节——种植业的可持续发展。

二 国际/国内定价权研究的述评

(一)定价权含义研究的述评

对于定价权的含义,严格说来,西方经济学里并没有专门界定。现在所说的定价权或者定价话语权概念在更大程度上被媒体采用,这更凸显了理论研究滞后现实中所存在的定价权缺失的严峻问题。"定价权"可以说是一个具有"中国特色"的概念,国外文献中定价权概念鲜有出现,但存在"市场势力"这一相近概念。里德等加入包括第三国汇率、需求变化等多重因素来修正PTM和RDE模型;贝克和布瑞斯汉在PTM模型基础上提出RDE模型(剩余需求弹性),在考虑其他生产国的供给量和各生产国的剩余需求的情况下估计国家的市场支配力;克鲁格曼建立PTM模型(市场定价,pricing-to-market)来分析大宗农产品出口国的市场支配力。上述文献均侧重对大宗商品出口国的分析。

定价权是国内兴起的概念,学者对其内涵界定也不尽相同。不同学者从各自的研究领域和研究需要出发,对定价权含义进行了不同的界定和解读。所谓定价权,从字面理解就是贸易主体对商品价格决定的权力。从国内外媒体和学术界的报道或研究来看,定价权的含义并未统一,但基本上可从狭义与广义两个层面来理解。

一是从狭义角度来定义。目前比较普遍的观点认为,国际定价权就是由谁来确定商品国际贸易的价格。詹啸、吴秋娟、苗瑾等(2011)认为,定价权是指企业对其产品或原料的价格制定拥有主动权,若改变其产品定价或原料采购价不会对供需产生过大的负面影响;邢世伟(2010)指出定价权是企业对商品价格的制定拥有主动权,若改变产品价格不会过多地影响需求;黄先明等(2006)提出,定价权是由谁来确定国际贸易商品的交易价格;从消费者最大量出发,将符合一国消费者剩余最大化目标的进口价格称为理想价格或等权价格,高于该价格为劣权定价,低于该价格为优权定价,并且使用动态比指标量化定价权。

二是从广义角度来定义。李艺、汪寿阳(2007)认为,定价权泛指影响国际市场商品价格的能力,而对中国现实而言,定价权的含义在于:为了避免遭受重大经济利益损失,中国能在形成合理的国际市场价格中发挥积极影响力;而为了有效管控国际市场价格风险,中国企业能够通过各种方式,在各部门的支持下,在国际贸易中为自己争取有利地位和良好的外部环境。定价权是指一种决定市场交易价格走向的力量,企业、组织、国家有能力在一定程度上影响市场价格朝有利于自己的方向变动。即使是世界上最大的买家,如果没足够的时间和经验积累以及相对应的综合实力，也很难真正取得国际话语权和定价权。一个国家的大宗商品定价权在国际贸易体系中体现为其在国际交易中的规则制定权、市场主导权和政治责任承担力。相对传统市场上的价格完全由供求关系决定的情况而言，在买卖双方都有一定的市场垄断能力和既定的交易规则的条件下，定价权是指供求双方各自能够有多大能力制定或获得更有利于自己的交易价格。郑雄（2016）认为，从广义上讲，定价权是一种影响国际市场商品价格的能力。结合中国现实而言，定价权是指中国能够在合理的国际市场商品价格的形成中发挥积极的影响，避免遭受重大经济利益损失。

此外，有学者从期货市场的角度界定定价权的含义。如唐衍伟等（2006）认为，在当前国际贸易中，国际定价权是各国期货市场在国际市场中主导全球石油、农产品、金属等大宗原料的能力，由于期货市场对整个市场起主导作用、期货价格是商品价格构成的核心。

综合前人的观点，定价权可以从不同角度来拓展分析视野、深化对其的理解。关于定价权概念的把握，笔者认为，从时间长度看，可分为短期定价权、中期定价权、长期定价权；从期货市场角度看，可分为实体商品定价权（现货定价权）、金融衍生品定价权（期货定价权）和基于期货定价的现货交易商品的定价权；从定价权的主体看，可分为市场主体定价权、国家定价权和国家调控下的市场主体定价权；从产业价值链看，可分为产业价值链定价权（纵向或垂直定价权）和产业价值链环节定价权（水平定价权）；从策略看，可分为战略性定价权和战术性定价权。本书基于产业安全的战略视角并根据定价权控制的范围，将定价权划分为国际定价权、国内自主定价权和涉农战略性商品全球价值链治理下的定价权，其中涉农战略性商品全球价值链治理下的定价权必然贯穿国际定价权和国内自主定价权，同时，不完全竞争或寡头垄断是定价权的逻辑前提。

国际定价权缺失或受控现象的实质是由涉农寡头及其所在国为了其共同的战略利益目标而进行精心和长期战略布局的结果。涉农寡头为了全球市场份额的增加，在控制了全球约80%的大宗农产品国际贸易量后，必然通过 FDI 的形式布局中国等新兴经济体的粮食和食品市场，而中国国内农产品和食品的定价越来越受国际市场波动影响的事实，无疑显示了国内涉农全球价值链治理下的定价权——涉农战略性商品的定价权日益国际化。

（二）国际定价权研究的述评

国际定价权往往指的是某地或者某个机构在某种商品上的定价能左右或者严重影响国际上对该商品定价的能力，即所谓国际定价权，在商品领域，美国拥有大多数的商品定价权，原因在于美国的期货市场发展成熟，能够吸引足够的资金等各方面资源来对商品进行定价（郑雄，2016）。

现有国际定价权的研究基本上可划分为基于国际贸易谈判定价方式的定价权问题和基于国际贸易期货定价方式的定价权问题两个方面。胡俞越等（2017）认为，"一带一路"倡议将通过输出基础设施建设、开发沿线资源和建立以中国为主导的贸易规则，以及人民币国际化的方式重构定价规则和货币体系，进而推动以人民币为大宗商品的定价货币，争取大宗商品定价权。

1. 基于国际贸易期货定价方式的定价权问题的研究

期货价格之所以能够通过间接和直接方式为大宗商品定价，主要是基于期货市场的价格发现功能。价格发现功能是在特定交易的市场中价格形成的过程。期货市场的价格发现功能是在这一过程中体现的，即期货市场应该能够产生反映市场对随后的现货价格变化的预期，并且能够迅速地将信息传递至整个市场体系。期货市场的价格发现功能是市场有效性的体现。当影响价格变化的新信息出现时，期货价格能够迅速变化，并通过期货与现货间的套利机制，将信息传递至现货市场。从这一角度看，期货价格能够迅速反映相关信息，是市场有效性的反映。通过其价格变化，能够反映随后的现货价格变动趋势，因而也具有一定的预期性。

现实中，涉农战略性商品的大宗农产品国际贸易基本上采取以期货定价、现货交易的方式，且一般以美国的 CBOT 和 ICE 两大期货交易所的期价为其国际贸易的基准价。此定价机制无疑凸显了美国的 CBOT 和 ICE 两大期货交易所在国际大宗农产品交易时的国际定价中心作用。

在学术界，国外有不少的文献对期货市场定价功能进行了研究，主要体现在三方面：一是关于期货市场的价格发现功能的研究，即研究期货市场价格与现货市场价格的关系；二是关于期货市场与现货市场相互影响的研究，即对国际期货价格的溢出效应或传递机制进行考察；三是关于国际期货市场与国内期货市场相互影响的研究。

期货市场的价格发现功能体现为期货市场应该能够产生反映市场对随后的现货价格变化的预期，并且能够迅速地将信息传递至整个市场体系。价格发现领域开创性的研究工作是 Conzala 和格兰杰的永久短暂（permanent transitory，简写为 P-T）模型和 Hasbrouck 的信息份额（information share，简写为 I-S）模型。在实证模型研究基础上，Hartzmark、Hazuka、Bodie、Rosansky、Dusak、Rockwell、Houthakker 等采用协整方法，对美国的小麦、棉花、大豆、玉米期货市场等进行了实证检验，结果均表明了期货市场的确存在价格发现功能。有学者应用 ECM 模型和 Johansen 协整方法进行检验，结果表明在不同时间长度和不同现货报价地点，期货价格和现货价格之间的长期稳定性关系存在不同，进一步研究认为，由于地域因素影响了现货报价，期货价格对当地现货价格的发现功能受到限制；在长期具有均衡关系的市场上，单个作物年度内可能因短期因素的影响而使协整关系产生偏差。还有学者运用多变量自回归模型和 Perron 单位根检验方法检验了玉米、生猪和大豆 3 个品种之间的美国农业部公布的现货利润与期货产品利润之间的协整关系，这无疑扩展了价格发现功能的范围。

经过 40 多年的改革开放，中国已经成为全球第二大经济体和第一大货物贸易国。与此同时，人民币已成为全球第五大支付货币，并顺利加入 SDR，成为 SDR 货币篮子仅次于美元和欧元的货币。中国经济在取得卓越成效的同时，仍旧面临着诸多问题：一方面，全球经济疲软，中国经济失速，中国迫切希望实现经济转型，找到新的经济增长点；另一方面，中国在现有的国际规则下，遭遇越来越多的摩擦，给中国带来了巨大的经济损失，中国迫切希望由规则的追随者变为规则的制定者。

在国内，学界正逐步开展期货市场功能（价格发现功能和套期保值功能）的研究。赵荣、乔娟（2008）对中国和美国的棉花、铜期货价格的动态关系和价格发现功能进行了动态分析，比较了中、美期货市场在功能发挥上的程度。薛和斌（2007）采用回归分析、格兰杰因果检验等方法对郑州棉花交易市场的期货功能的发挥情况进行了实证研究，结果表明郑州棉花期货价格对现货价格具有较强的引导作用，而棉花现货价格对远期棉花期货价格的引导作用不明显，即期货市场的价格发现功能得到了较好的发挥，但棉花期货市场的套期保值功能还没有得到充分发挥。

对国际期货价格的溢出效应或传递机制进行考察。由于涉农战略性商品中的大宗农产品是期货市场的重要交易品种之一,学者从期货市场视角对大宗农产品价格的国际传递进行的研究非常多,形成比较一致的观点是CBOT的大宗农产品期货价格的信息溢出效应很强,在信息传递上起到决定性的作用,而其他各国的相应品种期价变动基本上依赖于CBOT价格。

关于国际期货市场与国内期货市场相互影响的研究。大连商品交易所课题组(2010)通过对大连商品交易所(以下简称"大商所")上市品种与国际主要交易所对应品种的期货价格关系进行实证研究,结论最具权威性。其主要结论如下。

第一,大商所上市品种与国际主要交易所对应品种的期货价格之间高度正相关。除LLDPE之外,相关系数均在0.9以上,属高度正相关,其中玉米为0.92,其他品种均在0.95以上。LLDPE品种相关系数为0.71,也属显著正相关。

第二,大商所汇改后的大豆和豆粕,上市以来的棕榈油、LLDPE期货品种与国外相应品种的期货价格之间保持长期稳定关系;而上市后及汇改后的玉米、上市以来的豆油品种的期货价格之间则不具有长期稳定关系。通过协整检验,汇改后的大豆、豆粕品种,上市以来的棕榈油、LLDPE品种的国内外期货价格之间存在协整关系,说明这些品种国内外期货价格之间存在长期稳定关系;上市后及汇改后的玉米品种、上市以来的豆油品种的期货价格之间则不具有协整关系,即不具有长期稳定关系。玉米和豆油的国内外期货价格不存在稳定关系可能的解释是:近年来,粮食、食用油价格上涨,政府为控制其价格涨幅,对粮食、食用油等商品实施各种管制措施。例如,自2008年1月以来控制粮食出口、加大国储粮食投放力度以及对于重点商品价格进行价格临时管制等;2008年6月18日取消了食用油出口退税,抑制了国内油厂出口,增加了国内油脂供给量等。这些政策在一定程度上限制了国内玉米、豆油价格随国际市场的价格而变化。

第三,大商所多数品种的期货价格受国际对应品种期货价格的单向引导,表明国内期货价格对国际期货价格的高度依存性。通过对大豆、豆粕、棕榈油和LLDPE的格兰杰因果检验,结果表明除LLDPE品种之外,大豆、豆粕、棕榈油期货品种的国外期货价格均是国内期货价格的格兰杰原因,即存在单向引导关系。LLDPE品种则表现出大商所对LME的单向引导关系,表明国内的LLDPE期货价格引导LME期货价格变化,国际期货价格对国内期货价格具有高度依存性。

第四，从国内外期货价格相互影响的程度看，除 LLDPE 外，国际期货价格对大连期货价格的影响均明显高于后者对前者的影响，表明国内期货价格变化对国际期货价格的依赖性，其中，大商所的棕榈油、黄大豆一号期货价格受国际期货价格影响显著，豆粕品种次之。LLDPE 则表现出大连期货价格对国际期货价格影响程度高的特点。

通过方差分解对大豆、豆粕、棕榈油和 LLDPE 的国内外期货价格相互影响程度进行分析。其中，国内期货价格变化受国外期货价格变化累计影响程度具体如下。

在滞后 5 期（相当于 1 周）内，大连棕榈油期货价格变化受马来西亚棕榈油期货价格变化的累计影响程度高达 71%；大连黄大豆一号期货价格受 CBOT 相应品种期货价格的累计影响程度为 34%；大连豆粕期货价格受 CBOT 豆粕期货价格的累计影响程度为 18%；大连 LLDPE 期货价格受 LME 的 LLDPE 期货价格的影响很小，累计影响程度仅为 3%。

在滞后 20 期（相当于 1 个月）内，大连棕榈油期货价格变化受马来西亚棕榈油期货价格变化的累计影响程度高达 77%；大连黄大豆一号期货价格受 CBOT 大豆期货价格的累计影响程度为 43%；大连豆粕受 CBOT 豆粕期货价格的累计影响程度为 29%；大连 LLDPE 期货价格受 LME 的 LLDPE 期货价格的影响仍很小，累计影响程度仅为 4%。

在滞后 200 期（相当于 10 个月）内，大连棕榈油期货价格变化受马来西亚棕榈油期货价格变化影响；大连黄大豆一号期货价格受 CBOT 大豆期货价格的累计影响程度为 63%；大连豆粕受 CBOT 豆粕期货价格的累计影响程度为 54%；大连 LLDPE 期货价格受 LME 的 LLDPE 的期货价格影响仍很小，累计影响程度仅为 3%。

除 LLDPE 之外，其他品种国际期货价格变化受国内期货价格变化的累计影响程度相对小于后者受前者的影响程度，尤其在滞后期较短的时间内表现更为突出。在滞后 20 期（相当于 1 个月）内，CBOT 的大豆期货价格受大连黄大豆一号期货价格的累计影响程度均不超过 5%；CBOT 的豆粕、马来西亚的棕榈油期货价格受大连对应品种期货价格的累计影响程度分别为 9% 和 10%；LME 的 LLDPE 期货价格受大连 LLDPE 期货价格的累计影响程度相对较高，约 189%。在滞后 200 期（相当于 10 个月）内，棕榈油、黄大豆一号、豆粕国外期货价格受大连对应品种期货价格变化的累计影响程度分别为16%、26%、36%，LME的LLDPE期货价格受大连LLDPE的期货价格变化影响程度较高，达669%。

2. 基于谈判定价方式的国际贸易定价权的研究

当前，基于谈判定价方式的国际贸易定价权研究大多体现在非农大宗商品的铁矿石、稀土、原油等战略性资源，以及涉农战略性商品的钾肥、橡胶、原油等方面。其中，原油的涉农属性更多体现在作为间接原料和能源、带动其他涉农战略性商品价格方面。

祝继高（2012）在《定价权博弈：中国企业的路在何方？》一书中以面向大众读者的文笔对钾肥定价权缺失问题进行了案例性的叙述，介绍了中国钾肥定价权缺失的历史和现状，即当前中国钾肥进口依存度为50%~70%，主要采用联合谈判定价的方式来应对国际供应高度垄断的问题，虽取得进口价格"全球洼地"相对低价，但难改定价权基本丧失的现实，这为后续的研究奠定了基础。

实际上，在进出口交易环节，已有研究涉及的存在定价权问题，且基于谈判定价方式的涉农战略性商品除了钾肥、原油外，突出的还有硫黄（磷肥的重要原料，年进口约1000万吨，其中70%用于生产肥料）的进口定价权问题、农药和水产品的出口定价权问题等。基于数据的可获得性和案例的代表性，本书主要以钾肥为案例展开基于谈判定价方式的国际贸易定价权问题的研究。

笔者认为，国际定价权研究除了上述国际贸易环节出现的两种显性的定价权缺失问题外，还要将两种隐性的国际定价权问题纳入其研究范畴，便于全面认识和正确理解国际定价权问题，有利于深究国际定价权的实质并寻获破解对策。隐性的国际定价权问题主要体现在两个方面：一是在国际市场上大宗商品价格的长期扭曲定价问题，如由于受到以欧美国家为主的战略性农业贸易政策支持而出现国际农产品长期扭曲定价的现象；二是人为调控和政策性调控导致国际大宗商品供给减少，最后导致国际大宗商品价格长期走高的问题，如钾肥产商默契地限产保价现象和以美国为主的国家以"能源多元化"为托词的生物质能源政策，这实质上是以间接手段来调节供求，旨在操控大宗商品的国际定价。以美国为主的国家以玉米为主原料的生物质能源政策引发了近几年全球粮价暴涨，对此，联合国粮农组织总干事达席尔瓦呼吁美国停止将40%的玉米用于乙醇生产的政府指令,并让更多玉米用于生产食品和饲料(王鸿雁,2012)。

(三) 国内自主定价权研究的述评

1. 关于国内涉农战略性商品自主定价权的研究

李昌平(2010)在《警惕国内农产品价格定价权国际化》一文中认为,外资入侵、控制农产品流通和加工环节会危及农产品的自主定价权,要警惕国内农产品价格定价权国际化,经济开放不能以丧失定价权的自主性为代价。

2. 关于国内金融市场的定价能力的研究

吴冲锋(2010)认为国内外有关中国金融衍生品的价格联动效应可能影响中国金融市场的稳定和定价能力,并主要通过2005年6月以前的大宗商品的交易、汇率、股票指数等系列产品数据来进行实证和案例研究;同时,系统地研究了中国期货市场与国际期货市场之间的均值、方差、10%下跌风险和5%下跌风险4种信息溢出效应。研究结果显示:目前中国的橡胶、铜、铝、燃料油、大豆、棉花、玉米以及糖期货市场与对应的国际期货市场之间存在显著的信息溢出效应,且国内期货市场受到的信息溢出影响更强烈;而小麦期货则没有显著的对外信息溢出,其中CBOT小麦的信息溢出虽然显著,但并不是很强烈。整体上,中国期货市场虽然对外有了信息溢出效应,但是由于发展时间较短,交易量较少,市场还不是很成熟,与国际期货市场间的信息溢出相比仍然处于弱势地位。此外,随着进出口量的增加,加入WTO后中国关税和配额制等贸易壁垒的降低,国内期货市场的规范发展和信息技术的进步,国内外期货市场间的信息溢出呈增强态势。为此,应进一步提高中国期货市场的运行效率,促进其健康发展,使之适应经济全球化的趋势,并逐步在国际市场价格形成中发挥应有的影响力。

随着中国经济的日益壮大和不断发展,中国已成为石油、铜、铁矿石、大豆、玉米、稀土等大宗商品的主要进口国和出口国。但长期以来,中国在大宗商品国际定价权领域相对弱势,经常处于被动接受国际市场价格的地位。国内外学者(张帆等,2018)对于大宗商品定价权的研究主要体现在以下几个层面。①中国大宗商品国际定价权缺失的主要表现与相关对策研究。这类研究通过回顾历年来中国因为缺失大宗商品定价权而导致重大损失的事件，例如"大豆采购事件""铁矿石涨价事件""国储铜事件"等，提出中国争取大宗商品定价权的必要性和对策建议。②大宗商品国际市场价格波动的影响因素分析。这类研究主要通过统计数据或计量模型，实证分析供求状况、市场投机、汇率等因素对大宗商品国际市场价格波动的影响。③大宗商品定价权的国际政治经济学分析。这类研究通过回顾不同品种大宗商品定价权的国际政治经济博弈历程，认为国际政治经济权力分配格局决定了大宗商品的定价权的归属。

大连商品交易所课题组（2010）以大连商品交易所的实证、调查与例证来研究中国期货市场功能，研究的品种全面、覆盖的时间长，如黄大豆一号自2003年10月27日始至2008年7月8日止，结论颇具权威性。且对近两年的结果与完整时间序列的结果进行比较分析来实证其价格发现功能的演变。其研究结论如下。

（1）关于对大商所所有品种期货价格发现功能的实证研究结论：大商所所有品种的期货价格与现货价格之间具有显著正相关关系，表明期货、现货价格走势呈高度一致性。除LLDPE外，其他品种的期货价格与现货价格的相关系数均在0.95以上。LLDPE的期货、现货价格相关系数相对较低，但也在0.86以上，也反映了LLDPE期货价格与现货价格走势具有较高的一致性。

各品种期货价格与现货价格之间具有长期均衡关系，反映期货、现货价格之间稳定的联系。在完整序列上，除豆粕外，均表现出期货价格与现货价格之间具有协整关系，表明两者具有长期稳定关系。选择近两年的数据分析豆粕品种时，协整关系存在，这表明豆粕期、现价格间的长期稳定关系在近两年开始显现。其中，在统计显著性上，黄大豆一号、玉米、豆油、LLDPE的协整关系显著，黄大豆二号和棕榈油的显著性略低。

各品种（除豆粕外）均体现出期货价格单向引导现货价格变化的特点，这表明在价格发现过程中，期货价格发挥主导作用，期货价格的变化先于现货价格变化，两者形成"领导-跟随"的关系，显示出期货价格能够预测未来现货价格变动趋势。豆粕近两年的数据分析显示，豆粕期货价格对豆粕现货价格存在双向的格兰杰引导关系，但从P值的数值可以发现，期货价格对现货价格的引导作用更为明显。

从期货价格与现货价格变化的相互影响程度看，在所有品种上均显示出前者对后者的影响远远大于后者对前者的影响。通过方差分解，可定量分析期货价格滞后若干期的变化累计对现货价格变化的影响程度，以及现货价格滞后若干期的变化累计对现货价格变化的影响程度。

在滞后5期（相当于1周）内，豆油、黄大豆二号现货价格受其期货价格影响的程度均接近或超过30%，其中，豆油已达到40%，棕榈油期货价格对现货价格的影响更是高达77%。LLDPE现货价格受期货价格影响的程度相对较低，黄大豆一号和玉米影响程度则分别为15%和7%左右。

在滞后20期（相当于1个月）内，豆油、黄大豆二号、棕榈油和LLDPE现货价格受其期货价格影响的程度均接近或超过50%，其中，棕榈油期货价格的影响程度已经超过90%，而且LLDPE的影响程度也在87%以上，豆油已达到65%。

在滞后200期（相当于10个月）内，黄大豆一号、豆油、LLDPE现货价格受其期货价格影响的程度均在90%以上，其中，黄大豆一号高达95%，LLDPE期货价格影响程度大于93%，黄大豆二号、玉米和棕榈油略低，但也在80%以上。

与期货价格对现货价格的影响相反，期货价格受现货价格的影响远小于后者对前者的影响。黄大豆一号、豆油品种即使在长期（滞后期为200期，相当于10个月）中，现货价格对期货价格变动的影响也不超过3%，LLDPE期货价格在长期中受扬子石化现货价格影响的比例保持在3.96%。棕榈油现货价格对期货价格的影响在长期中略大，但也保持在8%以下。玉米、黄大豆二号期货价格受现货价格的影响略大，在长期中，玉米期货价格有11.56%受大连现货的影响，黄大豆二号期货价格累计有9.50%受连云港现货价格的影响。

（2）通过对黄大豆一号、豆粕和玉米品种完整序列与最近两年数据比较来分析郑交所价格发现功能的变化。

对于上市较早的黄大豆一号、豆粕、玉米品种，除了对完整序列进行实证分析之外，还将最近两年数据进行分析，将结果进行比较。结果显示，最近两年的黄大豆一号、豆粕期货价格发现功能进一步增强。大豆最近两年的期、现价格相关性进一步提高，协整关系仍然存在，期货价格对现货价格是单向引导关系，近期的期货价格变化对现货价格的影响更为显著。综合起来，可以判断大豆期货品种在最近两年中价格发现功能进一步增强，期货价格在价格发现过程中起主导作用，能够较好地预期现货价格未来的变化。豆粕最近两年期货、现货价格相关性进一步提高，并且从完整序列的不存在协整关系变为存在协整关系，说明豆粕期货、现货价格之间已经建立了长期稳定的关系。从引导关系来看，期货价格与现货价格呈双向引导，表明现货价格变化对期货价格变化也产生一定的影响；在相互影响程度上，期货价格对现货价格的影响仍大于后者对前者的影响，除近期的个别滞后期外，豆粕期货价格对现货价格的影响程度有明显提高。

最近两年玉米期货价格发现功能则有所减弱。最近两年玉米期货、现货价格相关系数较完整序列略有下降，反映出期货价格与现货价格同方向变化的一致性略有减弱；完整序列下显示的期货、现货价格协整关系在最近两年数据上不存在，这表明期货价格与现货价格的长期稳定关系在最近两年没有体现。产生这一结果可能的原因有两个：第一，从统计角度讲，时间区间缩小、样本量减少会影响计量效果；第二，从玉米期、现货市场的特点看，近两年国际玉米期货价格涨幅较大，但国内玉米价格受政府管制因素影响，玉米现货价格变化受到抑制，而国内玉米期货价格受国际影响程度相对较大，因此导致国内玉米期货、现货市场价格出现一定的独立性。

3. 关于外部因素冲击引发国内自主定价权问题的研究

当前，国际上各冲击因素对中国涉农战略性商品价格的影响越来越大。比如，人为可操纵的外部因素导致中国涉农战略性商品价格大幅波动，则其可能会被国外的利益相关者用来削弱中国国内的自主定价能力。但是，当前鲜有人明确从外部因素冲击会引发国内自主定价权的问题展开研究，即使有也主要是定性的分析。实际上，关于各种国际因素影响国内涉农战略性商品价格波动的研究在一定程度上能说明国内自主定价权的问题，为此，就其相关的文献进行综述。关于外部冲击对国内大宗农产品等涉农战略性商品价格波动的影响文献较多。当前已有的研究大部分是关于货币与汇率因素、期货因素、生物质能源等外部冲击因素对农产品价格波动的影响。

一是在国际上，关于国际价格传递效应的研究主要从期货、外贸、汇率、能源等方面展开，研究成果非常丰富。首先，对国际期货价格的溢出效应或传递机制进行考察。从国际定价权的文献综述中可知，形成比较一致的观点是 CBOT 的大宗农产品期货价格的信息溢出效应很强、在信息传递上起到决定性的作用，而其他各国的相应品种期货价格变动基本上依赖于 CBOT 期货价格。其次，侧重汇率变动的影响考察。近几年，侧重于汇率变动如何影响国内物价上的研究相当丰富。用 VAR 模型对东亚国家的汇率波动对国内物价变动的传递效应进行了实证分析，结果认为汇率对进口价格指数具有相当高的传递效应，但对 CPI 的传递效应基本上是比较低的，而且呈非线性的传递效应；以 OECD 六个工业化国家为样本，并通过运用 VAR 模型，实证研究了汇率的变化与进口价格对 PPI 和 CPI 的影响，结论认为汇率变动对 CPI 有微弱影响且与经济体开放的程度有一定相关性。汇率变动之所以对国内物价具有不完全的传递效应，原因在于国外供应商为了保持既有的产品市场份额而不愿意改变市场价格。再次，关于能源因素影响的考察。以石油价格变动会直接影响生物质能源发展为基础，对生物质能源发展对欧洲农业的影响进行分析，并通过模拟不同方案来得出结论：石油价格和生物质能源的发展不仅会影响欧洲谷物价格，也将进一步冲击畜牧业和养殖业的发展。最后，是关于多因素的影响考察。运用 VAR 模型、方差分解法和脉冲响应函数就一些不同的冲击因素对欧洲国家的国内物价的传递效应进行实证研究。

二是在国内，关于各种外部冲击因素对国内大宗农产品价格波动的影响的研究文献不少，主要从期货价格、全球经济状况、国际农产品价格、全球农产品供需情况、汇率、生物质能源产量、石油价格和投机因素等方面进行研究。首先，相当多的文献侧重于期货价格的信息溢出效应或传递机制的研究，并形成较一致的结论。如罗锋、牛宝俊（2011）通过运用 VAR 模型和协整分析法考察并证实了国际农产品价格变动显著影响国内农产品价格，国际农产品期货价格的信息反应机制比进口价格传递的作用更大。丁守海（2009）运用 Johansen 检验和 VEC 模型来考察四种主要农产品价格，发现国际农产品价格变动无论在长期还是在短期都会在相当程度上输入中国。赵荣、乔娟（2008）利用误差修正模型、共聚合法等研究方法对中国和美国的棉花期货价格和现货价格之间的价格传导关系进行了比较分析，研究结果认为：两国的国内棉花期货价格与现货价格之间均存在长期均衡关系和双向引导关系。周应恒、邹林刚（2007）对中国大豆期货价格与国际大豆期货价格的关系进行了实证研究，认为美国 CBOT 的大豆期货价格在全球大豆期货的定价中居于主导地位，日本和中国影响全球大豆期货价格形成的程度很有限。其次，一些文献探讨人民币汇率变动对中国国内物价水平的影响，如毕玉江、朱钟棣（2006）和卜永祥（2001）等通过误差修正模型来研究人民币汇率变动影响国内物价水平的动态机制，认为汇率变动对国内物价水平的影响显著。方湖柳（2009）研究认为，中国存在汇率对农产品价格的传递效应，由于人民币升值对农资价格的抑制作用不明显，但对间接抑制农产品价格产生一定作用，因此人民币升值将引起进口农产品价格与国内批发价格的下降，具有明显抑制中国居民食品消费价格的作用；另外，研究认为，因为进口价格和农产品批发价格对汇率变动的弹性（绝对值）均小于 1，所以汇率变动对农产品价格呈现不完全的传递（传递效应较小、传递速度较慢）。再次，考察原油和生物质能源的影响。2007 年以来，基于以美欧为主大力发展生物燃料的政策背景，很多学者研究了大宗农产品价格受生物质能源产量、石油价格的影响。比如，黄季焜等（2009）研究认为，全球生物质能源价格的大幅上涨、生物质燃料的扩张、市场投机等因素是 2007~2008 年全球粮价大幅上涨的主因，而金融危机导致的能源价格下跌又是引发 2008 年下半年起粮价大幅下跌的主因。国际粮食委员会的研究报告表明，2007~2008 年，用于制造生物质能源的全球谷物增加了 32%；全球玉米总生产量为 7.77 亿吨，其中全球贸易总量才 1 亿吨，而用作玉米乙醇生产的玉米量达 9500 万吨。国际食品政策研究所进行测算的结果表明，2000~2007 年的全球生物乙醇发展导致粮食需求的增长，直接推高粮价上涨了 30%。Yuqing Zheng、Henry W. Kinnucan 和 Henry Thompson（2008）认为，半数以上的农产品价格波动是新闻媒体的报道尤其是食品安全的报道造成的。最后，考察多因素对国内价格的影响。比如，顾国达和方晨靓（2010）运用马尔科夫局面转移向量误差修正模型（MSVECM）的方法，选取了国际农产品价格、能源价格、全球经济状况、全球农产品供需及库存情况、美元指数走势、国家调控和投机因素等 7 项国际影响因素来考察其对中国农产品价格的影响。研究结论表明，在国际市场因素影响下，中国农产品价格受到国际市场因素的影响较大，其价格波动具有明显的局面转移特征、呈现暴涨缓跌的特征，其概率存在非对称性。中国人民银行营业管理部课题组（2009）考察了外部冲击因素对中国物价水平及分类价格指数的传递效应，结论表明，人民币名义有效汇率和国际石油价格的冲击对中国进口价格指数、PPI和CPI的传递率更高，影响更大；相比之下，汇率传递和价格均呈现不完全、沿价格链递减、滞后的特征，并且对分类价格指数的传递差异较大。吕剑（2007）运用计量分析方法并以国际石油价格作为外部冲击因素的代理变量，对汇率的价格传递效应进行了比较研究。中国价格协会课题组（2007）对国内市场价格受到国际市场初级产品价格波动影响的传导途径进行了分析，但对各途径的贡献度没有深入分析。随后，有学者通过选取1995年第一季度至2006年第四季度10个指标的数据来对美国、欧盟、日本等10个国家与地区进行研究，分析了国内物价波动受到国际环境变化影响的主要原因，其影响力约占70%。另外，张利庠、张喜才（2011）从产业链的视角，运用向量自回归模型和2001~2009年农业产业链上中下游各环节产品价格的月度数据来研究外部冲击对中国农产品价格波动的影响，研究结果表明，外部冲击因素对涉农产业链中农产品价格的波动存在重要影响，且短期内会让国内初级农产品价格的波动幅度扩大3~5倍；同时认为外部冲击因素对不同产业链环节的影响存在差异，小麦、水稻等粮产业链主要受气候、自然灾害等的影响，其可解释稻米、小麦的价格波动的程度均达到95%；产业链市场化程度较高的肉鸡、生猪、大豆等，除了受到生产影响外，汇率和国际贸易等外部冲击因素对其价格波动也产生较大影响，解释程度为10%~30%，且价格波动范围较广。

高焕喜（2016）认为，当前农产品价格、农业补贴政策已临近天花板，同时农业综合成本的"地板"又不断抬升，农业政策调整和经营利润空间不断被挤压，农业发展内生动力不足问题日渐突出。从农产品价格看，国内大宗农产品价格普遍高于国际市场，粮食价格比国际市场高10%~15%，即每吨高600~800元；肉类价格比国际市场高1倍还多。单纯靠政策引导提高国内农产品价格，从而调动生产经营积极性的空间已不大。

综上可知，在中国经济对外开放大格局下，伴随着日益凸显的农业"能源化"和农产品"金融化"趋势以及日益剧烈的全球农产品价格波动，各种国际因素对中国大宗农产品等涉农战略性商品的价格波动的影响越来越显著。假设国内因素的冲击不断弱化，而国际因素的冲击不断增强，则国际因素无疑会导致中国国内涉农战略性商品的自主定价权日益弱化。现有的研究大多侧重于某一种/类冲击因素对中国国内农产品价格的影响，且更多的是定性判断而没有核算出各影响因素的贡献度的大小。为此，本书通过总体考察和个体考察相结合，并运用了相关性分析、VAR模型、协整分析、方差分解法等分析方法来进行综合实证研究，旨在较全面地考察自入世以来国际和国内的各种冲击因素对中国涉农战略性商品价格（处于涉农产业链中游的大宗农产品整体的价格、处于涉农产业链下游的猪肉的价格）动态影响的基础上，综合比较分析国际因素对中国自主定价权影响趋势是加强还是减弱了，其中哪些因素的贡献度大及其变化趋势如何，这对于如何有的放矢地增强中国自主定价权具有现实意义。

4. 关于外部因素引发国内自主定价权的路径问题的研究

关于外部因素引发国内自主定价权的路径问题，国内明确论及或划分的研究较少。

贾俊雪、郭庆旺（2006）认为，在经济开放格局下，外部冲击会通过金融市场和国际贸易传导机制影响一国的宏观经济。纪敏（2009）将外部冲击因素影响国内价格波动的传导渠道归结为需求拉动、成本推动和货币冲击等，其中成本推动渠道和需求拉动渠道（包括国际大宗农产品价格变化和外需变化）可归结为对实体经济层面的影响；货币冲击渠道又可细分为货币冲击的数量渠道（包括境外流动性输入、汇率传递效应的影响）和货币冲击的价格渠道（中外利差变化）。笔者认为，在对外开放格局下，引发一国涉农产业安全问题的四大途径——国际贸易、外国直接投资（FDI）、涉农金融衍生品价格联动和人员交流——都会引发国内商品的自主定价能力弱化或受控的问题，其中人员交流引发的定价权问题不易确认。为此，国内涉农战略性商品自主定价权所受的外部影响和冲击主要来自三条途径：一是国际贸易传递；二是FDI的控制，尤其是外国寡头对中国涉农产业的投资与控制；三是国际定价中心涉农商品的期货价格信息反应机制或价格联动。仅检索到一篇文献比较研究了自主定价权的不同影响途径的影响速度和影响强度。罗峰、牛宝俊（2009）以协整分析和VAR模型实证了国际农产品价格变动对中国农产品价格具有显著影响，同时国际期货价格的信息反应机制比中国进口价格传递产生的作用更大，进口价格对国内农产品价格影响的作用时滞为3个月，而农产品国际期货市场价格对国内农产品价格的影响不存在时滞，且在第15个月影响达到最大。

5. 相关或间接的研究

近年来，国内可解析中国涉农产业链各环节定价权强弱和国内价格自主调控的相关研究文献不断增多，但并不是明确针对定价权的研究。王秀清等（2007）指出，在食品零售环节中广大消费者必须面对零售商的卖方寡占力量，而在中国涉农产业链的农产品收购环节中，农民又经常必须面对买方寡占力量。国家发改委等三部委2008年联合跟踪调查了北京、上海、山东等地的猪肉、牛奶和小麦等9种农产品，调查结果认为在经销和零售环节的农产品利润偏高，而在产销环节中农民获得的利润相对偏少。孔祥智、李圣军等（2010）指出涉农产业链条的价格传递常以"需求拉动"为主、以"供给推动"为辅，且食品加工企业发挥了价格"稳定器"的作用。自2007年以来，越来越频繁的农产品价格波动引发了国内学者对涉农产业链中农产品价格形成的研究热潮，其中主要包括小麦产业链的价格形成、大豆产业链的价格形成、生猪产业链的价格形成、肉鸡产业链的价格形成等。蔡风景、李元、王慧敏（2009）的研究表明，货币政策主要通过调节货币供应量和汇率机制来影响价格指数，但传导效应不强，为此减少货币供应量的紧缩政策在一定程度上会抑制中国农产品价格的上涨；货币政策的市场利率渠道对价格调整基本无影响，因此加息政策对调控价格水平的效果不显著；中国农产品价格受到工业品价格的传导影响具有一定的时滞性，具有显著的长期传导效应，因此应警惕工业品价格水平的上涨。

（四）全球价值链治理下定价权研究述评

林吉双、董赪（2011）在《中国缺失国际贸易定价权的经济学分析》一文中，以全球价值链理论中的生产者驱动和购买者驱动理论来分析中国国际贸易环节的进口定价权和出口定价权，但没有涉及全球价值链治理和经济租理论。笔者认为，全球价值链治理理论和经济租理论能真正深入揭示受控制或受治理的全球价值链的定价权之实质，即拥有全球价值治理主导权的市场主体就拥有对该价值链各环节所提供的商品/服务的定价权及利润分配权（经济租+机会成本）。本书据此明确提出受治理的全球价值链的各环节所提供的商品/服务的定价公式，进而以以美国为主的涉农企业寡头联盟对大豆全球价值链的整合和治理为案例来论述全球价值链治理下的定价权问题。

刘艳梅在《大宗农产品国际定价权博弈问题研究》一书中，将主要内容分为三个方面。第一，理论视角：大宗农产品国际定价权博弈的理论分析，包括国际定价机制、国际定价权和国际定价体系的区别和联系。分析什么是国际定价机制，什么是国际定价权，国际定价体系是如何形成的，如何参与到国际定价体系中，国际定价权的特征是什么，为什么从博弈的角度研究定价权的问题，为什么从传统的供求角度失去定价权的解释力，大宗农产品国际定价权的经济学分析，以及国际定价权博弈的特征与发展的新趋势。阐述大宗农产品国际定价权的经济学形成机理是什么，金融资本如何向商品定价领域逐步渗透，ABCD四大粮商掌控定价权日益多样化问题，政府为何在定价权博弈中发挥的作用日益增强，大宗农产品的国际定价模式的演变历程，国际大宗农产品价格金融化的机理分析，大宗农产品衍生品的投资需求为何改变了其定价机制，等等。第二，对比视角：大宗农产品国际定价权博弈的中外对比分析，包括中美政府行为的对比分析、中外农协的对比分析、中美农产品期货市场的对比分析。美国等发达国家在大宗农产品国际定价博弈中处于优势地位的成因、经验和启示。芝加哥农产品期货市场成为世界定价中心的演变历程，美国农业部的信息为何能成为世界农产品价格波动的风向标，以美国为主导的ABCD四大粮商为何能成为操控大宗农产品价格的"幕后之手"，中外农产品期货市场信息传导机制问题比较，中、日、美大宗农产品国际定价能力差距何在，中国在大宗农产品国际定价权博弈中处于劣势地位的表现、成因以及面临的巨大挑战。2004年大豆高价买单事件风波的教训与启示；棉花产业为何屡屡受挫，逐步将定价权被动出让；不同品种的大宗农产品缺乏定价权的成因、内因与外因是什么，直接原因与间接原因是什么；等等。第三，政策视角：大宗农产品国际定价权博弈中的策略分析。

马述忠、屈艺等在《中国粮食安全与全球粮食定价权——基于全球产业链视角的分析》中对全球化背景下中国粮食安全的现实状况进行了详尽阐述，并从产业链视角研究粮食安全的影响因素，分别对中国粮食流通市场的整合、国际农业资本"引进来"的挤出效应、中国粮食产业"走出去"的政治风险、国内外耕地资源的有效供给、外资技术垄断对东道国粮食安全的影响等问题进行了理论与实证分析，同时特别关注全球粮食定价权问题，在分析全球粮食定价权的整体格局和中国处境的基础上，研究定价权缺失对中国粮食安全的影响，并指出了提升中国全球粮食定价权的路径选择。

（五）定价权缺失的战略性成因的研究

林吉双、董赫（2011）从经济学层面较全面和深入地对中国缺失国际贸易定价权的原因进行分析，包括中国对商品和资源过度供求、未形成有利的市场结构、未能形成整合全球价值链能力、期货市场不健全进而未能形成全球定价中心、人民币没有成为国际储备和国际贸易结算货币等。李昌平（2010）认为，将定价权缺失归因于美国的"农产品武器化"策略，和中国有些地方官员粮食安全观念非常淡薄且"事不关己、高高挂起"的态度有关。联合国粮农组织总干事达席尔瓦认为，美国是全球第一大农产品出口国，其玉米乙醇大量生产的生物质能源政策引发了近几年全球粮价暴涨，为此，不久前呼吁美国停止将40%的玉米用于乙醇生产的政府指令，并让更多玉米用于食品和饲料用途（王鸿雁，2012）；同时，他认为，市场投机炒作、国家粮食储备不足和美元对其他货币的汇率变化，是造成国际粮食价格波动的主要原因。张平等（2008）运用VAR模型和扩展的菲利普斯方程对外部冲击影响中国通胀进行了实证研究，结果表明外部冲击只是影响中国通胀率的因素之一，而影响物价的最重要因素仍是经济增长率。唐衍伟等（2006）研究了期货市场在大宗商品国际定价中的核心作用，并分析定价权缺失对中国造成的损失，然后借鉴国外定价中心的经验提出相关建议。李敬辉、范志勇（2005）通过实证研究发现大宗商品价格与货币供给和真实利率存在密切关系，且通胀的幅度往往低于大宗商品价格的波动幅度。贾儒楠（2015）认为，中国大宗商品国际定价权缺失的原因主要有处于国际分工产业链的低端环节、进口需求和出口供应缺乏弹性、有效避险工具的缺失等。张梦雨（2018）认为，在国际分工产业链中的地位过低，供求关系缺乏应有的弹性，缺乏相应的避险措施，期货市场规模小，影响力小、商品信息体系建设落后于世界等五方面是导致中国大宗商品相应国际定价权缺失的主要原因。以上文献多从大豆、石油、铁矿石等负面个例着手分析，对影响定价权的诸多因素缺少全面而普遍性的归纳。尽管许多文献主张要建立中国期货定价中心，但对该建议如何有助于提升定价权，怎么才能确立定价中心地位，尚须进一步的研究。

（六）定价权缺失或弱化的相关对策建议

林吉双、董颋（2011）认为，中国培育、形成并掌握国际贸易环节的定价权是一系统工程，将获取其定价权上升为企业、行业和国家战略，策略才会有效。李昌平（2010）认为国内农产品价格定价权国际化局面必须引起中央政府的高度重视，迅速制定农产品安全国家战略加以引导和规范。程国强（2012）认为要依托中国巨大的国内市场需求来建立全球大宗商品交易中心，渐进形成全球大宗农产品定价话语权并从根本上维护中国国际贸易权益乃至国家经济安全。2012年联合国粮农组织总干事达席尔瓦指出，新的时代已经到来，保障粮食安全已经成为全球课题，各国政策制定者要改变仅以国家利益为考量来做决定的习惯，要通过国际合作协调各国粮食政策，这对避免粮食危机至关重要。黄先明、孙阿妞（2006）从政府、行业协会和企业三个层面提出"三位一体"的政策建议，旨在获取定价权。

（七）国际/国内定价权研究的总体简评

现有关于定价权的研究大多侧重于大宗商品国际定价权或在国际贸易环节定价权的研究和大宗商品国际价格对国内价格的影响；定价方式仅限于国际贸易环节大宗商品的以期货合约为基准的定价和协议定价两种方式，定价机制也仅限于在上述两种方式的基础上进行不同商品定价机制的考察；在研究方法上主要以定性研究为主、定量研究为辅，而定量研究主要集中于期货市场与现货市场、国内期货市场与国外期货市场的关联性研究，其研究结论基本趋于一致。

对涉农战略性商品国内市场定价的研究则鲜有涉及，更鲜有人从纵向关联或涉农产业大系统的视角研究处于涉农产业链上、中、下游的不同环节的战略性商品的定价权之间的关系，而从产业安全的战略高度对战略性涉农商品的定价权进行较系统研究的尚无人涉及。

三 定价权与产业安全相关性研究述评

定价权问题属于国家产业安全问题乃至国家经济安全研究领域的一个

重要研究课题。比如，李艺、汪寿阳（2007）认为，定价权问题属于国家经济安全研究领域的一个重要研究课题；日益加快的经济全球化趋势给不少国家特别是发展中国家的经济安全带来了许多新的挑战，大宗商品定价权问题就是其中之一。近年来，国际市场商品价格的波动对中国的经济利益造成了巨大的危害，该问题因此成为广受关注的重大现实问题。吴冲锋（2010）指出，国际市场大宗商品的价格波动和对外贸易中的"高买低卖"给中国国民经济带来了严重的负面影响，国内外有关中国金融衍生产品的价格联动效应可能影响中国金融市场的稳定和定价能力，这些影响甚至会威胁到国家经济安全。徐建（2009）基于产业安全视角对中国大豆定价权进行了较深入的研究，认为中国对外依存度过高和大豆定价权的缺失正不断威胁大豆产业安全和国家粮食安全。张向永、施晓萌（2008）认为外资垄断了大豆食用油原料，也就控制了其定价权，威胁产业安全。倪洪兴、刘武兵（2011）认为，外资加快加强对中国农业产业链的控制，对中国农业产业安全形成了严峻挑战。中国虽是全球大豆、棉花、羊毛等农产品的最主要买家，但并没有相应的定价话语权，这正威胁着中国大宗农产品的供给安全。

定价权缺失已成为涉农战略性商品产业（链）安全、涉农产业（链）利益安全乃至国家经济安全的新常态，且在客观上危及国家社会安全与政治安全。定价权缺失或受控意味着产业的大部分利益被剥夺，产业的市场主体在微薄的利润下已难以抵御经济金融危机等经济周期性波动的冲击，且更难以适应价格频繁异常波动所加剧的市场不确定性，而这必然将导致产业资本的渐进逃离，产业资产不断贬值，进而成为国际寡头进行低成本并购、控制产业（链）经济实体、把控产业价值链治理主导权的良机。

四 全球价值链理论研究述评

（一）产业链相关理论研究综述

在经济学与管理学研究中，产业链已经成为介于产业关联（投入产出）经济学与产业组织理论之间的一个相对独立的研究层次，是比产业关联更微观而比产业组织更宏观的一个研究层次。复旦大学产业经济学博导郁义鸿认为，对产业链的界定确实与研究目的有关。目前在学术杂志和各类媒体发表的相关研究成果中，学者所使用的概念有些直接与产业链相关，有些属于相近概念或相联系的概念，如全球价值链、产业价值链、企业价值链、价值链等。产业链是一个包含企业链、供需链、空间链和价值链四个维度的概念，主要是以价值链为主导，以企业链为载体，并通过企业链在空间的分布，来实现供需链的相互链接。波特的价值链概念首先是针对企业来说的，但实际上，从逻辑意义上来说，其基础是产业价值链。对应波特的（企业）价值链定义，一个给定的产业链由企业的一系列市场经济活动集合和链接而成，若仅从价值的维度来界定，即成为产业价值链（industrial value chain）。产业价值链的范围在空间维度上向全球性扩展即成为全球价值链。

以涉农产业体系安全为研究对象的涉农产业链，是介于单一产业之上与宏观经济体系之间的一个研究层次，涉及不同产业之间关联关系且具有最长产业跨度的产业链问题。针对所研究的对象（涉农产业体系安全）和分析产业安全问题的需要，对产业链的国内外相关理论进行如下述评。

1. 关于产业链和涉农产业链的定义

（1）关于产业链的定义

产业链的思想源于亚当·斯密（Aden Smith）有关分工的论断，只不过传统的产业链局限于企业的内部操作，把产业链看成产品链。Marshall 将分工拓展到企业与企业之间，强调企业间分工协作的重要性，这可以说是产业链理论的真正起源。哈里森（Harrison，1993）基于价值网络的概念将产业链定义为自采购原料、转换为中间产品和产成品到销售成品到用户的功能网络。

国内也有很多学者对产业链进行了研究。如，杨公朴（2005）从价值链的角度论证了产业链，认为"产业链是构成同一产业内所有具有连续追加价值关系的活动所构成的价值链关系"。所谓产业链是指，在一种最终产品的生产加工过程中——从最初的矿产资源或原材料一直到最终产品到达消费者手中——所包含的各个环节所构成的一个完整的链条。显然，不同的最终产品在既定的技术条件下，其产业链表现形式有差别的。

（2）涉农产业链的定义

西方产业组织理论的研究只是提出产业链的观点，但并未对产业链本身进行深入研究，为此，产业链研究仍处于空白状态。准确来说，产业链是由中国人首先提出的，并源于中国农业产业链的经济学研究概念，并非舶来品。这与中国农业产业链实践的活跃有着紧密的关系，全国各地发展农业产业链具有相当的规模。从农业生产资料到农业种植、农业养殖，再进入农产品加工和农业大流通和涉农综合服务，这根链条上汇聚了全国5万家农业龙头企业、17万个农村合作及中介组织、95万户经营大户、240万名农民经纪人。国家发展改革委宏观经济研究院研究员姜长云接受《中国经济导报》采访时认为，当今世界的农业竞争，与其说是单个产品的竞争，不如说是包括良种、生产、加工、储运、保鲜、包装、营销、科技等产前、产中、产后环节在内的整个农业产业链的竞争。农业产业结构的调整需要按照产业链思维，加强农业的产前、产后环节，提高产业链各环节的协调配套程度，以强化农业产业链的整体功能（史颖，2006）。基于上文产业链的定义和本研究的要求，笔者认为，涉农产业从产业横向看涉及农林牧渔业（大农业），从产业纵向看是以大农业为基础的，由供需关联的第一、二、三产业有机构成的产业体系。涉农产业链是跨一二三产业的供需链，是从农资业、种植业（森业培植）、养殖业、加工业到消费之前诸产业环节有机串成的价值链，是由国内外上、中、下游涉农企业组成的企业链和空间链。若将涉农产业链的最终产品定义为粮食和纤维，则涉农产业链可分成粮食产业链和纤维产业链，同理根据研究的需要可进一步细分。在国外，经济学家定义了涉农产业体系或涉农产业综合体（Agribusiss）这一概念，提出了以价值增值链为基础进行研究的概念性框架。

农业产业链是供应链理论在农业中的应用，农业产业链在国内并没有一个统一的概念和认知，很多学者仍习惯上称之为供应链，但农业和工业之间存在显著差异，因此在链的管理上，农业也存在有别于工业的地方，因此本书倾向于农业产业链和产业链管理的提法。产业链管理理论在农业中应用兴起于20世纪70年代，是对农产品生产、加工和销售进行一体化管理的组织管理模式。国外就农业产业链的产生动机、链接形式和运作机制进行了大量的研究。国内对农业产业链的研究始于20世纪90年代后期，主要集中在对农业产业链概念的介绍、农业产业化经营与农业产业链管理的区别（王凯、韩纪琴，2002）、农业产业链对农产品物流的影响、对农业组织形式的影响以及对分品种的农业产业链管理案例的研究。国内外学者研究一致认为,农业产业链管理模式在组织分散农户、提高农户收益、提高农产品供给,促进农产品市场的形成方面起着积极的作用,是未来农业发展的方向(戴化勇,2016)。

2. 产业链的纵向控制

产业组织理论主要分析单个产业(市场)的组织问题,为产业链经济问题的研究奠定了坚实的基础。同时,在产业组织理论中,一个相对独立的论题是纵向控制,包括纵向一体化和纵向约束等,是产业链研究的理论基础。但现代产业组织理论中的纵向关系研究主要集中在上下游两个产业之间,特别是制造商与零售商之间的纵向关系的研究。这固然是理论抽象的需要,但相对说来,这也带来了一定的局限性。特别是,其研究的角度实际上仍然是从单个市场的角度,而不是真正将产业链作为一个整体来展开其理论研究的。

孙斌艺(2008)认为,在国际经营中,跨国公司选择垂直关系形式时,能够运用垂直约束来规避东道国反托拉斯法(竞争法)的限制。在反托拉斯法实践中,水平并购是诱发东道国产业竞争力削弱的重要原因,而垂直一体化和垂直约束会产生一定的反竞争效果,但由于同时具备促进竞争的功能,控制较为困难,法律实施成本也较高。

综上可见,国内外很多学者对产业链理论开展了很多研究,其中大部分研究是围绕产业链的定义、运行机制等展开,而将产业链作为整体进行纵向控制的研究相对较少,将涉农产业链作为整体进行研究更是罕见。而且现有文献对产业链的研究基本上囿于国内产业中形成的产业链,基本没有基于开放格局将产业链的范围在空间维度上向全球扩展。

(二)全球价值链研究综述

从产业安全的外部入侵者的理论视角来解析其产业入侵的战略和机理尤显必要。

1. 全球价值链的概念及动力机制

全球价值链理论(The Theory of Global Value Chain)是融合微观和宏观两个视角来审视国家产业发展的一个新兴理论,是系统解决产业升级问题的重要支撑理论。在对全球价值链研究过程中,国内外研究者相继运用全球生产网络(Global Production Network)、价值网络(Value Network)、价值链

（Value Chain）、全球商品链（Global Com-modity Chains）和产业链（Industry Chain）等名称来阐述这一概念（任登魁，2016）。

全球价值链理论研究始于20世纪90年代，目前还处于发展阶段。经济全球化在近二三十年中得到迅猛发展，市场边界已超越国界并拓展到全球，跨国公司或国际级产业寡头追求利润最大化的目标驱动其在全球范围内配置资源、整合资源、控制资源、组织生产、提供产品和服务，然而，传统的国际贸易和跨国公司理论已无法解释在全球范围内沿着商品价值创造的链条所发生的一系列新经济现象，如大型纵向一体化跨国公司出现的组织分解（Fragmentation）和业务外包（Outsourcing）、互相竞争的跨国公司之间的联盟和企业网络之间的竞争等现象。全球价值链理论以原有的商业价值链理论和生产网络理论为基础，提出新的理论框架来更好地解释全球经济一体化下的现代经济活动，其研究以大型纵向一体化跨国公司为市场主体、以商品全球价值链（如大豆全球价值链）为对象展开，成为经济全球化理论中的重要一支；国内的研究主要学习并借鉴国外思路，同时根据面临的现实经济问题，进行理论研究层面的合理拓展，围绕生产一种或一类商品的经济活动所创造的价值，从微观市场主体层面拓展到中观产业层面、从商品的全球价值链（如大豆的全球价值链）拓展到商品产业全球价值链（如大豆或棉花产业全球价值链）乃至产业全球价值链（如涉农产业全球价值链）。

全球价值链理论是经济全球化理论中的重要一支。由波特等人提出价值链概念，经科洛特（Kogut，1985）、格里芬（Gereffi，1994，2003）、斯特恩（Sturgeon，2001）等人共同发展并不断完善的全球价值链理论，主要从纵向维度来研究全球经济组织，着重围绕全球价值链的治理、价值链中经济租的产生和分配、全球价值链的升级三个方面提出了新的理论框架。三个方面的内容是有机结合在一起的，其中价值链治理居于核心地位，决定了价值链中的升级和租金的分配。联合国工业发展组织对全球价值链概念进行了最具代表性的定义：全球价值链是指为实现商品或服务价值而连接生产、销售、回收处理等过程的全球性跨企业网络组织，涉及从原料采购和运输、半成品和成品的生产和分销，直至最终消费和回收处理的整个过程；其中包括所有参与者和生产销售等活动的组织及其价值、利润分配，当前散布于全球的处于价值链上的企业进行着从设计、产品开发、生产制造、营销、交货、消费、售后服务、最后循环利用等各种增值活动。

全球价值链的动力机制。格里芬（Gereffi，1994）区分出了全球价值链的生产者驱动和购买者驱动两种动力机制。一是生产者驱动，是指由全球价值链上的生产者投资来推动市场的需求，形成生产供应链的全球垂直分工体系，其动力根源一般来说是产业资本，其核心能力是跨国公司拥有产品的研发设计等累积性创新优势，同时形成巨大的规模经济壁垒，如大型跨国制造企业（如丰田、波音等公司），一般属于资本和技术密集型的产业。二是购买者驱动，一般是指拥有国内销售渠道或强大品牌优势的经济实体通过全球采购等方式带动全球价值链的运转，其动力根源在于巨大的商业资本，其核心能力是建立市场开发和市场销售渠道，一般属于劳动密集型的产业。中国当前融入的全球价值链类型主要是上述生产者驱动和购买者驱动两种类型。

2. 全球价值链的治理

（1）全球价值链（GVC）治理定义与治理模式

全球价值链不同环节是由分散在世界各地的不同企业分工协作而完成的，要保证整个价值链运转的有效性和有序性，必然会产生治理的问题。"治理"这一术语存在多重性的内涵，在关于政治与经济交易的研究中，"治理"被用于包括政治与市场协调、企业协调以及内部网络协调当中。在本书中，我们把价值链的治理纳入了与企业协调相对应、通过非市场关系进行经济行为的协调（胡峰等，2015）。

价值链治理（Governance）一词由格里芬（Gereffi，1994）提出。Humphrey 和 Schmitz（2000）将价值链治理定义为：通过价值链中企业之间的关系安排和制度机制，实现价值链内不同经济活动和不同环节间的非市场化协调。作为一种制度安排，治理在全球价值链上居于核心地位。Humphrey 和 Schmitz（2002）最初把全球价值链分为层级治理模式、准层级治理模式和网络型治理模式等三种治理模式。基于 Humphrey 和 Schmitz（2002）的研究，Gereffi、Humphrey 和 Sturgeon（2003）又将全球价值链治理模式进一步细分为市场型、模块型、关系型、领导型和等级型等五种类型的治理模式，其中模块型治理模式、关系型治理模式、领导型治理模式可以理解为是对网络型治理模式的进一步细化。

(2) 全球价值链治理战略环节的识别

西方关于全球价值链治理的理论一般认为，在全球价值链的整个价值链条的众多"价值环节"中，高附加值环节是全球价值链上的战略环节。准确识别全球价值链中的战略环节能为企业布局全球不同的环节提供依据，也是产业发展或升级的目标所在。识别并抓住了全球价值链战略环节，就抓住了整个价值链的产业利益，也取得了这条价值链的治理主导权。这是企业或产业保持竞争优势或核心竞争力的关键。

(3) 全球价值链中的区域产业升级

Humphrey 和 Schmitz（2002）认为在全球价值链中区域产业升级存在四种方式：跨产业升级（Intersector Upgrading）、功能升级（Functional Upgrading）、产品升级（Product Upgrading）和工艺流程升级（Process Upgrading）。这无疑为发展中国家的产业升级提供了参考。张辉（2006）深入研究了全球价值链的动力机制，并结合实证分析，探讨了经济全球化过程中中国在与发达国家的分工合作和竞争中应该如何挖掘自身的优势，谋求产业升级。

刘志彪、张杰（2007）认为，发展中国家在全球价值链的分离和整合中，与发达国家的跨国公司或国际大购买商形成了四种现实对接关系集合，其中俘获型网络治理关系成为发展中国家在现有国际贸易格局下不得不接受的既成事实，由此造成发展中国家的代工企业无法实现功能升级，很难向高端价值链攀升。在整个产业链中处于"低端锁定"状态。俘获型网络的产生源于发达国家的跨国公司所具有的技术优势和国际大购买商所具有的市场优势，因此，发展中国家摆脱全球价值链背景下被俘获关系的出路在于基于国内市场空间的国内价值链（NVC）的培育。文嫮、曾刚（2004）研究了嵌入全球价值链的地方建筑陶瓷产业集群及其升级问题，分析了中国建筑陶瓷产业在全球价值链中的地位，认为中国的企业在与发达国家跨国公司合作中要逐渐专注于产业链中的某个或某几个优势环节，放弃或弱化非核心的经济活动，要嵌入全球价值链分工中的战略性环节，这样才能获得更多的利益。

第二篇
理论基础

第三章
研究的理论基础分析与相关概念界定

全球经济一体化大格局下，战略性商品定价权丧失或弱化问题是中国在对外开放中面临的现实挑战，给中国的经济利益带来了巨大的损失，正危及中国的产业安全乃至经济安全。至今，西方经济学里并没有定价权一词，中国对其也还未形成统一的概念。为此，有关定价权的研究在国际和国内尚未形成成熟和系统的理论体系，但该现实问题在很多经济和金融理论中可以找到相关的解释。例如，现在关于定价权的研究基本上是基于期货市场的定价功能等相关理论展开的，其中不少研究对国内外期货市场的定价功能进行了实证分析，并形成了较一致的结论，但基本上是被用来研究和解析国际定价权问题的。

实质上，定价权问题的逻辑前提是不完全竞争市场或寡头垄断市场，是少数寡头垄断者滥用其市场势力来追求超额利润或经济租回报的结果，而完全竞争下的市场商品价格是供求均衡价格，即由市场定价的。为此，基于不完全竞争市场或寡头垄断市场下的传统理论无疑有益于分析定价权问题。本书首次尝试从定价权视角对经济全球化理论中的全球价值链治理与经济租理论进行拓展，并解析全球价值链治理下的定价权问题，同时也为解读国际定价权问题和国内自主定价权问题提供纵向关联的理论视角。另外，以利润转移和增加本国国民福利为目的的战略性贸易政策理论实质上是扭曲商品国际定价的理论，为此本书也首次以其解析国际定价权博弈中相关国家的战略性制度安排行为。定价权博弈的实质是一种战略博弈，显然，这从全球价值链治理下的定价权理论和战略性贸易政策理论中都能获得很好的解释。

一 相关概念的界定

（一）涉农战略性商品与涉农产业价值链

涉农战略性商品：一是关系国计民生的涉农大宗商品，包括处于涉农产业链上游的大宗农业生产资料（如 N、P、K 等涉农战略性资源）、中游的大宗农产品（如大豆、玉米、小麦、稻谷、棉花）和下游的大宗食品（如猪肉等畜产品）等；二是关系涉农产业发展命脉的战略性商品，如种子等。

涉农产业价值链是从价值层面来描述涉农产业链，能很好地揭示处于上、中、下游的各涉农战略性商品的纵向逻辑关系。不仅包括单一涉农商品（如大豆、棉花等）产业价值链；也包括一类涉农商品（如谷物、畜禽肉制品等）产业价值链；还包括相对于非农产业，将传统涉农的第一产业、第二产业和第三产业环节纵向关联形成的涉农产业价值链。在经济全球一体化背景下，各国的涉农产业价值链已超越国界，并形成涉农产业全球价值链、涉农战略性商品产业全球价值链等。

（二）产业安全

对产业安全的内涵，国内学者的观点有一定差异，主要有以国民为主体的产业权益的产业安全观、强调本国资本对本国产业控制力的产业安全观、强调本国产业竞争力和发展力的产业安全观等三种基本观点。有的学者兼顾三种基本产业安全观点的部分或全部或略有发展，如杨公朴等（2005）认为，产业安全是本国资本对关键性产业及其收益的控制；李孟刚（2006）认为，产业安全是指特定主体自主产业的生存和发展不受威胁的状态。产业（链）定价权的缺失是中国当前显性的产业安全问题且影响中国政府的宏观调控能力，如大豆、玉米等大宗农产品和石油等战略资源的国际贸易定价权的丧失已严重侵害中国涉农产业利益，并成为引发当前输入性通胀的主因，但在理论界至今无人将其正式纳入产业安全的内涵。为此，笔者认为，产业安全是本国资本对本国某一产业（链）的定价权、收益力和关键性产业环节的控制，自主实现该产业链利益可持续循环和产业可持续发展且不受威胁的状态。

（三）定价权与涉农战略性商品定价权

1. 定价权的概念

综合前人的观点，定价权有狭义和广义之分，但均尚未形成一致的结论。笔者认为，定价权泛指在不完全竞争的市场条件下，定价主体影响商品价格的能力。对中国现实而言，定价权的含义在于：在开放的大格局下，中国政府、市场主体能够在形成合理的国际市场价格和维护国内自主定价权中发挥积极影响力，避免遭受重大的产业利益乃至国家经济利益的损失。

关于定价权概念的把握，可以从不同角度来拓宽分析视野、深化对其的理解。从时间长度看可分为短期定价权、中期定价权、长期定价权；从现期货看可分为实体商品定价权（现货定价权）、金融衍生品定价权（期货定价权）和基于期货定价的现货交易商品的定价权；从定价权的主体看，可分为市场主体定价权、国家定价权和国家调控下的市场主体定价权；从买卖双方来看，可分为卖方定价权和买方定价权；从产业价值链看，可分为产业价值链定价权（纵向或垂直定价权）和产业价值链环节定价权（横向或水平定价权）；从策略看，可分为战略性定价权和战术性定价权。

本书基于产业安全的战略视角并根据定价权控制的范围，将定价权划分为国际定价权、国内自主定价权和全球价值链治理下的定价权，其中全球价值链治理下的定价权必然贯穿国际定价权和国内自主定价权，同时不完全竞争的市场是定价权问题的逻辑前提。

2. 涉农战略性商品定价权的概念

基于上述定价权的分析和定义，涉农战略性商品定价权泛指在不完全竞争的市场条件下，涉农定价主体影响涉农战略性商品价格的能力。对中国现实而言，涉农战略性商品定价权的含义在于：在开放的大格局下，中国政府、涉农市场主体能够在形成合理国际市场价格和维护国内自主定价权中发挥积极影响，避免涉农产业遭受重大的经济利益损失或涉农产业实体遭受损害。

涉农战略性商品国际定价权缺失或受控现象的实质是涉农寡头及其所

在国为了共同的战略利益目标而形成合力,并着眼长期的战略布局的结果。涉农寡头为了自身在全球市场份额的增加,在占据了全球约80%的大宗农产品国际贸易量及其国际定价权后,正通过 FDI 来战略布局中国等新兴经济体的涉农战略性商品产业价值链的各战略性环节,正不断削弱中国国内涉农战略性商品的自主定价权。当前,中国国内农产品和食品的定价越来越受国际市场波动影响的事实,无疑显示了中国国内自主定价权日益国际化的现状。

二 定价权与产业安全的关系理论分析

一国的开放性是产业安全问题理论的逻辑前提,导致产业安全问题的路径都会在不同程度上引发定价权问题,而定价权的缺失或弱化反过来又会加剧产业安全问题。在对外开放的大格局下,外部因素通过不同的途径逐渐引发不同程度的产业安全问题,产业安全问题经过一定时间的量变之后,导致产业安全问题的路径也会在不同程度上产生定价权问题,如国际定价权的缺失、国内自主定价权的缺失或弱化与全球价值链治理下的定价权问题等。然而,定价权缺失或弱化存在产业安全效应,即定价权缺失或弱化又会加剧产业安全问题。

(一) 导致产业安全问题的路径引发定价权问题

根据产业安全理论,在对外开放的大格局下,外部因素引发了中国的产业安全问题。外部因素影响一国产业安全的途径概括起来有四个方面。一是通过国际贸易,如具有竞争优势的进口产品以倾销手段侵占国内市场将导致国内相关产业的生存和发展受到威胁,又如中国在进出口产品时屡屡存在"高买低卖"的国际定价权缺失现象正给中国的产业(链)利益带来巨大损失。二是通过外商直接投资(FDI),如外商通过直接投资或并购控制中国的大豆油脂产业链和种业等重要产业,削弱了中国食用油和种子的自主定价权。三是通过国际国内价格的传导或联动,不断削弱中国涉农战略性商品的自主定价权。例如,作为国际大宗农产品定价中心的芝加哥期货市场的期货价格大幅波动导致国内农产品期货和现货价格的大幅联动,进而增加了国内农产品和食品生产经营的不确定性。四是通过国际国内人才的流动，如人才流动导致的中国大豆优质基因资源被窃、中国商务部条法司人员被收买等现象。综上可见，在对外开放格局下，引发一国涉农产业安全问题的四大途径（国际贸易、FDI、涉农金融衍生品价格联动和人员交流）到了一定程度必然会引发国内商品的自主定价能力弱化或受控的问题（见图3-1），其中人员交流引发的定价权问题不易确认。为此，国内涉农战略性商品自主定价权所受外部的影响和冲击主要来自三条途径：一是国际贸易传递，对外依存度高的涉农战略性商品国际贸易定价权的缺失；二是外商直接投资的控制，尤其是外国寡头对我国涉农产业的投资与控制；三是国际涉农金融衍生品市场，尤其是国际定价中心的涉农商品期货价格的信息反应机制或价格联动。另外，在涉农寡头联合主导涉农全球战略性商品产业全球价值链治理下的定价权问题，必然涉及国际定价权问题和国内自主定价权问题，也为解读国际定价权问题和国内自主定价权问题提供了纵向关联的理论视角。

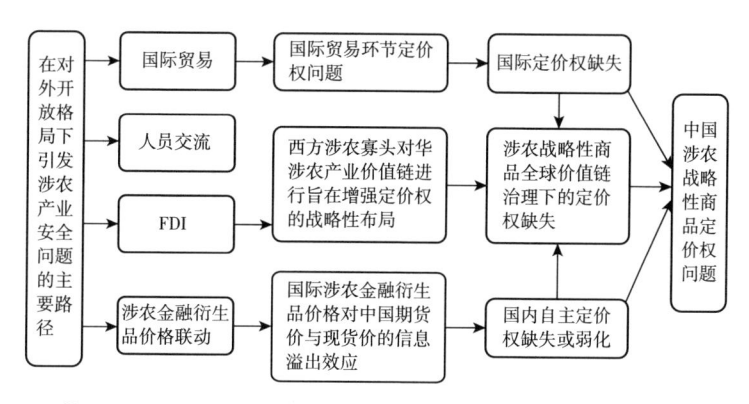

图3-1 基于引发产业安全问题的路径视角剖析我国涉农战略性商品定价权问题

（二）定价权问题的产业安全效应分析

定价权的缺失或弱化必将损害中国产业最基本的经济利益和产业的持续发展能力。产业经济利益可视为该产业生产者剩余与消费者剩余的总和。从生产者剩余与消费者剩余的角度来分析产业安全问题，实质上是一种目标导向的产业安全评价方法，显然有别于传统的从各个侧面的受损程度对产业安全状态的综合评价。国际定价权的缺失和国内自主定价权的不断弱化都在不同程度上减少了我国相关产业的生产者剩余与消费者剩余。定价权的缺失实质上意味着产业利益的被剥夺，如钾肥、大豆的大量进口在中长期上已体现为量增价增的局面，种业受外资控制程度越来越高后也正体现为量增价增的局面，不仅对我国相关产业生产者的剩余产生了"挤出效应"，而且从中长期看中国消费者剩余不增反减。在对外开放的大格局下，中国涉农劳动者福利并未增长，且中国消费者剩余也不见增长，增量的涉农产业价值基本都被国际涉农寡头侵占了，这显然有悖于消费者剩余最大化的产业安全目标。

我国战略性商品的定价权缺失或弱化意味着产业的大部分经济利益在"兵不血刃"中被剥夺，产业的本国市场主体在微薄的利润下已难以抵御经济金融危机等经济周期性波动的冲击，且更难以适应价格频繁异常波动所加剧的市场不确定性，而这必然将导致产业资本的渐进逃离，产业资产不断贬值，并将成为国际寡头进行低成本并购、控制产业（链）经济实体、把控产业价值链治理主导权的良机。如农产品价格剧烈异常波动（发动金融战旨在低成本并购战略性目标资产），加剧了涉农产业经营环境的不确定性，价格信号遭到扭曲，我国农民和其他农产品加工者等涉农经营者因处于规模不经济的弱势地位而难以进行生产和经营决策，这危及我国涉农产业正常的生产经营秩序和持续稳定健康发展，一旦做出错误的决策可能导致企业的亏损乃至破产，不利于涉农产业安全。2004年中国的大豆风波事件正是我国涉农战略性商品国际定价权缺失的有力例证。

（三）定价权问题成为产业安全新常态

定价权缺失已成为涉农战略性商品产业（链）安全、涉农产业（链）利益安全乃至国家经济安全的新常态。当前，中国国内涉农战略性商品自主定价权的争夺主要集中在涉农战略性资源（种子资源、农肥、农药等农业生产资料）定价权、涉农大宗农产品（稻、麦、玉米、大豆、棉花）定价权和下游的以猪肉为主的大宗食品定价权的争夺上。

从本书的政策背景、产业层面背景和理论背景等三大背景的研究中，无疑可以明确揭示现状——定价权问题已成为中国涉农产业安全问题的新常态。

三 定价权的相关理论分析

(一) 完全竞争市场条件下涉农战略性商品定价理论

现代经济学理论认为,在充分竞争市场下,由于买卖双方都是价格接受者,各方均缺乏制定价格的能力,因此在完全竞争市场上不存在定价权的问题。但认清完全竞争市场条件下涉农战略性商品定价理论,有利于理解近几年偏离供求基本面的国际定价权缺失现象,有利于深入理解近几年国内农产品价格波动偏离蛛网理论所能解析的范畴。

1. 市场供求理论

供求理论即由供求关系衍生的理论,或者是供给与需求的理论。当供不应求时,产品或服务的价格会上升;当供大于求时,则价格会下降。当然在一些领域还存在特殊的情况。

在市场经济中,供求关系是商品经济的基本关系。商品供给与需求是对立统一的辩证关系,是供求机制的主要内容。商品需求依靠商品供给来满足,商品供给依靠商品需求来实现。供给制约需求又适应需求,需求依赖供给又引起供给。

在完全竞争的市场中,价格由供求关系决定,二者之间相互作用、相互影响;价格是足够多的卖方和买方在自由市场博弈中形成的,即没有一个单独的买方或者卖方能够显著地影响商品的价格。完全竞争市场具有苛刻的假设条件(如存在大量独立的厂商和消费者、完全信息、资源完全流动性等),但这并不符合现实市场的实际情况。

供求因素是影响商品价格的根本性因素,发挥着决定性的作用。其他各影响因素最终都会以不同的形式综合表现为对全球大宗农产品供需变化预期的影响上,进而影响大宗农产品的价格走势。如国际垄断资本对定价权的操控策略仍围绕把控影响农产品的实际供求或供求预期的各项因素,导致国际农产品的长期价格趋于上涨,而让短期价格大幅波动,旨在打击涉农实体经济或获取最大利润。

2. 蛛网理论

蛛网理论是现代西方经济学中动态均衡分析的重要手段,基于均衡的经典动态供求关系模型。高鸿业（2001）指出，蛛网理论最早于1930年由美国的舒尔茨、荷兰的丁伯根和意大利的里西各自独立提出。由于价格和产量的连续变动用图形表示犹如蛛网，1934年英国的卡尔多将这种理论命名为蛛网理论。朱述斌等（2011）指出蛛网模型引入时间变化的因素，通过对属于不同时期的需求量、供给量和价格之间的相互作用进行考察，主要用于分析诸如农产品等生产周期较长的商品产量和价格在偏离均衡状态以后的实际波动过程及其结果。Ezekiel（1938）指出蛛网模型在考虑产品供求的时候，把时间也考虑了进去。蛛网模型的基本假定是：商品的本期产量 Q_t 取决于前一期的价格 P_{t-1}。而根据商品需求弹性 E（D）和供给弹性 E（S）的不同，蛛网模型可分为3种：发散型蛛网模型、收敛型蛛网模型以及封闭型蛛网模型。蛛网模型的基本假定有三条：一是需求量对价格的反应是瞬时的，即商品本期的需求量 Q_{td} 取决于当期的价格 P_t，即需求函数 $Q_{td}=f(P_t)$；二是供给量对价格的反应滞后一个时段，这个时段就是商品的生产周期，即商品本期的供给量 Q_{ts} 取决于前一期的价格 P_{t-1}，也就是说供给函数为 $Q_{ts}=f(P_{t-1})$；三是供给量与需求量在动态均衡点上，其数值是相同的。

动态均衡分析某些商品的价格与产量变动相互影响，引起规律性的循环变动的理论（蛛网理论）却证明，按照古典经济学静态完全竞争的假设，均衡一旦被打破，经济系统并不一定自动恢复均衡。中国农产品价格的波动以前基本可遵循蛛网理论解析，但是近几年来已无法由蛛网理论解析。

（二）非完全竞争市场条件下涉农战略性商品定价理论

1. 寡头垄断理论

寡头垄断是指少数几家巨型企业控制一个行业的供给的市场结构，在寡头垄断市场上，各家企业都占有相当大的市场份额，每家企业的产量和价格的变动都会对其他竞争对手乃至整个行业的产量和价格变动产生重要影响。因此，寡头不只是接受市场价格，更重要的是它们凭借自身的市场控制力，对特定商品存在一定的价格制定能力，从而存在拥有定价权的可能。

在寡头垄断市场上，每个厂商对市场的价格与产量都有举足轻重的影响，厂商的决策必须考虑竞争者的反应。寡头间对策的不确定性，导致了学者对市场上厂商决策行为的解释存在多种模型。寡头垄断市场结构是于

19世纪末20世纪初由西方国家自由竞争市场结构转变而来的。此后，寡头垄断市场结构在西方国家产业市场结构体系中一直占据主导地位，并呈现一定的变动规律。20世纪90年代以后，西方国家寡头垄断市场结构的变动更加明显，对世界经济体系的影响更为显著。深入分析西方国家寡头垄断市场结构演进的特点，掌握其进一步发展的趋势，对于调整国家市场结构，提高产业和企业的国际竞争力，具有十分重要的参考价值。根据寡头之间是否存在暗地联系，将寡头市场分为勾结的寡头市场与无勾结寡头市场。此外，美国经济学家斯威齐于1939年提出有折点需求的双头垄断理论，通过有折点需求曲线理论解释寡头市场竞争价格的刚性问题。寡头们为了实现利润最大化，避免因相互关系而影响决策，因此出现了组织卡特尔方式、价格领导方式以及准协议方式的无勾结寡头市场。随着寡头市场的活动，寡头市场能够降低生产成本、提高经济效益，开发先进的技术以及提高消费者的福利等。同时，寡头市场也会带来价格恶性竞争，给消费者带来利益损失，产品差异还会造成人力、物资的浪费等。

现实国际市场经常处于寡头垄断的不完全竞争状态。根据反应不同，寡头企业的行动分为合作与不合作两种类型，其价格形成方式各不相同，充满了博弈。中国进出口涉农战略性商品（如进口棉花、大豆等，出口水产品等）时缺失国际贸易定价权，原因在于中国各行业过多的、分散的企业结构、无序的竞争大大削弱了中国进出口商品的议价能力。当前绝大多数涉农战略性商品的国际市场呈寡头垄断态势，以类似完全竞争的买方（卖方）国内市场与寡头垄断的卖方（买方）国外市场进行博弈时，企业高度分散的中方只能成为国际交易价格的被动接受者。

2. 市场势力理论

定价权关系到一国的整体经济利益并且会受益于一国的战略性制度安排，但其形成和结果仍是基于市场主体角度的。对定价权的分析，可借用产业组织理论中的市场势力理论。市场势力理论，又称市场力量理论和市场垄断力理论，可分别从卖方市场势力和买方市场势力进行分析。

（1）卖方市场势力理论

从经济学角度看，卖方市场势力被定义为厂商定价高于其边际成本的能力。只有在抽象的非现实的完全竞争市场上，或者产品完全同质、厂商完全对称（伯川德模型）时，厂商没有任何市场势力。但在现实世界的行业中，由于存在固定成本，而且产品不可能被消费者视为完全替代品，因此可以认为每个厂商都拥有一定程度的市场势力。一般研究强调对卖方市场势力的分析。市场势力的定义可通过与完全竞争市场的企业相比较而得出。在完全竞争市场中，企业是价格接受者，其面临的是一条需求弹性无穷大的需求曲线。企业利润最大化的定价原则是价格等于边际成本（$P=MC$）。而在不完全竞争市场中，企业的需求曲线是一条向右下方倾斜的曲线，在利润最大化的原则下，$P>MC$。价格比边际成本越高，反映出企业在定价中的控制力就越强，即具有越大的市场势力。

市场势力可用勒纳指数 I 来表示：

$$I=(P-MC)/P \quad (0 \leq I \leq 1)$$

指数 I 越大，表明该企业的商品定价越高于其边际成本，表明企业的市场势力越强，企业的定价能力越强。影响市场势力的因素主要有以下三种。

第一，需求弹性大小。需求弹性对市场势力的影响可通过对勒纳指数的进一步分析得出。因为在利润最大化情况下，边际收益等于边际成本（$MR=MC$），而 MR 可表示为：

$$MR=P(1-1/Ed)$$

将其代入勒纳指数中，可得到：

$$勒纳指数 = 1/Ed$$

由此可见，商品的需求价格弹性越大，企业的市场势力就越弱；需求价格弹性越小，企业的市场势力就越强。

第二，市场集中度。市场集中度是反映市场控制力的一个重要指标。市场集中度是对整个行业的市场结构集中程度的测量指标，它用来衡量企业的数目和相对规模的差异，是市场势力的重要量化指标。市场集中度是决定市场结构最基本、最重要的因素，集中体现了市场的竞争和垄断程度。经常使用的集中度计量指标有行业集中率和赫尔芬达尔-赫希曼指数。市场集中度越高，表明市场垄断程度越高，企业的市场势力就越强，对价格的影响力和控制力就越强。如一国企业的市场集中度越高，对该国市场的控制力就越强，产业也就相对越安全。

第三，企业间合谋行为。市场集中度高并非一定导致强的市场势力，还要取决于寡头之间的关系。寡头之间由于采取的策略不同，结果也具有不确定性。如在伯特兰模型中，企业之间采取价格竞争策略，最终将价格定在等于边际成本处，即得到类似完全竞争企业的结局。很显然，在这种情况下，即便是双寡头的高集中度的市场，企业也没有价格控制力。但如果寡头间采取合谋策略，如同一家垄断企业行事，则均衡价格将在边际成本之上，寡头获取的总利润将达到最大。如跨国公司旨在获取超额利润的策略性行为有横向限制行为、纵向限制行为、优势企业滥用市场势力的行为等。横向限制行为是指相互竞争的寡头企业通过会议、契约多种形式就市场价格与市场划分达成默契。其主要表现形式是卡特尔，卡特尔限制竞争的效果是明显的，它直接削弱了同类产品在市场中的价格竞争。

（2）买方市场势力理论

在买方市场势力方面，当前大型连锁零售商垄断涉农战略性商品终端渠道的现象不断加剧，形成了强大的买方势力，引起了学界的关注。

产业组织理论主要侧重于对卖方垄断的研究，而对于买方垄断的研究较少。从市场买方角度探析市场势力，一般被称为买方垄断势力理论。与卖方市场势力的定义相对应，买方市场势力是指买方使价格低于市场竞争价格，并维持这种价格的能力。Harrison（1993）对影响买方势力的因素进行了总结，提出了买方市场势力指数：

$$BPI = S/[\varepsilon + \eta(1-S)]$$

其中 S 表示主要买方厂商的市场份额，ε 表示投入要素的供给弹性，η 表示其他小厂商的需求弹性。根据 BPI 的表达式，可以推导出影响买方市场势力的三个因素。第一，主要买方厂商的市场份额，可用买方市场集中度来表示。买方市场集中度越高，买方市场势力就越强。第二，投入要素的供给弹性。供给弹性越小，买方市场势力就越强。第三，其他小厂商的需求弹性。其他小厂商的需求弹性越小，主要买方的市场势力就越强。事实上，买方之间也会存在合谋的可能性，因此与卖方市场势力相对应，主要买方的合谋行为也会使方市场势力增强。

(3) 市场势力理论与涉农战略性商品定价权的关系

一方面，如果将市场势力理论与涉农战略性商品国际贸易定价权问题结合起来分析，可以得到如下启示。

第一，对涉农战略性商品的卖方来说，定价权是指卖方的市场势力，即可以使定价高于完全竞争水平的能力。在钾肥、石油、大豆、棉花等涉农战略性商品上，国际供方多呈寡头垄断格局，市场集中度很高，并且这些产品可替代性小，需求呈刚性，因此卖方具有很强的市场势力。

第二，对涉农战略性商品的买方来说，多数情况下企业数量多且分散于世界各国，多数呈类似完全竞争格局，这种低集中度的状况无疑会削弱买方的市场势力及其国际议价能力，易成为国际价格的被动接受者。

第三，将涉农战略性商品买卖双方特点结合起来，我们就得到关于涉农战略性商品贸易定价权的特征。也就是说，涉农战略性商品的弹性特征及买卖双方的市场特征决定了客观上涉农战略性商品的定价权就在供方，国际买方更多是价格的被动接受者角色，更谈不上令价格低于竞争价格。对国际买方来说，更为现实的目标是，通过联合谈判机制或运用多定价中心、多信息中心等策略来增强自身的议价能力，促使涉农战略性商品的国际价格更接近竞争价格，而不是过多地超过竞争价格。

另一方面，如果将市场势力理论与国内自主定价权问题结合起来分析，可以得到如下启示。

第一，市场势力理论认为，并购活动的主要动因是可以借助并购达到减少竞争对手来增强对经营环境的控制、提高市场占有率、使企业获得某种形式的垄断或寡头利润、并增加长期的获利机会的目的。国际涉农寡头正是以并购为主要手段实现全球农产品出口国涉农产业的横向集中和纵向扩张，时下中国、印度等国正成为其战略性布局的目标。这将不断削弱中国的自主定价权。

第二，跨国涉农寡头利用其既有的市场势力实施策略性行为，提高行业进入壁垒，谋取长期经济租回报。为了阻止新的跨国公司和其他企业进入，先行的跨国公司往往采取种种策略性行为，垄断稀缺要素资源（如寡占全球种质资源）和经营网络（如寡占全球的大宗农产品的国际贸易渠道、寡占中国大豆油脂产业价值链的终端渠道），进行策略定价（如先免费使用转基因种子，达到一定市场占有率后大幅提价或收取知识产权费）

等，提升市场进入壁垒和成本，增加新企业参与竞争的难度，通过市场垄断赚取更多的利润。这都会削弱中国长期的自主定价能力。

3. 讨价还价理论

讨价还价（Bargaining）也称为议价或谈判，主要是指参与人（也称为局中人）双方通过协商方式解决利益的分配问题，讨价还价时主要强调其动作或过程，谈判时则强调其状态或结果。从博弈论的角度来看，讨价还价是一个非零和博弈。按照理论分析框架的不同，讨价还价理论可以分为合作博弈的讨价还价理论和非合作博弈的讨价还价理论；也可以按照信息结构的不同，分为完全信息讨价还价理论和非完全信息讨价还价理论。

讨价还价是现实中的常见现象，同时也是理解市场机制的基石。在典型的讨价还价情形中，参与人有共同的兴趣来合作，但在如何合作的问题上存在分歧。现有对讨价还价的理论研究主要有两条路线：一条是由纳什开创的，从合作博弈角度的研究；另一条是由 Rubinstein 在 1982 年开创的，从非合作博弈角度的研究。这两条路线是针对同一问题的不同分析范式，建立了两种不同的分析框架。讨价还价理论兴起于 20 世纪四五十年代，中国学者对纳什的定义进行进一步说明，认为纳什是指在其他参与者的策略保持不变的情况下，任意一个策略者的策略都是最优的解，又称纳什均衡。如果讨价还价过程没有成本，那么讨价还价将持续进行下去，讨价还价的结果将是不确定的。但实际上，现实中的讨价还价是有成本的，至少其所耗的时间是一种成本。但是，合作博弈论与非合作博弈论之间的关系究竟如何，有学者指出两种讨价还价理论是相互联系的。从动态上说，合作博弈是非合作博弈发展到一定阶段达到具有内外稳定纳什均衡的博弈行为；从静态角度上看，合作博弈是非合作博弈达成的众多纳什解中的特例。

寡头市场是一种厂商之间相互影响的市场，厂商之间是典型的博弈关系。厂商之间的竞争策略不同，其博弈均衡的结果也不尽相同。厂商之间可能形成类似完全竞争的结果，陷入"价格竞争"局面，也可能形成合谋，像一家厂商一样获取垄断利润。如在涉农战略性商品（钾肥）的国际贸易中，从博弈论的角度看，其讨价还价是一个非零和博弈的格局，由于全球钾盐供求双方已形成"相互依赖的供求关系"，多年来的买卖博弈已成为"完全信息的讨价还价博弈"，价格的高低基本取决于双方讨价还价的策略，显然，此时的讨价还价是一种有共同利益参与人面临冲突时试图达成一致协议的博弈过程。

4. 全球价值链治理与经济租理论

全球价值链治理与经济租理论是解读定价权的新视角。在开放格局中，定价权问题是中国面临的现实、严峻的问题，而全球价值链理论中的价值链治理与经济租可以为我们解读定价权问题提供新的理论基础和理论视角，同时，对定价权问题的解读必然会推动全球价值链理论的新发展。

全球价值链理论研究始于 20 世纪 90 年代，目前还处于发展阶段。经济全球化在近二三十年得到迅猛发展，市场边界已超越国界并拓展到全球，跨国公司或国际产业寡头追求利润最大化的目标驱动其在全球范围内配置资源、整合资源、控制资源、组织生产、提供产品和服务。然而，传统的国际贸易和跨国公司理论已无法解释全球范围内沿着商品价值创造的链条所发生的一系列新经济现象，如大型纵向一体化跨国公司出现的组织分解（Fragmentation）和业务外包（Outsourcing）、互相竞争的跨国公司之间的联盟和企业网络之间的竞争等。全球价值链理论以原有的商业价值链理论和生产网络理论为基础，提出的新理论框架能够更好地解释全球经济一体化背景下的现代经济活动，其研究着重以大型纵向一体化跨国公司为市场主体、以商品全球价值链（如大豆全球价值链）为对象展开，成为经济全球化理论中的重要一支；国内的研究主要学习并借鉴国外思路，同时根据面临的现实经济问题，进行理论研究层面的合理拓展，以生产一种或一类商品的经济活动所创造的价值为主线，从微观市场主体层面拓展到中观产业层面，从商品的全球价值链（如大豆的全球价值链）拓展到商品产业全球价值链（如大豆或棉花产业全球价值链）乃至产业全球价值链（如涉农产业全球价值链）。

全球价值链治理是指价值链的组织结构、权力分配，以及价值链中各经济主体之间的关系协调。随着全球经济一体化和国际分工的日益细化和复杂化，价值链治理体现为系统性地协调价值链中各个环节的活动，进而提升整个价值链的竞争力，提高整个价值链的收益。价值链治理（Governance）一词由 Gereffi（1994）提出。Humphrey 和 Schmitz（2000）将价值链治理定义为：通过价值链中企业之间的关系安排和制度机制，实现价值链内不同经济活动和不同环节间的非市场化协调。作为一种制度机制，治理在全球价值链上居于核心地位。治理本身就是"租"的重要来源，这是一种特殊的关系租（Relational Rent）。因为全球价值链上各环节企业之间的各种活动、劳动分工及价值分配都处于价值链治理之下。目前全球价值链治理的理论研究主要集中在治理模式方面，Kaplinsky（2000）借鉴西方社会三权分立的原理提出了一个价值链治理的分析框架，即价值链中立法治理、执行治理和监督治理，其中的部分原理在实证研究中有所体现，但理论上有待完善。在全球价值链中，可能存在多个参与治理的主导企业，同时这些主导企业可能位于不同环节上（如位于价值链条的最高端，或者链条的中部或者链条的底端）。例如，大豆产业全球价值链上的种子生产、收储和国际贸易、加工、大豆油的终端销售渠道等战略性环节被国际种业巨头（孟山都、杜邦先锋等）、ABCD四大粮商、大型零售商（沃尔玛、家乐福等）等掌控，在不同的区域内形成不同的纵向联盟和横向的合作博弈，共同主导了大豆产业全球价值链的治理。战略环节有可能是与产品直接相关的环节，比如可口可乐公司的饮料配方；也可能是在价值链的"辅助性增值活动"环节上，比如IBM在计算机行业的竞争优势源于其覆盖全球的强大组织体系，即组织管理能力。谁识别并抓住了全球价值链的战略环节，也就抓住了整个价值链，也就控制了该行业，即由谁来治理这条价值链。全球价值链理论认为，在整个价值链条众多的"价值环节"中，并不是每一个环节都能创造等量价值，某些辅助性环节并不创造价值，而高附加值环节一般就是全球价值链上的战略性环节。准确判断出全球价值链中的战略性环节，既为企业在全球战略性布局于不同的生产环节提供了依据，也指出产业发展或升级的目标所在。确保企业或产业的核心竞争力或竞争优势，关键在于要抓住此战略性环节。

价值链中经济租的产生和分配，包括进入壁垒、经济租产生的来源（如技术能力、组织能力、技能和营销能力等核心能力）、租金的分配等。价值链治理的目标，是索取各种各样的"经济租"，而不是要素回报或者企业家回报。在经济学上，"经济租"（Economic Rent）是生产要素所有者凭借其垄断地位收入（或价格）中超过要素机会成本的剩余。简言之，经济租等于要素收入与其机会成本之差。只要存在垄断（行政垄断、市场垄断或天然垄断等），就可能存在经济租。Kaplinsky（2000）认为，全球价值链上各个环节的收益从本质上讲源于那些能保护自己远离直接市场竞争的价值链参与者（治理者），而且此种规避直接竞争活动的能力可以用"租"的概念来理解。由于融入全球经济一体化的国家、商家，均处在"全球价值链"的"治理"（Governance）之下，"全球价值链"对全球市场、全世界经济生活的改造和影响是非常深刻的。随着近二十年来经济全球一体化的迅猛发展，全球化的生产和营销中赢家获利的源泉，是基于拥有进入壁垒或者垄断条件而产生的"经济租"，而不再是或者主要不是古典经济学所说的"要素回报"，或相对于承担风险而得到的"企业家回报"。随着经济全球化进程中要素收益率的降低，进入壁垒越高所产生的"租"也越高，而竞争激烈的低进入壁垒环节，"租"会慢慢耗散，收益是不可持续的。Kaplinsky（2000）将"经济租"分为内生经济租和外生经济租两大类，内生经济租一般包括技术经济租、组织-机构经济租、人力资源租、营销-品牌经济租、关系经济租（以中小企业的聚集和企业之间正向的溢出为优势而获得的收入）、以商业秘密和知识产权的形态存在的进入壁垒等；外生经济租一般包括自然资源经济租、政策经济租（有差别的进入机会，源于政府的政策，如战略性贸易政策）、金融租（融资机会）、基础设施经济租（如交通设施的便利）等。另外，一方面，"经济租"具有累加性且永远处于变动中，已经得到的经济租会由于技术扩散或进入壁垒被突破而流失，会因竞争性加强或进入壁垒降低而减小，最终以低价或高质形式转化为消费者剩余；另一方面，新经济租还会不断产生。

从上述价值论的理论体系中可以看出，拥有价值链的治理主导权，也就拥有决定价值链的升级和经济租的分配权，实质上也就拥有对价值链各环节生产的商品（资源、原料、半成品和产成品等）或服务的定价权，经济租可以理解为附着在商品价值上的超额利润或垄断（资源垄断、知识产权垄断和市场垄断等）利润。

根据全球价值链治理和经济租理论，本书将价值链治理下的定价权用公式表述如下：

$$P_i = C_i + O_i + R_i \quad (i = 1, 2, 3, \ldots, n)$$

P_i（当 $i<n$ 时）表示在治理者主导下的某一（全球）价值链第 i 个环节的产品（半成品或产成品）在价值链内进行交易时的价格。

P_n（当 $i=n$ 时）表示在治理者主导下的某一（全球）价值链第 n 个环

节的产品（半成品或产成品）在对价值链外进行交易时的价格。

C_i表示在治理者主导下生产某一（全球）价值链第i个环节的产品（半成品或产成品）的实际成本。

O_i表示在治理者主导下生产某一（全球）价值链第i个环节的产品（半成品或产成品）的机会成本或生产该环节产品的所有投入在其他任何场合都能得到的平均回报。

R_i表示由某一（全球）价值链治理者分配给第i个环节的产品（半成品或产成品）的经济租。

新兴发展中国家的企业参与国际大分工，一旦以自身的比较优势（如资源优势、劳动力成本优势、生产能力或成本优势等）嵌入全球价值链，就必须服从跨国公司或国际产业寡头的治理，服从治理主导者给予的经济租的分配，只能被动接受其为下一个价值链环节所生产的商品（原料、半成品或产成品）或服务的定价，而其中高附加值的战略性环节（高经济租环节）基本上已由全球价值链治理主导者直接投资或掌控。

在涉农产业国际大分工中，中国作为全球最大的大宗农产品、种子和钾肥等涉农战略性商品的最大需求国和进口国，巴西、阿根廷作为全球大宗农产品的主要出口国，都只能是涉农战略性商品国际价格的被动接受者。深究其因，涉农战略性商品的国际市场主要由以美、欧、俄为首的跨国涉农寡头垄断，并主导涉农战略性商品全球价值链的治理，而中国、巴西或阿根廷都没有主导涉农战略性商品全球价值链治理的国际级产业寡头，也就都不拥有涉农战略性商品的国际定价权。中国各涉农组织被锁定于各涉农战略性商品全球价值链的各个低附加值环节——种植业、养殖业等，各高附加值环节在国际上基本被有定价权的国际涉农寡头把控，中国国内也被国际涉农寡头出于掌控定价权进行战略性布局，如种业、生产资料、农产品国际流通环节、农产品国际流通环节、食品流通环节、农产品的精深加工环节等。定价权已成为一种规则博弈，更成为一种战略博弈，不仅其博弈主体是涉农寡头，更离不开涉农寡头垄断资本所属国的国家政策的强力支持。全球价值链的高端地位体现的是流通、品牌、价值转换等能力的强大，在国际加工中属于水平分工；而目前中国是垂直分工，并且处于价值链的低端，与发达国家水平相比有一定差距。

5. 期货市场定价理论

期货市场之所以具有定价功能，原因在于其具有价格发现（期货市场有效性）功能。

所谓期货交易，是从现货交易中的远期合同交易发展而来的，通过缴纳保证金并在期货交易所买卖标准化的期货合约而进行的一种有组织的交易方式。期货交易的对象并不是标的物的实体，而是标的物的标准化合约。期货交易的目的是转移价格风险或获取风险利润。期货投资者可分为套期保值者和投机者。期货市场具有套期保值和价格发现（期货市场有效性）两项基本功能。套期保值就是对现货保值来规避风险。传统的套期保值理论认为，套期保值期是投资者在现货市场买进（或卖出）商品的同时，在期货市场卖出（或买进）相同数量的同种商品，进而无论现货供应市场价格如何波动，最终都能得到在一个市场上亏损的同时在另一个市场盈利的结果，并且亏损额与盈利额大致相等，从而达到规避风险的目的。显然，当商品期货价格和现货价格波动完全一致时，该套保策略可实现完全套期保值；而不完全一致时，则存在基差风险。现货企业可以利用期货做套期保值，降低企业运营风险。投机者则以获取价差收益为最终目的。投机者以其保证金主动承担风险，提高了市场流动性，保障了期货价格发现功能的实现。

期货市场的价格发现功能。所谓价格发现，描述的是在特定交易的市场中价格形成的过程。期货市场的价格发现功能是在这一过程中体现的，就是说，期货市场价格应该能反映市场对未来现货价格变化的预期，且能迅速将信息传递至整个市场体系。关于期货市场与现货市场领先滞后关系的大多数研究证明，期货市场更具成本和信息优势，这导致期货价格形成领先于现货市场价格，从而显示出其价格发现功能。期货市场的价格发现功能是市场有效性的体现。当影响商品或要素的价格发生变化的新信息出现时，期货价格能迅速响应而变化，并通过期货价格与现货价格之间的套利机制，将信息传递至现货市场。从这一视角看，期货价格能够迅速响应相关信息是市场有效性的反映。通过期货价格变化，能反映未来的现货价格变动趋势，因此也具有一定的预期性。

期货市场价格发现的制度优势。期货市场价格发现的制度优势主要体现在五方面：一是期货交易是公开集中竞价交易，能保障信息的集中及信息快速传递与反馈；二是期货交易具有卖空机制，可增加交易量和增强流动性，有利于信息快速融入价格，且与买空形成对称力量；三是采取保证金制度，有利于降低交易成本，增强市场流动性，将新信息更快地反映到期货价格上；四是期货交易采取对冲机制，可摆脱实物交割的束缚，使相关信息快速反映到期货价格中，从而形成对现货市场未来的预测；五是期货交易高度的组织化和专业化，提高市场的运行效率并降低运营成本，有利于提高期货价格对相关信息的响应速度，有利于期货市场的价格发现。

期货市场的价格发现功能，是期货价格能够通过间接和直接两种方式为大宗商品定价的主要原因。期货市场在大宗商品上的定价途径可分为两种：一是直接作用，期货价格成为大宗商品交易定价的基准价格，即"点价交易"或"基差定价"；二是间接作用，在期货市场中形成的标准合约价格可为大宗商品产业链各环节商品交易的定价提供参考依据，即大宗商品产业价值链上的原料供给、生产加工、贸易等企业在经营中会在一定程度上参考该商品期货价格信息，具有"晴雨表"作用。所谓点价交易是指以某月份的期货价格为计价基础，以期货价格加上或减去双方协商同意的升贴水来确定双方买卖现货商品价格的定价方式。点价交易从本质上看是一种为现货贸易定价的方式，交易双方并不需要参与期货交易。目前，在一些大宗商品贸易中，点价交易已经得到了普遍应用。如在大豆、玉米和小麦等农产品的国际贸易中，一般以芝加哥期货交易所（CBOT）的商品期货价格作为点价的基础；在棉花、原糖等的国际贸易中，通常利用美国洲际交易所（ICE）期货价格作为点价的基础。"点价"方式的优势是采用期货市场确定价格，价格公开、权威、透明，对买卖双方最公平。期货市场是现实中最接近完全竞争的市场，产生的价格最接近均衡价格。对于农产品的贸易流通来说，期货价格为现货交易的双方提供了权威依据，买卖双方只在期货价格的基础上谈判一个品质或交割地的升贴水，这大大降低了交易成本。

对市场而言，适度的投机本来可以缓解市场价格可能产生的过大波动，但近几年，过度的投机和炒作反而助推了大宗农产品期货价格发生大幅的波动和上涨，引发了2008年世界高粮价危机、2010年全球农产品价格的大幅上涨和2012年以美国干旱为题材的粮价大幅炒作。

6. 战略性贸易政策理论

定价权不仅是一种规则博弈，更是一种战略博弈。其博弈主体不仅是涉农寡头，有时还离不开涉农寡头垄断资本所属国的国家政策的强力支持。基于不完全竞争市场，战略性贸易政策理论恰恰揭示了一些战略性商品国际定价权是一国国家战略利益及其产业寡头全球垄断利益交汇下双方合力争夺的结果。战略性贸易政策无疑会扭曲一国进出口战略性商品的定价，短期可让本国强势企业在国际交易竞争中取得更强的价格竞争优势或提升策略性定价的能力，长期可让本国寡头垄断企业取得更大的全球市场份额和超额利润，进而取得全球垄断性定价权，提升本国国民的福利水平。

在不完全竞争和规模经济条件下，战略性贸易政策是指一国政府可以凭借生产补贴、出口补贴、配额或保护国内市场等政策措施，扶持本国战略性产业的成长，提升其在国际市场上的价格竞争力或策略性定价能力，乘机劫掠他人的市场份额和工业利润，进而谋取规模经济之类的额外收益。这非但无损于本国经济福利，反而有可能提高自身的福利水平。

表 3-1　战略性贸易政策理论与自由贸易学说的比较分析

理论	战略性贸易政策理论	自由贸易学说
时间	始于 20 世纪 80 年代	始于 18 世纪 60 年代
理论前提	不完全竞争、规模经济理论	完全竞争和规模收益不变
理论基础	利润转移理论和外部经济理论	比较优势理论
政策措施	生产补贴、出口补贴或保护国内市场的关税等政策手段	反对政府干预或认为政府干预无效
动因	根本原因就在于初始价格水平超过边际成本，实现利润转移或抽取垄断利润	资源在全球范围内实现最优配置
实质	新保护主义或贸易保护主义的高级阶段	自由贸易主义
目标	提升本国优势企业的国际竞争力、提高本国国民福利水平	唯一的受益者是可以买到更便宜的进口品的外国消费者

从定价权视角解读战略性贸易政策/战略性贸易政策下的定价权。一国实施的战略性贸易政策将改变某一类产品在国际上的总体定价水平，新定价水平将有利于本国厂商扩大其在国内或国际市场的份额和利润。显

然，若只有一个国家实施战略性贸易政策，则该国在实施战略性贸易政策期间将拥有某一类产品的国际定价权，而该国垄断厂商或寡头垄断的产品在国际上的定价水平主要是该国家定价权的外在体现。若某产业不止一个国家实施战略性贸易政策，则出口国间的竞争会提高进口国国民的福利水平；若出口国间进行合作博弈，则会降低进口国国民的福利水平。如欧盟农业政策在与美国农业政策长期博弈后，双方虽已在共同降低战略性贸易支持政策方面达成共识，但总体补贴水平仍相当高，且美国在近几年对农业的支持力度不减反增。发展中国家的农民若得不到本国的补贴，则要与美国或欧盟的财政部竞争。粮食作为重要的战略商品，其生产在欧美等发达国家长期享受高额的政府补贴，发展中国家在欧美的政府补贴冲击下逐步丧失粮价控制权，这也是近年来全球粮价上涨的重要原因。

7. 跨国公司内部化理论

内部化理论又称市场内部化理论，是20世纪70年代中期以英国学者巴克利（Peter. J. Buckley）、卡森（Mark Casson）与加拿大学者拉格曼（A. M. Rugman）等为代表建立的跨国公司的一般理论。随后，经济学家罗格曼、吉狄、杨等进一步丰富和发展了该理论。内部化理论强调企业在不完全市场中追求利润最大化，可利用企业管理手段协调企业内部资源的配置，倾向于将中间产品（特别是知识产品）在企业内部转让，以内部市场来代替外部市场，降低或节约交易成本，拥有跨国经营的内部化优势，并把这种能力当作企业对外直接投资的真正动因。该理论常被用来解释跨国公司通过转移定价和内部交易等方法来降低加工贸易商品的价格，并促使其价格越来越低。

转移定价是指跨国公司内部，在母公司与子公司、子公司与子公司之间销售产品，提供商务、转让技术和资金借贷等活动所确定的企业集团内部价格。这种价格不是交易双方按市场供求关系变化和独立竞争原则确定的，而是根据跨国公司或集团公司的战略目标和整体利益最大化的原则由总公司上层决策者人为确定的。

中国利用外资的成就巨大，但国际市场定价权在利用外资的进程中被不断弱化了。中国外商投资企业转移定价的动机显然是利用内部交易和转移定价等方法来实现整个集团的利润最大化，但转移定价无疑扭曲了市场定价且不易被监控，能逃避中国税收管辖或损害中方合资者的利益，扰乱中国正常的市场经济秩序。在国内目前转移定价主要表现在"高进低出"或"低进高出"上。例如母公司向子公司低价提供材料，以降低子公司的产品成本，从而获取较高的利润；或者母公司向子公司高价出售产品，以增加子公司的产品成本，从而减少子公司的利润。到底是"高进低出"还是"低进高出"，主要取决于国内与国外市场上税率的差异。通常情况下，企业都会将收入和利润转移到低税国或者避税港。

四 关于定价权问题的认识误区

关于定价权在认识上主要存在以下六个方面的误区。

第一，以定价权完全丧失来否定改革开放。消极派认为，既然国际贸易定价权完全丧失，争夺不易，那就关起门来扩大内需、促增长、增福利，这会导致四十余年改革开放的努力和代价付诸东流。开弓没有回头箭，只有在认清定价权问题的实质后，有的放矢地对症下药，积极参与并重塑国际经济新秩序，才能更好地利用"两个市场""两种资源"来增加国民福利和促进中国的可持续发展。

第二，以传统西方经济学没有定价权的定义为由否定存在定价权问题。这若不是混淆视听的掩人耳目，就是无视现实的迂腐。若囿于此视角，中国就永远开创不了中国的经济学，更发展不了西方经济学，只能成为西方理论的奴隶。中国在2006年专设关于国际定价权方面的国家应急自然基金和时任国家主席胡锦涛在集团领导人峰会上对国际大宗商品公平定价的呼吁，是对这一论调的最有力的批驳。同时，在西方经济学里，实际上不少理论与定价权问题相关。

第三，认为定价权缺失是市场自由竞争的结果，不能争夺，只能以市场的手段来解决。实际上，自由竞争市场的价格是一种完全竞争下的均衡价格，谁也不能主导定价，因此也就不存在定价权问题。实质上，非完全竞争的市场才会产生定价权问题，定价权问题的出现正是不少战略性商品的国际市场竞争已呈现寡头垄断竞争局面的一种现象。唯市场论无疑无视国际市场垄断竞争的现实，是一种脱离现实的说教。若被误导，一国则无法从战略层面和规则层面进行反制，从而自绑手脚。

第四，将定价权概念和问题仅限于国际定价权，无视国内自主定价权问题和全球价值链治理下的定价权问题。这是学界、政界和媒体普遍存在的一种认识误区，将掩盖或忽视国内产业价值链的战略性环节正被寡头级的国际投资者对定价权战略性布局的严峻局面。不管是 FDI 和国际贸易带来的国内自主定价权的不断弱化，还是国际涉农寡头主导全球价值链治理下的定价权问题，都是中国面临的现实挑战。

第五，混淆了策略性定价与定价权争夺现象。要认清该问题，必须从时间角度将定价权划分为短期定价权与长期定价权。短期定价权可以通过倾销、跨国公司内部定价、政府补贴等手段实现，长期定价权的获得离不开战略层面和规则层面的设计和强力推进。实现短期定价权的目的在于取得长期定价权，取得短期定价权是战术性手段，掌控长期定价权才是战略目的。

第六，对定价权缺失现象的认识不全面，认为只有在国际贸易环节的"买高卖低"才是定价权缺失问题。

第四章
中国涉农战略性商品定价权问题的环境、现状及表现形式

一 涉农战略性商品定价权的全球市场环境分析

（一）涉农产业从国内垄断走向全球垄断

1. 国内农业集中态势

最具代表性的国内农业主要呈三个层次的集中态势。

（1）农业生产中大农场主主导的农业生产组织集中和规模扩大

生产领域的组织和规模集中是农业规模经济对农业资源禀赋条件的自然选择。以美国为例，1970~1999年美国农场数量基本逐年减少，在土地总面积减少的情况下，单个农场的土地规模却在不断扩大。1982年美国农业普查表明，占全部农场3/5的小农场仅拥有8.19%的土地，而占农场总数1/14的大农场却拥有68.18%的土地。如果不是应美国国内农业反垄断法的要求而维持一定数量的小农场，美国农场的规模可能更大，大农场主导的美国农业生产格局将会更加明显。

（2）大农场主在生产领域的集中促进了大公司在产业链特定环节的集中

农业种植规模的扩大和农业效益的提高所带来的农业生产剩余，既为农资的批量生产与销售提供了条件，也促成了农产品收购、加工、仓储、物流的规模化经营。仍以美国为例，2003年全美食品加工、零售和动物饲

料行业的集中度（见表4-1）非常高，相关产业的4个厂商销售额几乎占了整个市场的一半，其中3个大豆压榨商占整个市场份额的71%，其市场势力可见一斑。

表4-1　2003年美国农业的部分产业链环节集中度

单位：%

行业	X-厂商集中度	高集中度下的厂商
动物饲料	34（4个厂商）	Land O. Lakes LLC /Purina Mills、CargillAn iml Nutrition、ADM Alliance Nutrition、J1D1 Heiskel、l Co1
大豆压榨	71（3个厂商）	ADM、Bunge、Cargill
面粉加工	6（4个厂商）	Cargill/CHS、ADM、Con Agra、Cereal Food Processors
火鸡	51（4个厂商）	Cargill Turkey Products、Hormel Foods、ConAgra、Carolina Turkeys
烤肉	56（4个厂商）	Tyson Foods、Pilgrims Pride、GoldKist、Perdue
猪肉	64（4个厂商）	Smithfield Foods、Premium Standard Farms、Seaboard Corporation、Prestage Farms
猪肉包装	64（4个厂商）	Smithfield Foods、Tyson Foods、Swif&t Co1、Hormel Foods
牛肉包装	83.5（4个厂商）	Tyson、Cargill、Swif&t Co1、National Beef Packing Co1
食品零售	46（5个厂商）	Wal-Mart Stores、Kroger Co1、Albertsons, Inc1、Safeway, Inc1、Ahold USA、Inc1

资料来源：根据ERS/USDA相关资料整理。

即使到了食物的销售环节，仍然在大公司的控制之下。由表4-2可见，在全球十大食物零售商中，美国占了一半，其中，沃尔玛（Wal-Mart）又是遥遥领先的。表4-3则进一步显示美国前五大食物零售商的零售额和市场占有率。总体而言，大的食物零售公司销售增幅很大，市场占有率在不断提升。除第五大公司Ahold外，其他四大公司增长迅速，而且，公司越大，增幅越大。若从更长时期的历史数据看，零售额的集中，是十分迅速的。1997年，前五大公司的零售额市场占有率为24%，2001年提高到38%，2004年为46%，2006年则达到48%。

表 4-2　2002 年和 2006 年全球十大食物零售商数据

单位：%，亿美元

公司	2002 年 排名	2002 年 销售额	2006 年 排名	2006 年 销售额	增长率
Wal-Mart（美国）	1	246525	1	312400	26.7
Carrefour（法国）	2	64979	2	92600	42.5
Royal Ahold（荷兰）	3	59455	6	55300	-7.0
Kroger（美国）	4	51759	5	60600	17.1
Metro AG（德国）	5	48714	4	69300	42.3
Tesco（英国）	6	40387	3	69600	72.3
Costco（美国）	7	38762	7	52900	36.5
Albertson's（美国）	8	35916	—	—	
Safeway（美国）	9	34799	—	—	
Ito-Yokado（日本）	10	27606	—	—	
Rewe（德国）	—	—	8	51800	
Shwarz Group（德国）	—	—	9	45800	
Aldi（德国）	—	—	10	45000	

资料来源：ETC 集团，IGD。

表 4-3　美国前五大食物零售商销售额及增长率

单位：千美元，%

公司	2004 年	2005 年	2006 年	增长率（2006 年比 2004 年）
Wal-Mart	66465100	79704300	98745400	48.57
Kroger	46314840	54161588	58544668	26.41
Albertson's	31961800	36733840	36287940	13.54
Safeway	29572140	29359408	32732960	10.69
Ahold	25105600	21052200	23848240	-5.01

资料来源：Mary Hendrickson and William Heffernan：Concentration of Agricultural Markets（April 2007），http：//www.nfu.org/wp-content/2007-heffernanreport.pdf。

在加拿大，3 家公司控制了超过 70% 的化肥销售，5 家银行提供了绝大部分的农业信贷，2 家公司控制了超过 70% 的牛肉包装，5 家公司支配了食物的零售。这么高的垄断，使得涉农企业可以轻易地以较高的价格卖给农民生产投入品，而以较低的价格收购农民的粮食。

2. 世界农业集中态势

在国内农业集中快速演进时，世界农业也呈现快速集中态势，主要表现如下。

一是从农资环节看，西方国家的涉农寡头已进入全球性的寡头垄断阶段。从全球钾肥供应商上看，生产商多年来在经营上不断整合集中，进而形成全球钾肥供应商全球寡头（Canpotex 和 BPC）垄断格局。待整合后的 BPC 市场份额将超过全球市场的 1/3，其与全球第一大供应商 Canpotex 合计约占全球氯化钾供应量的 70%。[①] 从世界范围看，农药产业集中度高、呈高度寡头垄断态势，拜耳、先正达、巴斯夫、杜邦、陶氏益农、孟山都等前六大农药企业销售总额占了世界农药市场 75% 的份额。跨国农业公司在农业源头（主要作物种子领域）的迅速集中成为农业集中的新趋势。种子领域的集中是 20 世纪 90 年代以来跨国农业公司竞相追逐的重点领域，代表农业集中的新变化。产业规模上，世界前十大种子公司 2007 年营业额为 147 亿美元，约占全球市场份额的 2/3。其中前三名约占全球市场份额的 47%，这三家控制着全世界 65% 的玉米和 50% 的大豆市场。而在中国，全国统一种子供应体系被打破后，种子行业很快进入主体高度多元、分散的时期，呈现出"散弱小"的局面，截至 2008 年，全国还没有年销售收入超过 10 亿元的种业公司。这一低集中度意味着全球主要作物（粮食、棉花、蔬菜和瓜果等）在品种、产量和质量方面的差距。表 4-4 和表 4-5 则显示了种子在产前投入主要环节的垄断程度。

表 4-4　2004 年世界十大种子公司的销售额

单位：百万美元

排名	公司	销售额
1	Monsanto（美国）+ Seminis（美国，2005 年 3 月被 Monsanto 收购）	2803
2	Dupont/Pioneer（美国）	2600
3	Syngenta（瑞士）	1239
4	Groupe Limagrain（法国）	1044

---

① 商务部 2011 年第 33 号公告，商务部附条件批准俄两大钾肥巨头合并计划，2011 年 6 月 2 日。

续表

排名	公司	销售额
5	KWS AG（德国）	622
6	Land O'Lakes（美国）	538
7	Sakata（日本）	416
8	Bayer Crop Science（德国）	387
9	Taikii（日本）	366
10	DLF-Trifollum（丹麦）	320

资料来源：《ETC集团通讯》2005年第90期。

表4-5 Monsanto公司的种子全球市场份额

单位：%

农作物	玉米	大豆	豆类	黄瓜	辣椒	甜椒	西红柿
市场份额	41	25	31	38	34	29	23

资料来源：《ETC集团通讯》2005年第90期。

二是各国农场走向集中是总体趋势。联合国粮农组织（UN Food and Agriculture Organization，简称FAO）曾估算过16个加入GATT的发展中国家的状况，得到的结论是据普遍报告，总体趋势是农场走向集中（周立，2018）。

三是跨国农业公司控制农产品贸易，使全球农业贸易集中。目前，全球粮食交易量的80%被阿丹米（ADM，Archer Daniels Midland）、邦吉（Bunge）、嘉吉（Cargill）和路易·达孚（Louis Dreyfus）（俗称ABCD）四大粮商所控制。2007年全球油料、谷物、糖等主要食品的加工和贸易被11家企业所控制。表4-6是2004年全球涉农产业链的X-厂商贸易集中情况，在表内列举的项目中，生物技术、动物医药、种子、农业化学等的集中度达到甚至超过了50%。全球大型连锁零售商快速发展，成为涉农产业链的新市场势力。

表4-6 2004年全球农业相关产业的贸易集中状况

单位：%，亿美元

相关产业链环节	X-厂商	X-厂商销售额占比	全球销售额
食品零售	10	24	35000100
生物技术	10	75	44150

续表

相关产业链环节	X-厂商	X-厂商销售额占比	全球销售额
动物医药	10	55	202155
食品制造	10	食品包装24、饮料36	—
种子	10	50	210100
农业化学	10	84	295166

资料来源：根据 ERS/USDA 相关资料整理。

跨国农业公司控制农业生产，对外直接投资集中。农业的地域性和比较利益低下使其一向不被跨国投资公司所重视（熊启泉等，2000），但2009年世界投资报告（世界银行，2009）显示全球对外直接投资的最新趋势是跨国公司在参与农业生产方面发挥重要作用，产生重大影响。报告称发达国家的跨国公司是农业的主要外资来源，这些跨国公司在农业综合产业价值链中的供应、加工、分销等环节居于主导地位，其进入相关国家农业体系的一种新的非股权投资方式——订单农业，遍及110多个发展中国家和中等发达国家，比如巴西的大豆和家禽、肯尼亚的棉花和糖。大部分跨国公司投资发展中经济体和转型经济体的目标是经济作物，且具有明显的区域专门化趋势，如在南美国家投资小麦、水稻、甘蔗、水果、黄豆和肉禽，在中美洲投资水果和甘蔗，在非洲种植水稻、小麦和油料作物，在南亚投资大规模的水稻和小麦生产等。对非洲的油籽作物项目和南美的甘蔗项目投资表明跨国公司对生物燃料作物的兴趣与日俱增。食物集团的"手"不仅停留在加工环节，还进一步伸向投入环节。这使得种子、化肥、农药、机械等多种生产性投入一步步走向集中。

（二）全球涉农产业纵向一体化日益加强

某些势力非常强大的公司逐渐发展，并将整个产业链纳入一体化范畴，实施从上游到下游的完整集中。许多集生产、仓储、物流、加工多种业务于一体的大公司具有相同的业务经营范围。以全球第三大谷物加工贸易商 Cargill 为例，2003年的销售份额显示，该公司的加工面粉和火鸡产品销售额居全美第一，是全美第二大动物饲料和牛肉包装公司、第三大大豆压榨公司。目前该公司在美国提供的国际玉米市场中占42%的份额。其农业产业链一体化演进的过程从表 4-7 中可以清楚地看到。20 世纪 90 年代后该公司为适应全球农业发展新趋势开始涉足生物质能源市场。

表 4-7　Cargill 产业链一体化的演进

年份	化肥	育种	收储	物流	出口	粮食加工	食品、饲料、生物燃料、工业原料
1865～1940			√		√		
1940～1970		√	√	√	√	√大豆、面粉	√饲料、鱼粉
1970～1990	√	√	√	√	√	√大豆、面粉、玉米湿磨、可可、棉籽	√饲料、鱼粉、麦芽
1990 年至今	√	√	√	√	√	√大豆、面粉、玉米湿磨、可可、棉籽	√饲料、鱼粉、麦芽、生物燃料

注：√表示 Cargill 在相关产业链（或具体业务项Ⅱ）的进入。
资料来源：https://www.cargill.com.cn。

运用厂商集中度指标需注意（邓家琼，2010）以下三点。①确定所考察行业是否为世界市场。如全球市场一体化时，该指标可能会低估较强垄断势力的存在。②确定特定厂商对狭义市场的控制。如广义的种子市场厂商很多，集中度低，但全球转基因大豆种子却被 Monsanto 一家垄断。③在全球化快速推进的过程中，厂商的策略性行为具有长期维持行业高价垄断的稳定性。

在北美，三个食物联合体（ConAgra/Dupont，Cargill/Monsanto 和 Novartis/ADM）已经在北美市场形成食品链，控制并逐渐扩散至全球。食物生产链条高度集中，从种子、除草剂的购买，到农场融资以及零售，都是如此。不同的食物生产者通过兼并、接管、联盟等方式，产生了更为集中的食品产业集团，这些集团通过无缝的纵向联合，控制了从基因到超市货架的整个食物体系。比如，以 Monsanto 和 Cargill 建立伙伴关系为例，他们控制了种子、化肥、农药、农场信贷、谷物收购、谷物加工、牲畜饲料、牲畜生产与宰杀，以及许多著名的产业化食品品牌。对 Cargill 这样的公司来说，这样的联合使它们极大地加强了对成本的控制，从而产生显著收益。伴随食品联合体纵向一体化的巩固，在全球食品体系中，给独立农户留下的空间已经微乎其微了。农民们在加入食品公司联盟的合同面前，面临另外一种严峻的选择："要么接受,要么走人。"过去二十年,美国按订单生产农产品的份额,从10%上升为35%,超过原来的2.5倍。食品体系中如此之高的集中度,使得越来越多的国家和地区以及越来越多的农户在面临食品公司给出的合同时别无选择。

而更为严重的是,高垄断及其不断的集中和发展,在进一步拓展其利润空间。农民、消费者甚至政府越来越无法选择,只能接受食品公司开出的"菜单"。图4-1仅是其中一个联合体的控制图。

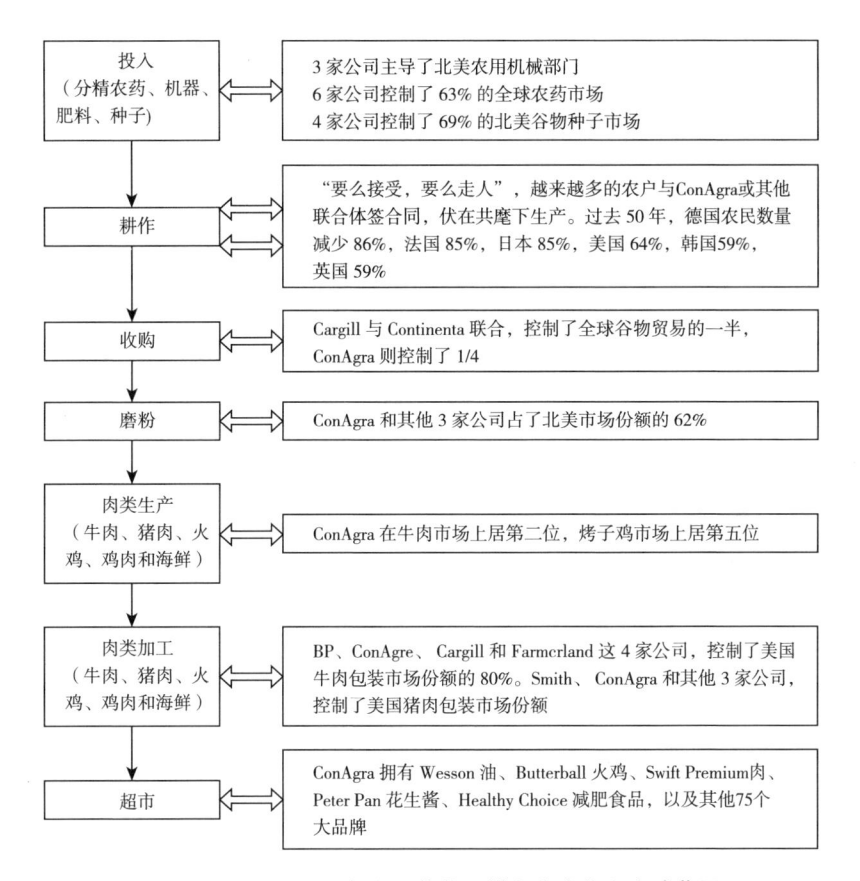

环节	情况
投入（分精农药、机器、肥料、种子）	3家公司主导了北美农用机械部门 6家公司控制了63%的全球农药市场 4家公司控制了69%的北美谷物种子市场
耕作	"要么接受,要么走人",越来越多的农户与ConAgra或其他联合体签合同,伏在共麾下生产。过去50年,德国农民数量减少86%,法国85%,日本85%,美国64%,韩国59%,英国59%
收购	Cargill与Continenta联合,控制了全球谷物贸易的一半,ConAgra则控制了1/4
磨粉	ConAgra和其他3家公司占了北美市场份额的62%
肉类生产（牛肉、猪肉、火鸡、鸡肉和海鲜）	ConAgra在牛肉市场上居第二位,烤子鸡市场上居第五位
肉类加工（牛肉、猪肉、火鸡、鸡肉和海鲜）	BP、ConAgre、Cargill和Farmerland这4家公司,控制了美国牛肉包装市场份额的80%。Smith、ConAgra和其他3家公司,控制了美国猪肉包装市场份额
超市	ConAgra拥有Wesson油、Butterball火鸡、Swift Premium肉、Peter Pan花生酱、Healthy Choice减肥食品,以及其他75个大品牌

图4-1 ConAgra:纵向一体化,横向集中化和全球范围

资料来源：World Watch, 1991, "Where Have All the Farmers Gone？: Decreased Entry Led to Greater Decline in Farm Numbers during the 1980s", *Choices*, Volume 6: 32-33。

当食品联合体不断扩大其食物美元份额时,也在不断地扩大其政治影响力。时至今日,已经毫不奇怪,美国政府的农业政策,包括补贴、税收优惠、环境立法等，从国内到国际都不再有利于农户。比如，食品联合体掌控了私人与公共部门领先的农业研究机构，使得像美国农业部（U. S. Department of Agriculture，简称 USDA）这样的本应代表农民利益的机构，居然会帮助开发种子绝育技术。这种生物工艺，只会让农民们更加依赖种子公司。在有些情况下，这些影响是间接的，比如政府资助的决定。但即使这样，有时的研究倾向也非常露骨。比如，当 Novartis 公司提供 2500 万美元去资助一个研究机构——加州大学伯克利分校开发生物技术时，其中一个条件就是 Novartis 公司有第一选择权拒绝任何可能取得专利的发明。在这种情况下，受到资助的伯克利就有很强的动力去开发绝育种子，从而将利润从农民手中拿走，而非开发有利于农民和公众利益的技术。一些名义上为农民谋利益的政策，比如农产品贸易自由化，最终都是由食物贸易商、加工商、分销商等控制和鼓吹的。最终，农产品贸易自由化被写入 GATT，并进入 WTO 条款。在此之前，许多国家有一个保证其农民就业和收入的本国食物体系，但伴随食物帝国的侵入，这些国家的保护均被去除。食物巨头让世界各国的农民去参与全球范围内的直接竞争，而它们坐收渔翁之利。

联合国粮农组织曾估算 16 个加入 GATT 的发展中国家的状况，发现小农进一步被边缘化，农村贫困和失业状况更加恶化。在这样一个世界体制下，小农微薄的农业利润不断被瓜分，瓜分到最后，连自己的生产成本都没有办法得到补偿。正如 UNDP《2005 年人类发展报告》中人类发展报告处处长凯文·霍金斯的一个评论："在自由市场的花言巧语和强调公平竞技场优点的背后，铁的事实是一些世界上最贫困的农民被迫进入与工业国家的财政部而不是北部农场主的竞争。"也就是说，在 WTO 自由贸易体制下，世界各国的产粮农民实际上是被迫在与美国的财政部竞争，而不是在与美国的农民竞争。美国的产业化农民，其收入的 1/3 来自政府补贴，这也就意味着，至少其产品可以以大大低于其生产成本的价格进行销售，因此在价格上，他国农民根本没有优势。况且，美国产业化农场通常有几千英亩的土地，发展中国家的小农土地面积狭小，比如在中国，一个农户的家庭农场平均 6~7 亩地，仅约 1 英亩。美国通常是一个农民经营整个农场，而中国则是一个家庭绑在这 1 英亩地上，这样如何跟美国竞争？在这种情况下，发展中各国的农民种什么什么不赚钱是必然现象，不仅是中国如此，哪怕在美国，其家庭农场也是如此。农民养什么什么不赚钱，是因为美国低价销售的粮食可用作饲料去养羊、猪、鸡等。上游的产品已经便宜许多了，下游的产品自然便宜。美国大多是机械化的养殖场，猪肉、牛肉、羊肉以及奶制品的价格都会比较低，所以发展中各国的农民养什么什么都不赚钱。种什么什么不赚钱，养什么什么不赚钱，是笔者这几年在农村调查听到农民最多的反映。这是目前的自由贸易体制带来的一个必然结果，也是WTO主张的农产品自由贸易在发展中国家扩张的一个必然结果。

（三）涉农战略性商品"四化"现象加剧

涉农战略性商品的"四化"现象主要是指全球农产品总体上正呈现农产品市场国际化、大宗农产品能源化、农业投资全球化、农产品定价金融化四种变化趋势。"四化"现象均在不同程度上加剧了国际农产品价格的波动，其中的大宗农产品能源化在中长期推动了国际大宗农产品价格的上涨。

农产品市场国际化，主要是根据比较优势理论，各国传统的以自给自足为主的农产品生产格局正转向基于各国或区域农业生产要素禀赋优势的农业国际分工格局，形成各国或区域所生产的农产品互补、互通有无的市场交易格局。在以美欧为主的国家和地区涉农产业寡头推动下，农产品市场国际化的进程进一步加快。

大宗农产品能源化，是指以美欧为主的国家和地区生物质能源的快速发展，尤其是作为全球最大农产品生产国的美国政府指令性的玉米乙醇产量的大幅增长，即使在2008年全球粮食危机之下产量也未降低，这无疑进一步打通了石油价格与全球农产品价格的传导通道，加剧了国际粮价的波动。在油价的支撑下，大力发展生物质能源有利可图，势必推动油料农产品（玉米、大豆等）的供给，而油料作物在政策支持下不断扩大的种植面积必然挤占其他作物的种植面积，这已造成机器与人争粮的局面。

农业投资全球化，是指国际涉农产业垄断资本为了维持自身的持续增值，对涉农产业全球价值链的高附加值环节进行战略性的投资布局，扩大全球涉农战略性商品市场份额，并设法主导各涉农战略性商品全球价值链的治理权，旨在控制各产业价值链的中长期定价权，攫取超额利润。

这损害了处于国际竞争劣势的发展中国家的农业生产和定价的自主权和控制力。

农产品定价金融化，是指农产品的金融属性日益凸显，大宗农产品金融衍生品得以快速发展，农产品期货价格的定价功能日益增强，农产品期价对农产品现货交易价格的影响越来越大，尤其是以期货价格为基准的农产品，其现货国际交易模式进一步强化了大宗农产品期货市场的价格发现功能或其价格的溢出效应。同时，发达的大宗农产品期货市场又利于国际投机资本的炒作，加剧了国际粮价的波动。

二　中国涉农战略性商品定价权的产业安全环境及现状分析

从产业安全与定价权关系的理论分析中可以看出，产业安全环境在很大程度上影响一国的涉农战略性商品的国际定价地位和国内自主定价的能力，尤其是导致产业安全问题的三大路径（国际贸易、FDI 和金融衍生品价格联动）在不同程度上会引发一国的定价权问题。为此，本章节从涉农战略性商品定价权问题的国际贸易格局、贸易地位变化、寡头战略布局、金融市场环境、产业政策环境等五大方面来剖析中国涉农战略性商品定价权问题的产业安全环境与现状。

（一）中国涉农战略性商品定价权问题的国际贸易格局与现状分析

入世以来中国涉农战略性商品进出口格局演变。涉农战略性商品进口集中于战略性农资［钾肥、硫黄（约70%的进口用于磷肥的生产）、种子等］和战略性农产品（橡胶、棉花、大豆等）。其中，重要战略性农资进口依存度持续提高，进口来源地高度集中。农产品贸易逆差不断扩大，国际市场补缺大于调余的特征越来越明显。中国的出口农产品主要为劳动密集型的小作物品种，进口农产品主要为大宗农产品或战略性农产品。战略性农产品进口依存度快速提高，进口来源地趋于高度集中，美国第一大农产品来源国的地位愈来愈凸显，不断削弱中国涉农战略性商品的国际议价能力。

中国涉农战略性商品定价权现状。虽然中国是世界上举足轻重的农产品贸易大国，但中国大宗农产品的国际定价权基本丧失，正如程国强（2012）所说："中国由于战略缺失，仍没掌握国际农产品市场与价格的话语权，剧烈波动的国际农产品价格将让中国国内市场和企业不得不为之付出巨额代价。"在全球涉农战略性商品集中度越来越高的背景下，供方寡头垄断势力越来越强，中国议价能力不断被削弱，成为国际价格波动的被动接受者。

1. 战略性农资进口依存度持续提高，进口来源地高度集中，定价权基本缺失

涉农战略性商品进口集中于一些战略性农资，重要战略性农资进口依存度持续提高，进口来源地不断集中，量增价扬现象越来越突出，总体上国际定价权缺失。比如，①种子：据海关统计，2011年上半年，上海关区进口510.4吨，同比减少5.5%；进口价值469.3万美元，同比增长22.7%；进口平均价格为每吨9193.6美元，同比上涨29.8%，呈量增价扬态势。美国作为中国种子最大进口来源地的地位进一步加强，而自拉美进口同比显著减少，如在2011年上半年，上海关区自美国进口种子485.4吨，同比增加31.3%，占同期关区种子进口总量的95.1%，同比提高26.7个百分点；而同期自拉美进口7.1吨，同比减少88.5%。②钾肥：在中国钾肥价格居高不下并抑制了部分需求的情况下，钾肥对外进口依存度仍有50%~70%，由于中国钾资源极度稀缺而难以提高中长期的自给率；钾肥进口来源国集中于以加拿大、俄罗斯为主的独联体和约旦等国家，且经营集中度更高并呈寡头垄断态势，详细情况可见钾肥定价权案例。③硫黄：硫黄是一种基础的工业原料，2007年中国生产所需的硫黄超过九成依赖进口，年进口量约1000万吨，其中约70%作为化肥的原料。半数以上硫黄进口来源国集中于加拿大、沙特阿拉伯和日本。硫黄的各自独立进口进一步削弱了中国的国际议价能力，其进口价格飙升使中国化肥企业处于严重的挤压状态，由于中国化肥下游产品提价能力偏弱，化肥企业正面临着前所未有的行业危机。如据海关统计，2008年1~7月，中国进口硫黄572.3万吨，价值30亿美元，同比分别增长3.7%和4.8倍。

2. 战略性农产品国际竞争力低，进口依存度不断提高，国际定价权基本丧失

战略性农产品国际竞争力不足，大豆、棉花等进口依存度高，国际议

价能力低。2011年《农村经济绿皮书》指出，第一，中国大宗农产品国际竞争力明显不足，亟须提高。中国小麦和大豆生产明显缺乏比较优势；棉花生产缺乏比较优势，且国际竞争力明显不足；玉米生产有比较优势但在减弱；水稻生产有比较优势但有波动。第二，大豆、棉花、食用植物油进口依存度高。比如，大豆的进口依存度于2011年已达80%；中国棉花自给率不稳定，且对外依存度并不低，2007~2010年中国的棉花自给率分别为63%、58%、78%、70%；中国已成为世界上食用植物油进口量最大的国家，2009年中国食用植物油自给率约为42%，其中豆油、棕榈油和菜籽油进口量合计约占世界食用植物油贸易量的21%。根据国家粮油信息中心有关数据，2009年国产水稻、小麦和玉米的国内市场占有率分别为99.8%、98.9%和99.1%，这三种主粮的综合生产能力可以基本满足国内消费的需要，但2012年上半年，三种主粮在短期内出现进口激增现象。

在全球涉农战略性商品集中度越来越高的背景下，供方寡头垄断势力越来越强，中国议价能力不断被削弱，成为国际价格的被动接受者。自入世以来，中国农产品进口增速快于出口，农产品贸易逆差不断扩大，成为农产品净进口大国。2002~2010年，中国农产品进口额从125亿美元增长到727亿美元，增加4.82倍，年均增长25%，而同期农产品出口额从182亿美元增长到494亿美元，增加1.71倍，年均增长率达13.2%；2010年贸易逆差达到231亿美元，创历史新高。基于中国人多地少的基本国情，其劳动密集型农产品具有国际比较优势，而土地密集型产品则不具备国际比较优势。

加入世贸组织以来，涉农战略性商品在国内外的贸易地位发生了显著变化。

（1）从数量和金额看，2010年战略性农产品进口不断增长（见表4-8、表4-9）。

2010年，大豆进口数量为5480万吨，进口同比增长28.8%；进口金额250.8亿美元，同比增长33.5%。食用植物油进口数量为687万吨，同比下降15.8%；进口金额60.3亿美元，同比增长2.2%。原棉进口数量为284.5万吨，同比增长85.9%；进口金额56.7亿美元，同比增长167.5%。谷物及谷物粉进口数量为571万吨，同比增长81.2%；进口金额 15.3 亿美元，同比增长 70.1%。肥料进口数量为 718 万吨，同比增长 74.6%；进口金额 25.96 亿美元，同比增长 29.3%。其中矿物肥料及化肥进口数量为 708 万吨，同比增长 75.2%；进口金额 25.6 亿美元，同比增长 28.8%。

表 4-8　2002~2010 年中国涉农战略性商品进出口数量

单位：万吨

项目	2002~2010 年累计			2010 年		2010 年比 2009 年增减（%）	
	出口	进口	平衡	出口	进口	出口	进口
谷物及谷物粉	7188	3648	3540	120	571	-9	81.2
其中：小麦	0	1476	-1476	0	123	—	36.1
稻谷和大米	1117	408	709	62.2	38.8	-20.2	8.8
玉米	4758	1198	3560	12.7	157.3	-1.7	1762.2
大豆	310	27275	-26965	16	5480	-52.8	28.8
原棉	34	1811	-1777	0.65	284.5	-21.8	85.9
食用植物油和油籽	916	33260	-32344	62.2	6167	-28	21.6
其中：食用植物油	148	5985	-5837	9.2	687	-19.1	-15.8
含：豆油	26	1764	-1738	5.9	134	-14.2	-43.9
食用油籽	768	0	768	53	0	-29.3	—
粮棉油总计	8138	38719	-30581	182.85	7022.5	-16.6	26.8
肥料	6586	9581	-2995	1657	718	83	74.6
其中：矿物肥料及化肥	5447	6212	-765	1614	708	82.8	75.2
含尿素	2687	179	2508	702	1.3	109.6	-60.5

注：①食用植物油和油籽，出口=食用植物油+食用油籽（含大豆），进口=食用植物油+大豆；
②食用植物油进出口含豆泊、菜籽泊、芥子油等；
③食用油籽出口含大豆、花生、花生仁；
④粮棉油总计=谷物及谷物粉+原棉+食用植物油和油籽；
⑤肥料出口以尿素为主；
⑥平衡=出口-进口；
⑦净进口=进口-出口。逆差即进口大于出口，顺差即出口大于进口。
资料来源：据 2002~2010 年《海关统计》和《中国棉花景气报告 2010》整理，各年四舍五入有差异。

（二）从 2002~2010 年贸易平衡来看，粮棉油在国内外的贸易地位发生很大的变化

从 2002~2010 年 9 年来的贸易平衡数据看，中国粮食在国际上的贸易地位为调节国，数量为净出口，但品种结构存在明显差异，其中小麦为净进口，玉米、稻谷和大米为净出口，表明中国粮食生产能力提高，成功地解决了 14 亿人口的吃饭问题。然而，中国在食用植物油、大豆和原棉这三种农产品上的国际贸易地位为净进口国，其数量和金额逆差都很大，是中国大宗农产品中最为短缺的农产品。加入 WTO 后 9 年中国涉农战略性商品进出口数量与金额情况分别如表 4-8 和表 4-9 所示。

谷物及谷物粉出口排第一，9 年累计净出口（顺差）3540 万吨，净出口额 30.85 亿美元，出口量不断减少，2010 年的谷物出口量仅为 120 万吨。其中：小麦净进口（逆差）1476 万吨，净进口额 33.1 亿美元；玉米净出口 3560 万吨，净出口额 53.82 亿美元；稻谷和大米净出口 709 万吨，净出口额 18.37 亿美元。

食用植物油和油籽净进口排第一，9 年累计净进口 32344 万吨，净进口额 1440.27 亿美元。

大豆净进口排第二，9 年累计净进口 26965 万吨，净进口额 1057.83 亿美元。

原棉净进口排第三，9 年累计净进口 1777 万吨，净进口额 269.06 亿美元，进口量增幅最大，从 2002 年不足 100 万吨扩大到近年来的 300 万吨左右。

肥料 9 年累计净进口 2995 万吨，净进口额 32.5 亿美元。其中矿物肥料及化肥净进口 765 万吨，净进口额 5.95 亿美元，主要是进口磷肥和钾肥；尿素净出口 2508 万吨，净出口额 70.08 亿美元。

表 4-9　2002~2010 年中国涉农战略性商品进出口金额

单位：百万美元

项目	2002~2010 年累计			2010 年		2010 年比 2009 年增减（%）	
	出口	进口	平衡	出口	进口	出口	进口
谷物及谷物粉	12201	9116	3085	661	1527	-7.1	70.1
其中：小麦	0	3310	-3310	0	315	—	49.6

续表

项目	2002~2010年累计			2010年		2010年比2009年增减（%）	
	出口	进口	平衡	出口	进口	出口	进口
稻谷和大米	3683	1846	1837	418.7	271	-19.4	25.9
玉米	5809	427	5382	33.3	367.9	5.2	1624.1
大豆	1516	107299	-105783	118.3	25081	-50.1	33.5
原棉	443	27349	-26906	9.2	5665.8	-49.2	167.5
食用植物油和油籽	7010	151037	-144027	744	31107	-8.5	12
其中：食用植物油	1468	43737	-42269	122.6	6026	-19.1	2.2
含：豆油	537	13205	-12668	65.1	1203	-14.2	-34.7
食用油籽	5541	0	5541	621.7	0	-6	—
粮棉油总计	19654	187502	-167848	1414.2	38299.8	-8.6	24.4
肥料	19681	22931	-3250	5473	2596	109.7	29.3
其中：矿物肥料及化肥	17130	17725	-595	5395	2559	110.8	28.8
含尿素	7152	144	7008	2096	3	134.2	-60.5

注：①小麦无出口。大豆出口被包含在食用油籽中，进口单列。食用油籽出口含大豆、花生、花生仁，无进口。食用植物油进出口含豆油、菜籽油、芥子油等。化肥出口以尿素为主。
②食用植物油和油籽，出口＝食用植物油＋食用油籽（含大豆），进口＝食用植物油＋大豆。
③粮棉油总计＝谷物及谷物粉＋原棉＋食用植物油和油籽。
资料来源：据2002~2010年《海关统计》和《中国统计年鉴》整理，各年四舍五入有差异。

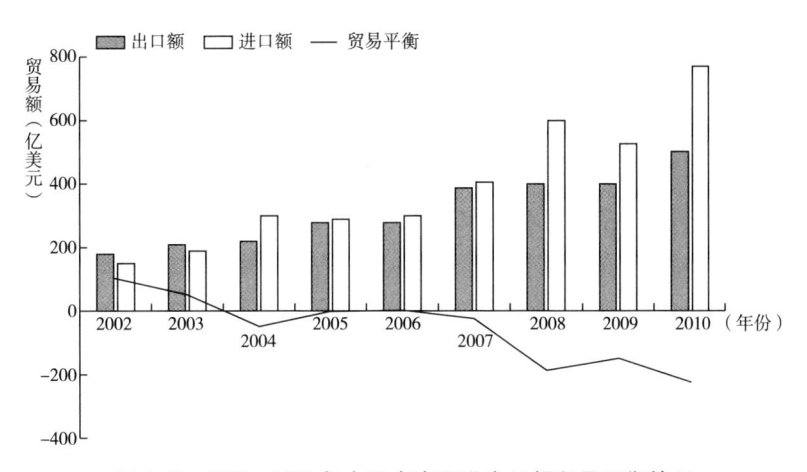

图 4-2 2002~2010年中国农产品进出口额贸易平衡情况

(三) 中国涉农战略性商品定价权问题的寡头战略布局态势与现状

1. 已被国际涉农寡头垄断控制的中国大豆油脂业等涉农产业链，自主定价权基本丧失

国际涉农寡头的产业链控制战略损害了中国涉农产业自主发展力，弱化了中国国内涉农战略性商品的自主定价权。中国以远低于美日欧等发达国家农产品关税水平及其他不利的条件加入WTO后，成为世界上农业最开放的国家之一。入世后短短几年内，旨在控制中国涉农产业链的国际涉农寡头的战略性布局导致中国产业（链）的控制力（股权控制、品牌）日益下降，失控的FDI正损害中国的产业安全，这是经济全球化下的"新型市场失灵"（纪宝成，2009）。商务部发布的2009年产业损害预警年度报告显示：外资加大对中国重点行业的控制力度，随着全球化不断深入，跨国巨头也加紧争夺中国市场，特别是对中国农产品等重点产业的全产业链的控制，这值得关注。

国际涉农寡头加强战略性布局与控制中国涉农产业链各高附加值或战略性环节，旨在控制全产业链的定价权。国际涉农寡头对中国涉农战略性商品产业价值链的战略性布局正引发中国产业安全危机，导致自主定价权的基本丧失。2009年，中国海关总署发出预警——外商投资企业在中国粮食领域的控制力正在加强。国际上"ABCD"四大农业寡头、益海嘉里、以孟山都（已完成对中国种业产业链的战略布局）为首的跨国生物公司和以高盛（已对中国猪产业链进行战略布局）为首的国际投行等正默契地对中国涉农战略性商品产业价值链进行战略性布局。据《人民日报》资讯，美国企业占据中国70%的种子市场，且正不断扩张并试图全面控制中国种业，现在又开始进军中国大田作物种子市场并大力渗透科研环节，这将给中国粮食安全带来了很大隐患。[①] 中国奶业协会公布的数据显示，截至2009年4月，在中高端奶粉市场上，外资品牌奶粉在中国的市场份额接近60%，并从中获得了奶粉定价权，渐成垄断之势。

[①] 《美国企业垄断中国70%种子市场 不断扩张试图全面控制中国种业》，《人民日报》2010年7月11日。

大豆油脂产业价值链已被寡占，自主定价权基本丧失。控制世界80%大豆资源的"ABCD"四大涉农寡头和益海嘉里已掌控中国大豆加工能力的85%，寡占了中国三大食用油品牌中金龙鱼100%的权益，鲁花49%的权益，基本上已控制住国内油脂业产业链，并基本掌控了中国食用油的定价权。它们控制了大豆、豆粕、大豆油等国际贸易的定价权，垄断了中国的大豆压榨业后就控制了中国大豆油的定价权，进而又控制了中国非转基因大豆的定价权，并对中国非转基因大豆的种植和生产环节产生巨大的"挤出效应"，而转基因大豆油的价格走上了"涨价—约谈—再涨价—再约谈—再涨价"的恶性循环价格调控怪圈。目前，中国涉农央企民企已意识到通过产业链控制定价权的模式，正试图打破这种局面，如中储粮总公司凭借自身掌控的粮源发展粮油深精加工产品，防止因终端渠道被外资控制而削弱中国价格调控能力，但还任重道远。

畜禽养殖全产业链遭到战略性布局，价格在外资的介入下大幅波动。畜禽养殖产业链的饲料（豆粕、鱼粉等）受制于进口，且其他战略性环节（种苗、养殖、屠宰、加工、销售等环节）已全面遭到外资战略性布局，整个产业链被外资控制的势头已日益显现，且正成为猪肉价格大幅跟随国际波动的主因。外资选择在猪价下行时大举进入中国生猪全产业链，显然是旨在进行长期收益最大化的战略性布局。截至2008年，外商投资中国猪养殖和加工的企业合计142家，大部分集中于福建、广西、江西、江苏、湖南等省份，占比超过中国生猪养殖企业总数的62%（叶梓，2011）。

2. 国际涉农寡头加强战略性布局与控制中国涉农产业链各环节，弱化了中国自主定价权

正遭到战略性布局的涉农产业价值链战略性环节的产业安全问题具有一定隐蔽性，正渐渐导致中国自主定价权不断弱化。以并购控制为目的的外资已强势进入108家国家重点农业龙头企业，且大多是进入集中度高、消费市场广、利润空间大、发展潜力好的优势产业。如108家中有99家集中在粮油、林特产（含水果）、肉类（含鸡、牛、猪）、牛奶、水产、蔬菜产业，比重达到91.7%；近年来，外资在中国农业领域的项目和资金数量均呈高速增长态势。比如，化肥产业环节的钾肥产业在央企层面遭到外资权益性的战略布局，进而陷于被动的钾资源国际争夺困境之中。

棉产业价值链的流通、加工环节正遭到战略性布局，价格疑被操纵。在中国进口棉市场大部分被国际大棉商（路易·达孚贸易有限责任公司、威尔兄弟棉花公司、嘉吉等）控制的同时，国内棉花收购、流通、加工环节也正遭到路易·达孚等几家大型外资棉商的大举进入，剧烈的价格波动显示产业安全困局和定价权渐被弱化的局面，而棉花种植日益边缘化使纺织产业重陷困境。当国内棉企正普遍为产品销路发愁时，路易·达孚等跨国涉农寡头却大量收购国产棉花，并与摩根大通等国际投行在期货市场获得丰厚收益。有关专家认为，中国纺织产品出口形势和这些跨国涉农寡头在国内市场的"操作"，已基本决定了国内棉花期货价格。

主粮领域正遭到全产业链的战略性布局，自主定价权日益弱化。益海嘉里、嘉吉等跨国涉农寡头凭借所寡占的可共享的食用油分销渠道，正低调并坚定地对中国主粮产业链（粮食收储、加工和种植等环节）、产业链上游的农资环节和产业链终端的流通渠道进行全面战略布局，这正不断弱化中国的涉农产业价值链的国内自主定价权和产业经济安全。嘉吉等巨头已在化肥市场开始布局。除了种植领域外，嘉吉已在中国基本完成全产业链布局；益海嘉里已进入小麦、稻谷等主粮的加工流通领域，且也没有放过对中国种业市场的布局。2011年益海嘉里种业已经在河北、安徽、新疆、吉林、北京、黑龙江成立了6个省级公司。

（四）中国涉农战略性商品定价权问题的金融市场环境与现状分析

近年来，以期货市场为主的金融市场对涉农战略性商品定价的影响越来越大。下面分别从涉农战略性商品的国际市场环境和国内市场环境来分析。

1. 从国际看，金融市场加剧了涉农战略性商品价格的波动和不确定性

大宗农产品等涉农战略性商品的金融属性日益凸显，且以美国为主的强制性生物质能源政策打通了大宗农产品与石油的价格联动通道，在以美国为主的期货市场上，期货价格对国际大宗农产品、原油等现货定价的影响越来越突出，投机资本的炒作更是加剧了国际大宗农产品、原油等现货价格的波动。为此，金融市场各因素交织大大增加了涉农战略性商品的市场风险及其经营环境的不确定性。基于期货定价的涉农战略性商品的国际定价中心和生产消费大国的基本情况见表4-10。

表 4-10　基于期货定价的涉农战略性商品的国际定价中心和生产消费大国的基本情况

涉农战略性商品	国际定价中心	生产大国	消费大国
玉米、大豆、豆油、豆粕、小麦等	芝加哥期货交易所（CBOT）	美国、中国、巴西、阿根廷	中国为全球最大的大豆进口国，且玉米的进口量正剧增
棉花、原糖等	美国洲际交易所（ICE）	美国、中国、印度等	中国为最大的棉花进口国
棕榈油（毛棕榈油期货合约）	马来西亚衍生品交易所（BMD）	2006年以前，马来西亚一直是全球最大的棕榈油生产国，随后逐渐被印尼赶超	中国（新加坡丰益集团垄断了棕榈油的供给）
原油、天然气	纽约商业交易所（NYMEX）、伦敦国际原油交易所（IPE）	OPEC国家、美国、中国	美国和中国是两个最大的原油进口国

2. 从国内看，期货市场交易规模在国际上显著扩大，期货价格仍跟随国际价格波动

总体上看，入世以来，以期货市场为主的金融市场国际竞争力较弱，仍是中国经济参与国际竞争的短板。对涉农战略性商品定价具有重要影响的商品期货市场取得了交易规模上的快速发展，国内现货市场的价格发现功能日益明显，但对国际价格的影响仍微不足道且主要处于跟随国际价格波动的境况。

一是从中国期货市场交易量与品种结构来看，中国期货市场经过20余年的发展，现已步入稳步发展阶段，成交量持续快速上升，在国际市场的影响力日益增强。1993~2010年中国期货市场年度成交额、成交量变化情况如图4-3所示，从2006年开始期货市场快速发展，成交量和成交额几乎每年翻番，期货市场活跃程度显著增强。

随着近几年新期货品种逐步上市，中国基本有了商品期货和金融期货两大门类，商品期货主要由农产品、能源、化工和金属构成，金融期货主要是股指期货。目前，形成的以涉农战略性商品为主的期货品种合计26个，具体如表4-11所示。

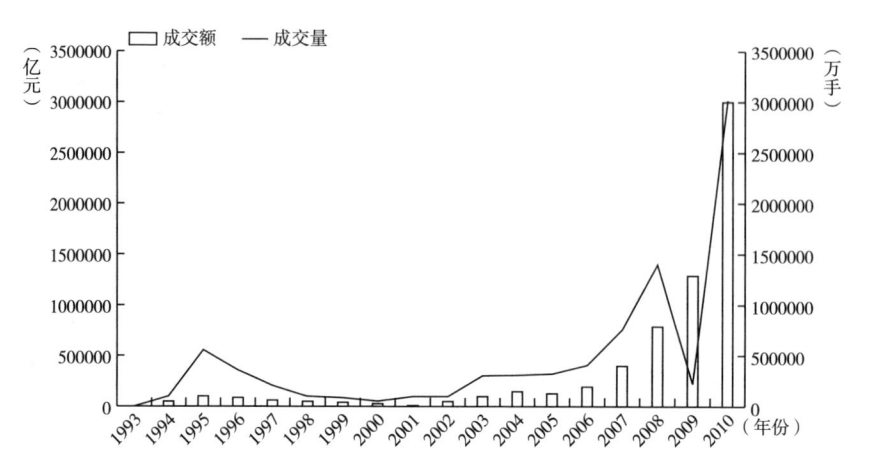

图 4-3　1993~2010 年中国期货市场成交额和成交量

资料来源：高扬著《大宗商品期货价格研究》，经济科学出版社，2011。

表 4-11　以涉农战略性商品为主的期货品种在中国各期货交易所上市情况

交易所	期货品种
上海期货交易所	天然橡胶、黄金、燃料油、铜、铝、铅、锌、螺纹钢、线材
大连商品交易所	黄大豆1号、黄大豆2号、玉米、豆粕、豆油、棕榈泊、线型低密度聚乙烯、聚氯乙烯、焦炭
郑州商品交易所	强麦、硬麦、棉花、白糖、菜籽油、早籼稻、精对苯二甲酸
中国金融期货交易所	沪深300指数

二是从交易量看，中国期货市场及涉农战略性商品的国际影响力逐步提升，中国期货市场在国际上的影响力也逐步提升。根据 FIA 统计，从 2010 年期货与期权成交量的国际排名来看，上海期货交易所、郑州商品交易所、大连商品交易所在全球场内衍生品交易所中分别排第 11、第 12、第 13 位。

而从各品种在国际期货市场的交易量排名上，中国目前已经在大宗农产品、金属等品种上居于前列，国际影响力日益增强。根据 FIA 统计，在 2010 年农产品期货排名中，中国白糖、天然橡胶、豆粕、豆油、棉花、棕榈油、黄大豆1号、玉米均在前 10 名中，分别排第 1、第 2、第 3、第 4、第 5、第 7、第 8 和第 10 位。由此可见，中国各类农产品期货的交易规模已经在全球名列前茅，这在一定程度上与中国农产品的生产、消费大国地位相称（高扬，2011）。

（五）中国涉农战略性商品定价权问题的产业政策环境与现状分析

根据产业安全理论，开放是产业安全问题的逻辑前提，而引发产业安全问题的路径在不同程度上都会引发定价权问题，因此涉农产业的开放程度是中国涉农战略性商品定价权问题最基本的产业政策环境。

中国已严格履行农业入世承诺，全面对外开放格局基本形成。一是逐步降低农产品关税。农产品外贸政策做出了很大的减让承诺，由入世前的21%逐步削减农产品关税，平均关税税率已经降至15%，少于世界农产品平均关税水平（62%）的1/4，已是世界农产品关税水平最低的国家之一。二是承诺取消农产品出口补贴。中国严守承诺取消农产品出口补贴，且将国内支持中的黄箱补贴的上限设在8.5%。三是制定并实施农产品进口关税配额管理制度。关税配额管理的产品实行配额外高关税、配额内低关税的管理政策，具体产品有玉米、小麦、大米（长粒）、大米（中短粒）、棉花、豆油、菜籽油、棕榈油、食糖和羊毛等。中国承诺所有植物油的关税配额管理自2006年1月1日起取消，实行9%的单一关税政策等。中国入世的降税承诺于2010年全部履行完毕，关税总水平降为9.8%，其中农产品平均税率降为15.2%。对粮棉等重点农产品和化肥等农资，根据关税配额管理承诺，合理实施进口管理及国内市场管理措施。四是积极鼓励农业引进和利用外资，开展农产品加工流通、农业综合开发、农业科技研发等，加大农业对外合作工作力度，构建更加开放、合理、公平的国际与双边农业合作框架。五是探索实施农业"走出去"战略，积极开展对外投资，在南美、东南亚、非洲等地区进行农业开发、合作经营，形成合理、稳定、持续的全球资源性农产品供应链。中国农业已从入世之初的过渡期，步入全面参与全球农业市场的竞争阶段，但是，在目前新形势下，中国农业的国际化战略尚缺乏顶层设计和总体规划（程国强，2012）。与此同时，涉农产业部门分割、职能错位、管理多头、层级复杂等现象仍十分严重，尚缺乏从涉农产业的大系统层面和大战略高度进行统筹规划和统一协调管理的体制机制。在一些领域，部门利益影响全局决策、地区利益挑战中央政策、行业利益左右社会舆论等现象越来越严重。

农资流通领域已放开，正面临涉农跨国寡头战略性布局的产业安全问题，在 2008 年 12 月 24 日召开的国务院常务会议上，明确提出放开化肥流通领域，允许各类投资者进入，这就意味着化肥流通领域将会有一番激烈的竞争，面临重新洗牌。《国务院关于进一步深化化肥流通体制改革的决定》，将放开化肥经营，取消对化肥经营企业所有制性质的限制，允许具备条件的各种所有制及组织类型的企业、农民专业合作社和个体工商户等市场主体进入化肥流通领域，开展化肥经营。2009 年 11 月 1 日，国家工商行政管理总局出台并实施了《农业生产资料市场监督管理办法》。

当前，在农业高度开放的情况下，中国较多关注农产品进口限制、贸易保护，但更需要重视的是，如何从战略层面统筹管理农业产前、产中与产后相关产业环节开放中所蕴藏的风险，由于仍缺乏完善的农业对外开放政策体系和健全的利用外资管理制度，农业产业安全管理存在一定隐患。

三 基于产业安全的涉农战略性商品定价权问题的表现形式

1. 国内价格跟随国际市场价格渐趋一致波动，渐失定价自主权

中国有些涉农战略性商品的国内价格已跟随国际市场价格渐趋一致波动，渐失定价自主权，这是国内自主定价权缺失的表现形式之一。开放程度越高，对外进口依存度越大，国内价格受国际价格传导的影响越大，已与国际市场价格渐趋一致。除了贸易传导外，中国农产品与食品的价格近几年都与国际价格的波动趋势一致。

通过对所有涉农战略性商品在入世后的国际价格和国内价格的波动情况进行对比分析，可以初步看出，各种涉农战略性商品的国内价格受其国际价格影响的情况，再结合中国不具有涉农战略性商品国际定价权的基本共识和中国各种商品对外依存度的情况分析，从中可以甄别出哪一些商品的国内定价权已渐趋国际化或渐趋缺失自主性，即其价格波动主要由国际因素决定。由于难以完整获得入世后涉农产业上游的战略性农资和大部分大宗食品的国际和国内价格，故本书只对战略性农产品（大豆、玉米、棉花、稻米、小麦 5 种大宗农产品）和部分战略性食品（猪肉价格）的同期国际价格和国内价格（月度时间序列数据）进行比较分析。同时，基于数据的可获得性和总体情况的判断，对国际国内的食品价格指数进行对比分析。

国内大宗农产品价格变化情况及国内价格与国际价格的比较如图4-4至图4-10所示。从图4-4可见，总体上看，2002年下半年至2012年上半年，国内大宗农产品价格出现了三个波动周期，但波动幅度明显低于国际价格。第一个波动周期是从2003年7月至2005年11月，第二个波动周期是从2005年12月至2009年8月，第三个波动周期是从2009年9月至2012年5月，这三个波动周期的波动幅度均比较平缓，均维持在20%以内。国内大宗农产品价格背离国际价格，这与国家一直以来对大宗农产品市场进行干预紧密相关，国家能够控制国内大宗农产品价格是因为国家有能够干预市场的粮食储备和有效的贸易干预政策。国内大宗农产品价格波动周期和国际价格波动周期相近，说明国内大宗农产品价格在一定程度上受到国际因素的影响。

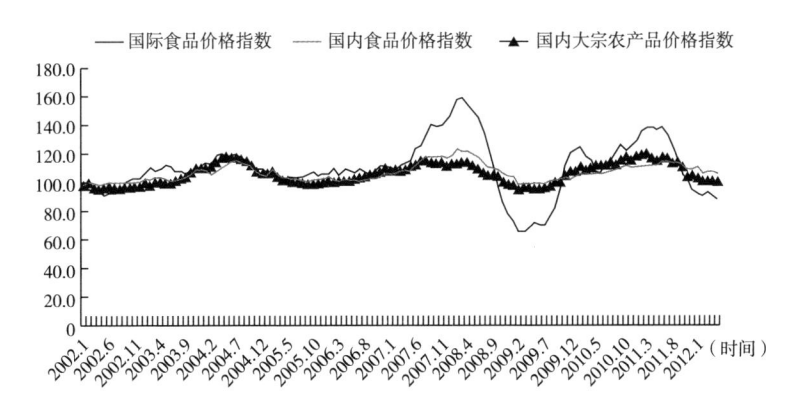

图 4-4　国内外食品、国内大宗农产品价格波动对比

注：数据与上年同月同比。
资料来源：《中国经济景气月报》。

从具体品种的大宗农产品国际、国内价格比较分析来看，小麦（见图4-5）、玉米（见图4-6）、大米（见图4-7）等3种大宗农产品价格在2002~2012年的波动幅度显著低于国际价格。大豆（见图4-8）、棉花（见图4-9）和肉禽及其制品（见图4-10）3种大宗农产品价格波动与国际价格波动较为一致，但大豆、肉禽及其制品国内价格波动相比国际价格波动有一定时间的延滞。这是因为国内棉花和大豆市场与国际市场基本上融合在一起，中国棉花和大豆需求大量依赖进口，国家很难对其价格进行调控。处于涉农产业链下游的肉禽及其制品的国内价格波动幅度大于国际肉类的价格波动幅度，主要是因为中国畜禽肉类的价格受制于国际饲料粮（大豆、玉米）和外资主导的猪仔的价格，这给中国的宏观调控带来困难。从以上6种大宗农产品的国际比较分析中可见，中国棉花、大豆、肉禽及其制品的国内定价权已基本丧失，其价格受制于国际价格。

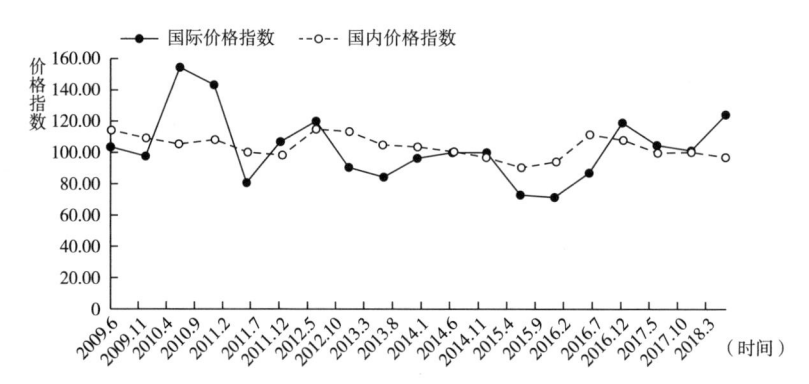

图 4-5　2009~2018 年小麦国际价格指数和国内价格指数变化趋势比较
注：数据与上年同月同比。
资料来源：IMF、商务部、中国农产品价格调查年鉴。

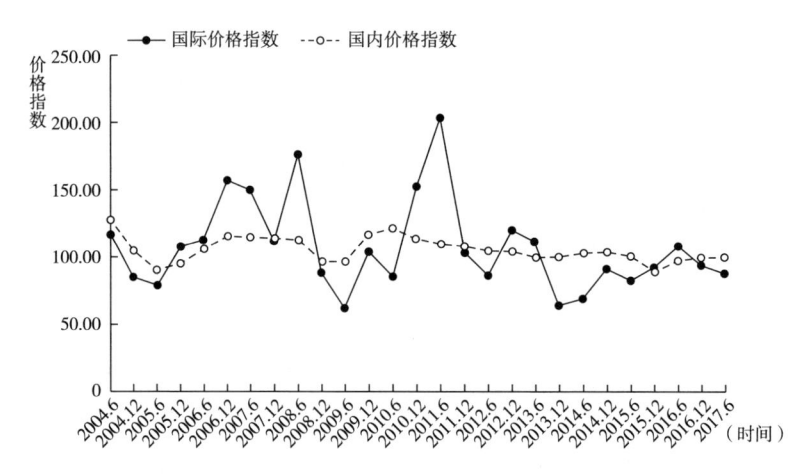

图 4-6　2004~2017 年玉米国际价格指数和国内价格指数变化趋势比较
注：数据与上年同月同比。
资料来源：IMF、商务部、中国农产品价格调查年鉴。

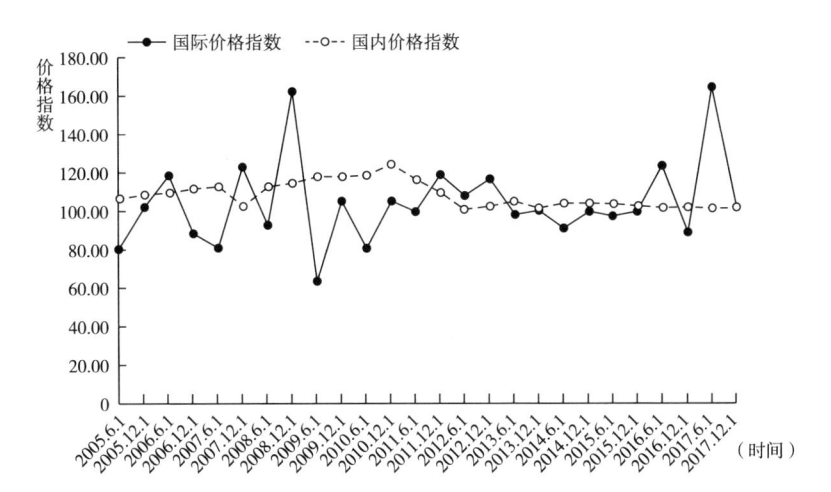

图 4-7　2005~2017 年大米国际和国内价格指数变化趋势比较

注：数据与上年同月同比。

资料来源：IMF、商务部、中国农产品价格调查年鉴。

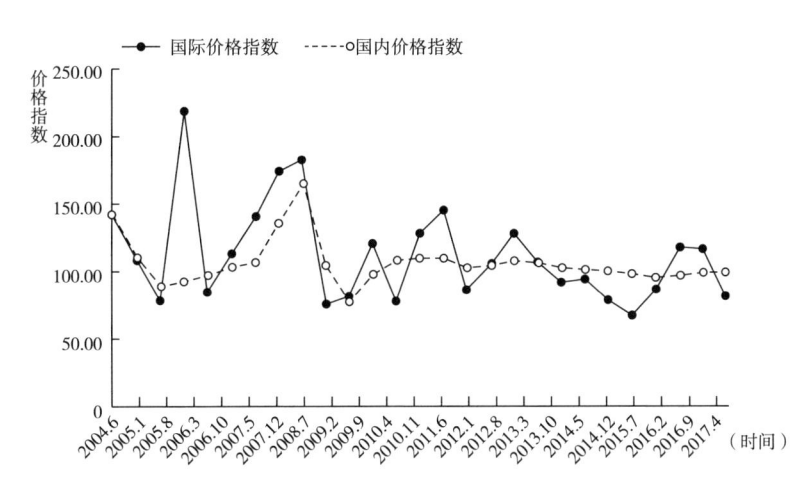

图 4-8　2004~2017 年大豆国际价格和国内价格指数变化趋势比较

注：数据与上年同月同比。

资料来源：IMF、商务部、中国农产品价格调查年鉴。

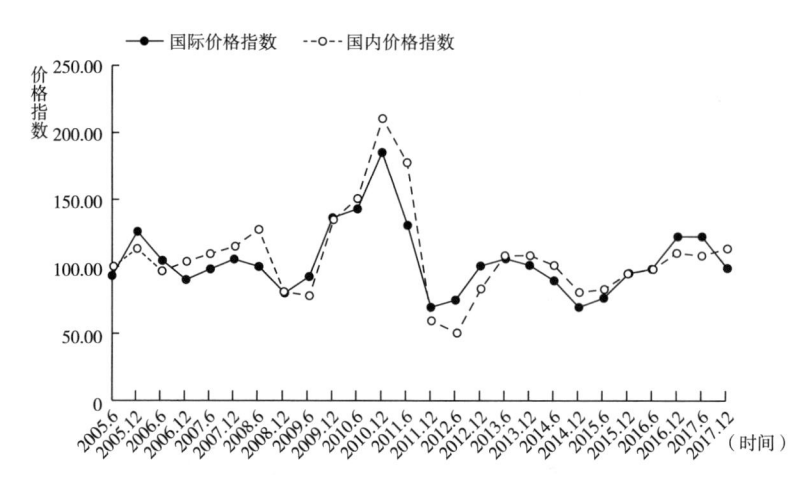

图 4-9　2005~2017 年棉花国际价格和国内价格指数变化趋势比较

注：数据与上年同月同比。

资料来源：IMF、商务部、中国农产品价格调查年鉴。

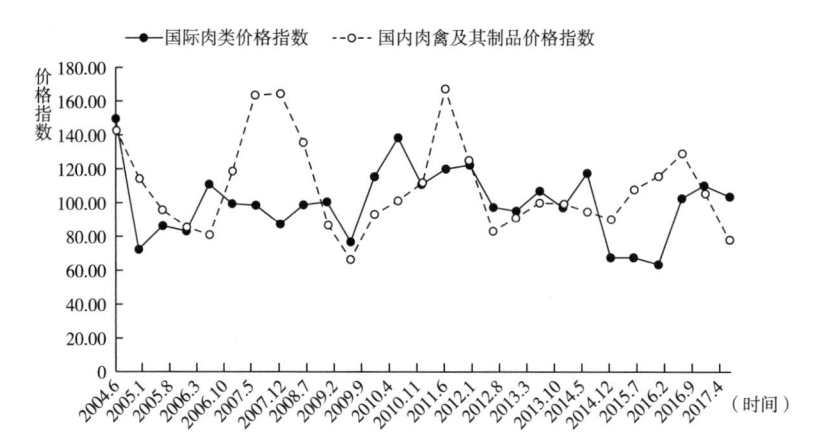

图 4-10　2004~2017 年国际肉类和国内肉禽及其制品价格指数变化趋势比较

注：数据与上年同月同比。

资料来源：IMF、商务部、中国农产品价格调查年鉴。

2. 供求基本平衡时涉农战略性商品价格波动中呈现大幅上涨趋势，长期定价权缺失

供求基本平衡时涉农战略性商品价格波动中呈现上涨趋势，长期定价权缺失。供求基本平衡时价格剧烈波动，说明国际定价权受到人为因素的

操纵；供求基本平衡时涉农战略性商品价格波动有大幅上涨趋势，与大力发展生物质能源有关。偏离供需基本面的价格涨跌新现象正演绎国际定价权缺失的新形式，从供需基本面已无法解析近几年一些涉农战略性商品（如钾肥、大豆、棉花等）的趋势性上涨现象。在排除自然因素（如洪灾、旱灾等）和投机炒作等因素影响的情况下，人为的"短缺"或策略性调节全球供给量无疑助推了近几年大宗农产品价格趋势性上涨加剧的现象。为此，本书将该现象纳入了国际长期定价权缺失的新问题、新表现形式。对于大宗农产品（国际粮农组织的食品数据在相当程度上包括了大宗农产品数据）和钾肥等自然资源的价格（见图4-11），自然因素（如洪灾、旱灾、地震等）或投机炒作因素的影响都只能是短期的、阶段性的，可以加大其价格的波动幅度，但无法影响其价格波动的长期趋势；对于金融属性强的涉农战略性商品，国际期货市场和其他因素的影响更强，但只能增加其价格波动的频率和幅度而已，也无法改变其价格波动的长期趋势。有人从人口长期增长和粮食产能增速下降、资源稀缺度与时间成正比等方面解读了涉农战略性商品价格近几年的上涨趋势加剧现象，但忽略了人口、粮食产能增速、资源稀缺度等因素都是平稳变化的，且在2007年以后这种平稳趋势也没有出现特殊变化，对价格的影响也应是平稳的（联合国粮农组织食品价格指数显示了1990~2007年的价格指数变化相对平稳）。显然，这也无法合理解释上涨趋势自2007年开始突然加剧的现象。

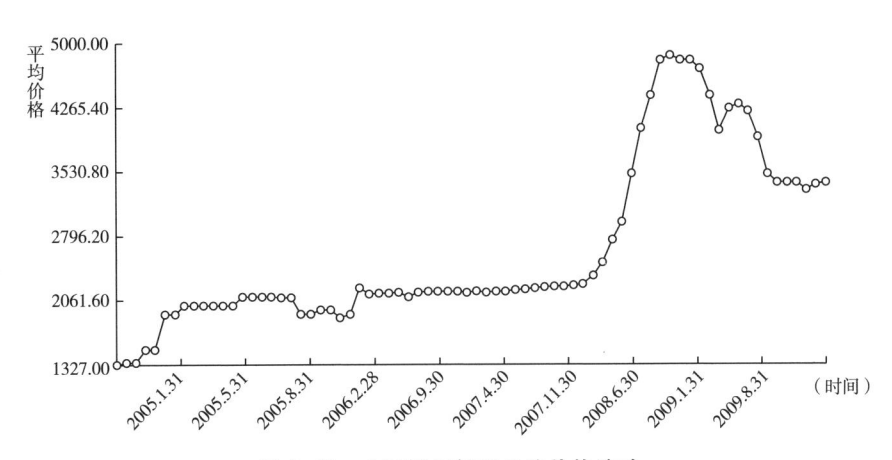

图4-11 中国进口钾肥平均价格波动

资料来源：凤凰网。

3. 进出口贸易中呈现"高买低卖"现象，国际定价权基本丧失

中国涉农战略性商品在进出口贸易中基本上呈"高买低卖"现象，成为国际价格的被动接受者，如钾肥（见图4-11）、大豆（见图4-8）进口以及鳗鱼出口。

在国际贸易环节，国际定价权的缺失已给中国带来巨大的经济损失，损害了相关产业的安全乃至国家经济安全。实际上，国人对大宗商品定价权缺失问题的关注源于中国在国际贸易中的"高买低卖"现象。"中国在国际贸易体系的定价权，几乎全面崩溃。"商务部新闻发言人姚坚于2010年一语道出了问题的全貌和严峻性。

在国际贸易中，中国企业屡屡"买涨卖跌"或"贵买贱卖"等国际定价权缺失现象已成为常态，在每年中国农产品进出口情况上体现为"量减额增""量增价增"现象。农业农村部统计数据显示，2011年中国谷物进口出现"量减额增"现象，进口544.7万吨，同比下降4.6%；进口额20.4亿美元，同比增长33.8%。棉花进口出现"量增价增"现象，进口356.6万吨，同比增长14.0%；进口额96.8亿美元，同比增长65.5%。食用油籽和食用植物油进口均是"量减额增"，其中食用油籽进口5481.8万吨，同比下降3.9%；进口额314.8亿美元，同比增长18.7%。另外食用植物油进口779.8万吨，同比下降5.6%；进口额90.1亿美元，同比增长25.8%。

中国不管是作为全球最大的进口国，还是作为全球最大的出口国，基本上都不拥有定价权。具体而言，在进口方面，中国作为大豆、棉花、钾肥等涉农大宗商品的最大进口国和国际市场主要需求者，都是国际市场价格的被动接受者，有时甚至陷入"越高越买""越买越高"的恶性循环。2004年的"大豆高价买单风波"、2008年和2010年大豆等农产品价格大幅上涨时出现的"点价现象"、相关大宗农产品年度进口"额增量减"等现象都是很好的例证。在出口方面，中国作为鳗鱼、虾、农药等涉农商品的全球主要供给方，相关产品的出口交易价格长期徘徊于低位。以鳗鱼为例，中国是最大生产国和出口国，出口商常常为了争取一个订单竞相压价，"负和博弈"的结局是导致整个行业微利，甚至有时所挣取的仅仅是出口退税。显然，以强大需求和强大供给为特征的"中国因素"，非但没有提高中国在国际市场的议价能力，反而变成中国劣势，经常被国际炒

家、国际产业寡头和相关机构利用来阻击中国经济、收割中国经济增长"羊毛"。

4. 寡头主导涉农战略性商品全球价值链治理下的定价权的缺失

国际涉农寡头联合主导涉农战略性商品全球价值链治理下的自主定价权缺失。在涉农产业国际大分工中，中国作为全球最大的大宗农产品、种子和钾肥等涉农战略性商品的最大需求国和进口国，巴西、阿根廷作为全球大宗农产品的主要出口国，都只是涉农战略性商品国际价格的被动接受者。深究其因，涉农战略性商品的国际市场主要由以美、欧、俄为首的跨国涉农寡头垄断，并主导各涉农战略性商品全球价值链的治理，而中国、巴西和阿根廷都不拥有主导涉农战略性商品全球价值链治理的国际级产业寡头，也就都不拥有涉农战略性商品的国际定价权。

在全球经济一体化和国内涉农产业各环节逐步融入国际分工的大格局下，中国一些涉农组织已被锁定为各涉农战略性商品全球价值链的低附加值环节（如种植业、养殖业等），而高附加值环节在国际上基本由有定价权的国际涉农寡头把控。在中国国内，一些国内涉农产业环节也逐渐被国际涉农寡头出于掌控定价权的目的进行战略性布局，如种业、生产资料、农产品国际流通环节、食品流通环节、农产品的精深加工等高附加值环节。从图4-12中的国内农资、农产品、食品价格波动对比可以看出，处于涉农产业价值链上、中、下游的涉农战略性商品的价格是紧密相关的，各自的价格波动趋势基本相同且幅度相近，由于它们之间的价格可以互相传导，为此，控制一个环节的涉农战略性商品的定价权，也就对其他环节的涉农战略性商品的价格具有话语权。

中国畜禽肉制品的价格在相当程度上由国际豆粕和玉米的价格决定，其自主定价权或议价能力相当薄弱。2012年法国兴业银行分析师Michel Martinez、姚伟等人发表的报告正是最好的实证，其研究表明全球大豆、玉米价格的变化可以解释中国国内猪肉价格波动的90%，中国猪肉价格的变动周期往往比玉米滞后1个季度、比大豆滞后2个季度。中国畜禽产业链的两端基本上已被国际涉农寡头垄断，其中产业链前端的饲料价格主要取决于豆粕和玉米的价格，而大豆和玉米的国内价格取决于美国芝加哥期货市场的价格，这实质上是由国际四大粮商垄断定价的；产业链的后端又面临以国际大型连锁零商（如沃尔玛、乐购等）为主的市场势力。显然，中国大部分的畜禽养殖企业在产业链两端的垂直定价约束下，只能得到国际涉农寡头联盟所主导的全球价值链治理下的平均收益，难以抵御玉米、大豆价格大幅波动所带来的市场不确定性，其持续性发展受到威胁。

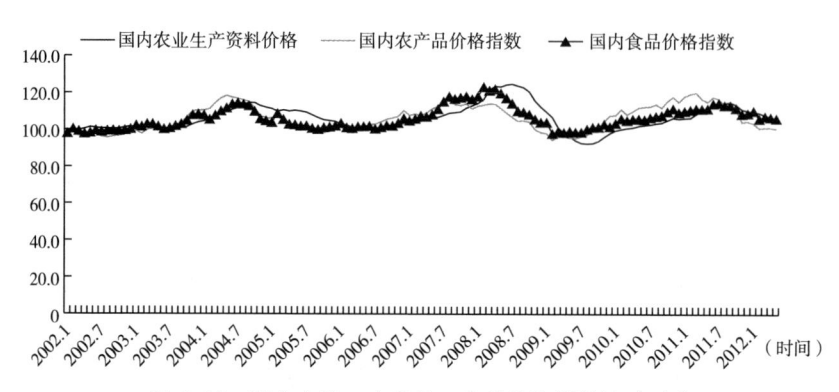

图 4-12　国内农资、农产品、食品价格指数波动对比

注：数据与上年同月同比。

资料来源：商务部、中国农产品价格调查年鉴。

第五章
基于产业安全的涉农战略性商品定价机制

商品的定价机制在理论上还没形成一致的概念，主要有两种说法：一是认为商品的定价机制就是确定商品进出口贸易的定价模式（詹啸等，2011）；二是认为商品的定价机制就是确定商品进出口贸易的交易价格模式，其内容包含商品中潜在或普遍认可的定价规则和贸易双方所确定或参考的基准价格，与定价权紧密相关。显然，上述的定价机制概念均局限于国际贸易环节，过于狭隘。笔者认为，所谓商品的定价机制，就是某商品在特定的市场交易空间和市场竞争格局下进行交易时的定价模式，主要涉及该商品交易的定价主体、定价规则、基准价格确定和价格弹性变化的依据等。

从定价主体来看，战略性商品交易定价主要可分为市场主体定价、政府定价、政府调控下的市场主体定价三种方式；从市场交易空间来看，大宗商品的交易定价模式可分为国际贸易定价、国内贸易定价和全球价值链治理下的定价三类定价方式，其中国际贸易定价主要又可分为谈判定价和以期价为基准的期货定价两种方式，国内贸易定价主要体现为政府调控下市场主体定价方式。由于定价机制与定价权问题紧密相关，本书从交易产生定价权问题的实际情况出发，并结合涉农战略性商品的特点及其主要市场交易定价方式（见表5-1），主要对涉农战略性商品的四种类型定价机制进行探讨，包括国际贸易的协商定价机制、国际贸易的参考期货定价机制、国内贸易政府调控下的市场主体定价机制和全球价值链治理下的定价机制。

表 5-1　涉农战略性商品主要定价方式与涉农战略性商品分析

涉农战略性商品		市场主体定价	政府定价	政府调控下的市场主体定价
国际贸易定价	谈判定价	钾资源等		
	以期价为基准的期货定价	大豆、玉米、棉花、稻米等大宗农产品		如美国实施农业战略性贸易政策来支持出口其优势农产品：大豆、玉米、棉花等
国内贸易定价				中、欧、美、日等国的农产品国内定价，中国的农资、食品的国内定价等
全球价值链治理下的定价		如 Cargill 与 Monsanto 联盟主导大豆业全球价值链治理下的各环节商品或服务的定价		

大宗商品的国际贸易定价方式主要有两种：一种是对于存在成熟期货品种和发达期货市场的大宗资源性商品或初级商品来说，其国际贸易价格以全球定价中心国际期货市场的期货标准合约价格为基准价格或参考价格；另一种如钾资源、铁矿石等初级商品，其价格由国际市场上的主要供需方或交易双方进行商业谈判来达成。从目前的情况看，在这两种定价机制下，中国都面临定价权问题。

一　涉农战略性商品的国际贸易定价机制

1. 国际贸易的谈判定价机制

谈判定价是一种现货交易定价，其中包含确定即期交易价格和远期交易价格，其价格受交易标的物的品质、交割地、交易双方关系和市场竞争格局等多种因素的影响。

国际贸易的谈判定价是指资源性商品或初级商品价格由国际市场上的交易双方或主要供需方通过商业谈判来达成，其中涉农战略性商品中有代表性的是钾肥和硫黄的协商定价方式，非农战略性商品中最典型的是铁矿石的协商定价。下文以中国钾肥为例简要说明国际贸易的谈判定价机制。

中国的钾肥（2011年进口依存度约60%）进口基本上形成了由商务部指导、五矿协会牵头的国内"买家联盟"的对外"长协谈判机制"，在国际上已形成进口钾肥相对低价的中国"价格洼地"，但与强大的钾肥卖方垄断相比，国际买方总体议价能力处于弱势，并基本上丧失国际定价权。中国硫黄的进口依存度约70%，其中约70%的进口量用于磷肥的生产，但由于进口商各自谈判定价，相对于国际卖方垄断势力，显然完全丧失进口定价话语权。供应商的讨价还价能力、购买者的讨价还价能力、潜在竞争者进入的能力、替代品的进入等都成为影响谈判价格的因素。

钾肥国际贸易价格形成机制主要有以下几个。①从市场交易空间看，钾肥国际贸易的协商定价实质上是国际交易市场上的一种"远期现货交易"定价方式。②从全球钾盐的市场竞争格局看，供求双方已形成"三方卖三国买"的"寡头垄断格局"。卖方经营高度集中且已形成卖方寡头垄断格局，一是随着乌拉尔（Uralkali）钾肥与西尔维尼特（Silvinit）合并的推进，BPC将成为统一独联体的钾肥出口垄断贸易商，代言的产能占世界产能的31%；二是Canpotex销售联盟（由加拿大PotashCorp、美国Mosaic、加拿大的Agrium组成）所代言的产能占全球的40%；三是中东以色列的Israel Chemical Ltd（ICL）公司和约旦的APC公司组成的联盟，产能占世界产能的4.5%。这三大阵营将控制世界钾肥产能的75.5%，买方主要是中国、印度、巴西三国，尚未形成联盟。有关数据显示，三国的钾肥进口占其全球国际贸易总额的近70%，其中中、印两国合计约50%（祝继高，2012）。③从合约时限看，长期合约的时限渐趋短期化。中国的钾肥进口合同以前一直是每年一谈，但近年来长期协商定价逐渐被短期协商合约所代替，钾肥的年度合约已变成"半年一签"的半年度合约，2010年10月中化与Canpotex的合同将定价变为半年一次，BPC的合同确认了这种转变。从非农大宗商品铁矿石的合约时限从"一年一签"变成"一季度一签"的历程可看出，定价时限变短有利于处于寡头垄断的卖方按市场变化调整供货量，进而加强对价格的控制，显然，供应商的定价权会越来越大。④定价的规则。钾肥进口的"远期现货交易"定价是指一旦协商价格确定，则下一财年或半年的钾肥产品均以此价格来买卖，也就是将未来一年或半年的价格事先固定下来。多年来，中国钾肥进口定价一直遵循"一次谈判、一个价格"的模式，即国际上的某一家实力强的供货商与中化和中农达成当年价格协议，其他卖家基本都会参照该价格执行。⑤价格的高低取决于双方的集中度和"讨价还价"博弈策略。钾肥卖方经营上的不断集中和销售联盟正不断削弱买方的议价能力，中国自身的联合谈判机制和自身产能的提高都提升了自身的议价能力进而赢得了来之不易的相对的"价格洼地"，但近几年全球钾肥产能供大于求，钾肥垄断寡头默契地一起"限产保价"，企业钾肥国际交易价格在大幅涨跌中总体上仍呈现上涨的趋势，这正折射出全球买方定价话语权的不断下降。为此，国际三大买方通过实施跨国联盟策略来提升买方的议价地位或已刻不容缓。

钾肥谈判定价机制的经济学分析。钾肥定价方式与钾矿产品生产的寡头垄断格局有密切的关系。寡头市场是一种厂商之间相互影响的市场，厂商之间是典型的博弈关系。按照厂商之间的竞争策略不同，其博弈均衡的结果也不尽相同。厂商之间可能形成类似完全竞争的结果，陷入"价格竞争"局面，也可能形成合谋，像一家厂商一样获取垄断利润。讨价还价是有共同利益的参与人面临冲突时试图达成一致协议的博弈过程，是一种典型的谈判活动，谈判中当对方的报价连同主要的合同条款向己方提出后，己方对其全部内容进行分析，通过对方的报价来判断对方意图，并给予再报价等反应，使交易朝着既对己方有利又能满足对方某些要求的方向发展，以有利于最终实现谈判中的利益交换。而在钾肥的国际贸易中，从博弈论的角度来分析竞争格局，讨价还价是一个非零和博弈，全球钾盐供求双方已形成"相关依赖的供求关系"，多年来的买卖博弈已构成"完全信息的讨价还价博弈"，价格的高低取决于双方的谈判策略和市场势力的强弱。中国的钾肥由于资源相对稀缺，有60%需要进口，加拿大、俄罗斯是世界钾肥的两大生产基地。如果对某一供应商过于依赖，势必会降低我方的讨价还价能力。因此，一方面应在现有的国际供应商之间形成替代格局，让供应商感到来自其他竞争者的压力，将会有利于我方讨价还价能力的提高。另一方面，应寻找更多的供应商，扩大进口的选择范围。事实上，目前钾肥价格过高正成为抑制需求的主要因素，因而钾肥的需求显得富有弹性，这正抑制全球卖方寡头垄断的过度涨价。

2. 国际贸易以期价为基准的期货定价机制

所谓国际贸易以期价为基准的期货定价机制，一般指买卖双方就某大宗商品的现货交易价格以共同约定的某国际期货市场的未来某时刻的期货价格为基准（如 CBOT 或 ICE 点价），加上双方都同意届时参照某机构发布的基差（升贴水）来定价。在国际交易市场上，基于期货定价的涉农战略性商品主要体现为大宗农产品，具体为玉米、大豆、稻米、食用植物油、小麦和棉花等。下面以大豆进口为例来加以说明。

现行大豆定价规则的制定一般由卖方为主导制定。现行国际大豆贸易主要由以美国为主的粮商控制，形成了"南美种大豆、中国用大豆、美国卖大豆并决定价格"的局面。大豆交易价格更多反映美国国内行情但并不能全面反映国际供求关系的芝加哥期货交易所价格为基准，由于 CBOT 的大豆交割物只有美国的转基因大豆，而没有南美的大豆，这样其期价更多反映的是美国国内的供需情况，不利于其他卖方和买方的交易判断与决策。价格需要合同来保证，但目前进口合同采用的是美国粮商提供的合同文本，其条款充分保护了出口商利益而不利于买方。从国际大豆贸易格局看，中国的需求价格弹性较小，不利于议价。世界大豆的总产量为 2.2 亿~2.3 亿吨，其中大豆国际贸易量 7600 多万吨，美国、巴西和阿根廷出口量约占国际贸易量的 89%；中国是世界上最大的进口国；进口量约占国际贸易量的 47%；欧盟位居进口量第二，约占 20%。

中国在进口大宗农产品时主要采取 FOB（装运港船上交货完税价，装运港船舷是风险划分界限，越过船舷后的运费、保险费都由买方支付，出口/进口许可证及海关手续为卖方/买方各自办理）基差交易。比如大豆进口，中国约 80% 的大豆进口以这种方式采购。中国海关也顺应国际市场情况推出"公式定价"及相关流程来健全纳税机制。在这种交易模式下，大豆到港价主要分为三个部分：一是芝加哥商品交易所（CBOT）大豆点价，二是 FOB 基差（升贴水），三是国际海运费。大豆具体定价公式如下：

$$FOB 价格 = CBOT 期货点价 + 基差$$

$$CIF 价格 = CBOT 期货点价 + 基差 + 运费 + 保险费 = FOB 价格 + 运费 + 保险费$$

$$入关后价格 = CIF 价格 + 代理费 + 检验费 + 港杂费 + 包装费 + 关税 + 增值税$$

其中，FOB 价格常称仓底含税价，CIF 价格俗称到岸价。基差和运费是两个变数，从路透网可以查到，保险费数值较小，进口关税税率为 3%，增值税税率为 13%。

公式定价是指在向中国境内销售货物所签订的合同中，买卖双方未以具体明确的数值约定货物价格，而是以约定的定价公式来确定货物结算价格的定价方式。该种定价方式的一个显著特点是签订贸易合同时没有确切的成交价格数值，而只有价格公式，公式中的一些计算项目所代表的是买卖双方共同认可的某一时间点的市场行情。其优势是可综合体现市场的预见性、贸易灵活性和价格波动性。据了解，随着国际贸易的发展和演变，现在许多大宗货物的长期贸易合同均采用公式定价。例如，世界石油市场对原油的定价体系就大多采用这种公式计算法定价。目前这种公式定价成交方式在中国大宗货物进出口贸易中日益普遍，如天津口岸近年来进口的原油和大豆等粮食类产品等均为公式定价商品。

按照惯例，国际大宗农产品的国际贸易价格基本上是以 CBOT、ICE 等农产品国际定价中心的期货价格为基准进行点价的。中国对外进口依存度大的大豆、棉花、豆油等大宗农产品的定价基本上是以美国农产品期货价格为基准并加上升贴水来确定，中国是美国最大的农产品出口市场，以美国为主的涉农垄断寡头控制了世界近 80% 的农产品贸易量。由此可知，中国相当一部分"贵买贱卖"的国际定价权缺失现象实际上与美国农产品期货价格偏离供需基本面的"异常波动"紧密相关。在期货定价方式下，大宗农产品国际交易价格必然要受期货市场运行特点的影响，致使大宗农产品价格的影响因素多元化、复杂化。如前所述，期货价格信息会通过期现套利、交割、点价交易和信息溢出的方式向现货市场传导，因此决定国际大宗农产品期货价格的因素必然也成为影响国际大宗农产品价格的因素。

期价的变动直接关系到点价（如 CBOT 点价），是影响进口大宗农产品 FOB 价格的主要因素。期货市场的炒作就是炒作供需关系变化的预期，尤其是绕不开"美国因素"的主导。在经济景气时，需求因素成为炒作的主要因素，如以中国为主的新兴市场的需求；在经济不景气时，供给因素成为炒作的主要因素，如美国的干旱、生物质能源等。但影响供需关系变化预期的权威信息主要掌握在美国农业部手里，美国农业部发布月度供需报告，是国际农产品期货市场交易的主要依据，即美国掌握了决定市场交易决策的信息主导权。美国拥有期货交易平台主导权，即拥有大宗农产品定价中心，便有调节供给主导权，比如生物质能源的长期定价权、短期定价权。

二 涉农战略性商品的国内定价机制

各国政府对国内农产品拥有不同程度的定价话语权，其原因是多方面的，但主要可从政府保护扭曲定价和稳定国内价格两个方面来理解。一是政府保护必然带来各国农产品价格不同程度的扭曲。在全球经济一体化下，农业仍是最受各国保护的产业，一般工业越是发达的国家对其农业保护越重视，只是保护的程度和方式有差异而已，在相当长的时期内这种状况不易改变。WTO关于农业的谈判久议不决就是最好的例证。二是强需求刚性决定了市场化农产品价格具有易波动的特性，促使政府不得不稳定其价格。由于农产品的价格关系各国的国计民生，既关系各国农民的收入水平，又关系到各国消费者的生活福利，各国政府面临农产品"价高伤民、价低伤农"的困局，尤其是低收入群体对农产品价格非常敏感。农产品是人类生存的必需品，其需求相对刚性，并不会随着价格变动产生较大波动。为此，各国政府为稳定国内农产品价格进行了不同程度的调控。

1. 农业发达国家的国内农产品定价机制

农业发达国家一般也是工业发达国家，从世界上工业化国家的农产品出口量约占全球的60%中可得以验证（见图6-2）。由于农产品具有准公共品的特殊性，美、欧、日等国家的农产品国内定价长期以来都是实行政府调控下的市场主体定价方式，主要依据是国家明确规定主要农产品的目标价格，同时利用多种经济手段加以维持。

美国在1973年颁布《农业和消费者保护法》，提出了农产品收入支持"目标价格"。政府对主要农产品如小麦、玉米、棉花等都确定了目标价格，只要平均市场价格在规定时间内低于目标价格，就向生产者直接补贴目标价格和平均市场价格之间的差额。美国农业部还向农户提供与谷物平均贮藏费用相当的费用款项，提供这一款项的条件是，农户在达到政府规定的价格时才能出售贮藏的谷物。

英国政府也是根据农产品供求的变化进行农产品价格干预。英国政府在农产品供求平衡时实行自由价格，在供不应求时实行法定价格，在供过于求时实行保证价格。自由价格完全由市场来决定，法定价格由政府与农民协商决定，保证价格为政府一定干预下的自由价格。

法国政府对 95% 的农产品价格实行干预。法国政府的农产品市场管理委员会于每一农业年度之始，根据市场供需情况制定目标价格与干预价格。该目标价格是法国国内或欧盟内农产品短缺地区农产品价格变动的上限，也称指导价格。如果市场价格高于目标价格，政府就要在市场上以目标价格抛售农产品，加以平抑。干预价格一般比目标价格低 10%~15%，是保证市场价格下跌时农户能够收到的最低价格，以保护农民的利益。为干预农产品价格，法国政府还建立了农产品干预基金。

日本政府对农产品价格的管理有统一价格、稳定价格、最低保护价格等价格形式，并建立了农产品的稳定价格基金。实行统一价格的主要是大米，由政府统一规定大米的收购价格和销售价格。确定大米收购价的依据是大米的生产费用、再生产费用以及消费者生活稳定的需求。根据农产品的特点及其对经济生活的重要性，日本政府对各种农产品分别采取了不同的价格调控模式。

2. 中国涉农战略性商品国内定价机制

由于农产品具有准公共品的属性，中国农产品价格长期受到压制、扭曲，其价格低于应有的价值中枢。在经济对外开放的大格局下，中国国内涉农战略性商品价格的市场化改革正逐步推进，但政府调控下的市场定价仍将是中长期内国内涉农战略性商品定价的主要模式。如农资的定价已基本实行市场定价，对农资企业的补贴已转向对处于产中的农户实行农资补贴；大宗农产品的定价则以在确保农民收入目标的基础上采取综合措施（战略储备、收购价、农资补贴、国家发改委约谈、价格法）来规避价格的大幅波动，实现价格的平稳上涨；大宗食品的定价总体上按市场定价，但对猪肉等的涉农战略性商品开始实行储备调控以平稳市场价格。价格调控要确保在生产者剩余和消费者剩余间取得平衡。为此，事后的终端价格调控虽能起到平稳价格的作用，但调控力度受到成本上涨压力的削弱。

在对外开放的大格局下，中国政府对国内涉农战略性商品价格的宏观调控能力总体上不断弱化。目前，中国只控制得了自给率高的小麦、稻米的价格，玉米自主定价话语权随着进口量的持续增长和种子、农药的受控而日益变小。控制不了进口依存度很高的大豆、棉花的价格，也就控制不了以大豆、玉米为主饲料的畜禽肉的价格。政府多管齐下对涉农产业价值链上、中、下游的涉农战略性商品价格的协同调控将成为中国国内农产品价格调控的方向。产业链的反垄断将成为提高自主定价权的必然手段。为此，调节和稳定中国农产品和食品的价格要多管齐下，对大宗农产品实行战略储备稳定物价、保护价收购、农资补贴，对市场价格的异常波动进行正式的调控（以价格法为工具）和非正式的调控（商务部约谈）相结合。

2011年中国推广、健全稻谷等战略性农产品的"成本价格平台"，建立中国自己的重要农产品定价体系，旨在提升自主定价话语权。中国粮食流通实行的是政府调控指导下的市场形成价格机制，这一平台是为完善重要农产品价格形成机制，发挥价格引导市场、调解供求关系作用而建立的。对粮价到底该不该涨，其涨幅中又有多少属于合理范畴，国家在调控粮价时的判断依据又是什么，在有了战略性农产品的"成本价格平台"后，就能给出合理的答案。为了提升中国农产品在国际市场上的价格话语权，建立中国自己的重要农产品定价体系，"成本价格平台"实际上是一个全国性的动作。因为在对外开放格局下，对外进出口依存度高或国内产业（链）实体受制于FDI的涉农战略性商品，从定价权的视角看已经或正在失去国际定价权或国内自主定价权，在国际贸易上出现"贵买贱卖"、在国内市场上出现定价权日渐国际化或自主定价能力渐弱化的现象，产业的巨大经济利益受到盘剥而危及国家经济安全，产业陷入依附性发展陷阱或处于自主持续发展受威胁的状态。

三 涉农战略性商品全球价值链治理下的定价机制

涉农战略性商品全球价值链治理下的定价实质上是多种定价结合，但主要是各环节涉农战略性商品的定价基本上服从于治理者的安排。

从全球价值链治理与经济租的理论体系中可以看出，拥有价值链的治理主导权，也就拥有决定价值链中的升级和租金的分配权，实质上也就拥有对价值链各环节生产的商品（资源、原料、半成品和产成品等）或服务的定价权，经济租可以理解为附加在商品价值上的超额利润或垄断（资源垄断、知识产权垄断和市场垄断等）利润。

根据全球价值链治理和经济租理论，价值链治理下各环节的产品定价公式可表述如下：

$$P_i = C_i + O_i + R_i + \varepsilon_i (i=1,2,\cdots,n)$$

其中，P_i（当 $i<n$ 时）表示在治理者主导下的某一（全球）价值链第 i 个环节的产品（半成品或产成品）在价值链内进行交易时的价格，P_n（当 $i=n$ 时）表示在治理者主导下的某一（全球）价值链第 n 个环节的产品（半成品或产成品）在对价值链外进行交易时的价格，C_i 表示在治理者主导下生产某一（全球）价值链第 i 个环节的产品（半成品或产成品）的实际成本，O_i 表示在治理者主导下生产某一（全球）价值链第 i 个环节的产品（半成品或产成品）的机会成本或生产该环节产品的所有投入在其他作何场合都能得到的平均回报，R_i 表示由某一（全球）价值链治理者分配给第 i 个环节的产品（半成品或产成品）的经济租，ε_i 表示在治理者主导下的某一（全球）价值链第 i 个环节的产品（半成品或产成品）在价值链内进行交易时价格的随机误差项。

新兴发展中国家的企业在参与国际大分工时，一旦以自身的比较优势（如资源优势、劳动力成本优势、生产能力或成本优势等）嵌入全球价值链，就必须服从跨国公司或国际级产业寡头的治理，服从治理主导者给予的经济租的分配，只能被动接受其为下个价值链环节所生产的商品（原料、半成品或产成品）或服务的定价。同时，也只能被动接受来自价值链内的上个环节的原料或半成品的价格，而其中高附加值的战略性环节（高经济租环节）基本上已由全球价值链治理主导者直接投资或掌控。

全球价值链治理主导者通过掌控或垄断产业链的一些高附加值环节，进而对各产业链环节的定价权进行控制，如以技术驱动的价值链治理下的技术定价、以市场驱动的价值链治理下渠道为王的定价、以生产驱动下的大型连锁零售商主导的价值链治理（买方垄断定价）、全产业链联合治理下的垂直压榨定价（全球转基因大豆贸易实质上实行纵向约束式定价）。全球具有定价优势的治理者利用其市场势力掌控高附加值环节的定价权一般体现在：生产资料的卖方定价、农产品流通环节的大型企业利用其市场势力的买方/卖方定价、大型连锁零售商利用其市场势力形成买方/卖方定价等。

中国各涉农组织被锁定在各涉农战略性商品全球价值链的各个低附加值环节——种植业、养殖业等，各高附加值环节在国际上基本被有定价权的国际涉农寡头把控，在中国国内也渐被国际涉农寡头纳入掌控定价权的战略性布局中，如种业、生产资料、农产品国际流通环节、食品流通环节、农产品的精深加工等。全球价值链的高端地位体现的是流通能力、品牌能力、价值转换能力等的强大，在国际加工中属于水平分工。而目前中国则是垂直分工，并且处于价值链的低端，与发达水平还有一定差距。例如，中国畜禽肉制品的价格在相当程度上取决于国际豆粕和玉米的价格，自主定价权或议价能力相当薄弱。

第三篇

实证研究

第六章
涉农战略性商品国际定价权的影响因素分析和案例研究

在国际贸易方面,涉农战略性商品国际交易价格主要存在两种定价方式:一是期货定价,即以双方同意的期货市场价格为现货交易的基准价格并加上升贴水来确定;二是谈判定价,即通过供需方间谈判来确定长协合同价格。对于这两种定价方式,中国涉农战略性商品都存在"贵买贱卖"现象的国际定价权缺失问题。本章通过典型案例与理论分析相结合来剖析这两种定价权的相关影响因素,为后面章节揭示中国涉农战略性商品定价权缺失的深层成因奠定基础。

一 基于期货定价的涉农战略性商品国际定价权影响因素的理论分析——以大宗农产品为例

当前在国际交易市场上,基于期货定价的涉农战略性商品主要为大宗农产品,具体为玉米、大豆、小麦、稻米、食用植物油和棉花等。本章通过研究国际农产品定价中心的农产品期货价格波动的影响因素,来把握影响农产品国际定价权的相关因素;通过对"异常波动"的典型案例剖析来综合揭示以CBOT为主的农产品期货价格在近几年屡屡大幅波动事件背后的相关因素,深入探讨在大宗农产品国际交易定价博弈中各参与利益主体如何对中国定价权缺失产生影响。

(一) 国际大宗农产品期货价格波动的影响因素分析

微观经济学理论强调在市场竞争机制下，商品的均衡价格主要由供求关系来决定。但在期货定价方式下决定国际大宗农产品期货价格的因素也是影响国际大宗农产品价格的因素。总结起来，这些因素包括国际黄金价格、国际原油价格、市场流动性、供求因素、供求主体格局、政策因素、金融货币、国际基金炒作、期货市场微观结构等。

近年来，由于农产品的能源化和金融属性日益凸显，国际农产品市场日益受到气候变化、石油价格、生物质能源、国际金融资本等非传统因素影响，呈现波动性、不确定性和风险性加剧的态势，农产品价格波动更为敏感。由于国际基金、生物质能源政策（美国的玉米乙醇相关政策）、主产国的农产品战略性贸易政策等是分析基于期货定价的涉农战略性商品国际定价权的影响因素，为此很多常识性的东西都要放到前面来分析，而后面的原因分析着重于更宏观、更系统的分析；国际定价权缺失问题只有在价格的涨跌或波动中才会出现，为此，影响涉农战略性商品价格波动的影响因素相当一部分也是涉农战略性商品定价权的影响因素，而涉农战略性商品定价权的影响因素必然影响涉农战略性商品的价格波动。为此，全面剖析基于期货定价的涉农战略性商品价格波动的影响因素，对揭开涉农战略性商品定价格权的影响因素具有重要意义。

1. 涉农战略性商品国际定价权的主要影响因素

（1）黄金价格

由于大宗农产品等涉农战略性商品的金融属性日益凸显，因此其与黄金价格的相关性会日益明显。黄金价格的变化一般会与原油价格的变化正相关，与涉农战略性商品计价货币——美元等指数负相关，而涉农战略性商品一般与原油价格正相关，与美元指数负相关。为此，黄金价格对涉农战略性商品价格的影响表现为间接影响，且间接的正向影响和负向影响会相互抵消一部分，总体影响变小。因此，本书在分析以大宗农产品价格波动为例的涉农战略性商品的价格波动的影响因素时，在定量分析中不选取黄金价格指标作为影响因素。

（2）原油价格

原油价格通过三条途径传导给大宗农产品等涉农战略性商品：一是引

发原油下游的农膜等农资的直接生产成本同方向变化；二是原油价格与涉农战略性商品生产的能源费用、运输的燃料成本和加工的能源成本等间接成本呈正相关；三是原油价格信息产生溢出效应，一方面滞后传导给其他资源性大宗农资原料而引发氮肥、农药等农资生产成本同方向变化，另一方面传导给农产品期货市场而引发农产品期价的波动和现货价的联动。

（3）货币流动性

货币流动性是指当利率低到一定程度时，整个经济中所有的人都预期利率将上升，从而所有的人都希望持有货币而不愿持有债券，投机动机的货币需求将趋于无穷大，若央行继续增加货币供给，将如数被人们无穷大的投机动机的货币需求所吸收，从而利率不再下降，这种极端情况即所谓的"流动性"。货币流动性过剩，指货币数量远远超出货币需求，过多的货币追逐较少的商品，同时在货币数量剧增状况下，货币资金为追求高额利润必然脱离实际生产体系，疯狂操作大宗商品。根据货币数量理论（Quantity Theory of Money）的费雪方程式的修正式来解析货币供应量同经济活动及物价水平的相互关系，具体的费雪方程式（Fisher Equation：$MV=PT$）的修正式为：$MV=PT+S$。其中，M指货币供应量，V指货币流通速度，P指平均价格水平，T指商品和服务的交易量，S代表资本市场对货币的需求。理论假设货币流通速度（V）、交易量（T）和资本市场对货币的需求（S）在短期内不发生改变，这样，货币供应量（M）的增加会引起平均价格水平（P）的增加，导致通货膨胀。

衡量货币供应量（M）的指标包括 M0、M1、M2、M3 等，M0 指流通中现金。M1 指"狭义的货币"，通常是由流通于银行体系之外的、为公众所持有的现金及商业银行的活期存款所组成。M2 指"广义的货币"，在 M1 的基础上加入了商业银行的定期存款。M3 则在 M2 的基础上又加入了非银行金融中介机构的负债。实践中，各国对 M0、M1、M2 的定义不尽相同，但都是根据流动性的大小来划分的，M0 的流动性最强，M1 次之，M2 的流动性最差，但 M2 反映的是社会总需求的变化和未来通货膨胀的压力状况，通常所说的货币供应量主要指 M2。广义货币涵盖了不同金融机构持有的各种货币形式，能较好地适应现代经济的需要，已成为发达国家货币当局关注的重要指标。例如，美联储在 2008 年秋雷曼兄弟公司倒闭以来采取了第一轮量化宽松货币政策（QEl），以及 2010 年第二轮量化宽货币政策（QE2），提高了国际储备货币——美元的市场流动性，旨在刺激美国经济发展并改善就业，其结果是美元贬值、国际大宗商品价格上涨、通货膨胀。2012年6月以来对第三轮量化宽松货币政策（QE3）推出的强烈预期也不时成为推动国际大宗商品价格上涨的一大因素。同时，欧盟为了摆脱主权债务危机，对与美元同样是国际储备货币的欧元实施实质上的量化宽松政策，推高国际大宗商品的价格。如分别发生在2008年、2010年和2012年的三次国际大宗农产品价格大幅波动，大宗农产品价格受到了各种各样因素的影响，但也离不开国际基金的炒作。

（4）供求因素

供求因素是影响大宗商品价格的根本性因素，在长期中发挥着决定性的作用。其他各影响因素最终都会以不同的形式综合表现为对全球大宗农产品供需变化预期的影响，进而影响大宗农产品的价格走势。例如，恶劣天气造成粮食减产，导致粮价上涨；金融危机导致经济景气下降、需求萎缩，粮食、能源等大宗农产品价格下跌；以玉米、甘蔗等农产品为主原料的生物质能源政策，尤其是美国强指令性的玉米乙醇生产，正导致全球粮食供给减少，推高全球大宗农产品中长期价格；政策因素中进出口配额、价格补贴、储备吞吐等，对价格的影响往往也是通过其对供需关系的影响来实现的。

宏观调控政策，尤其是全球大宗农产品的出口国（美国、巴西、阿根廷等）和进口国（中国、印度等）的宏观调控政策，通过运用货币政策和财政政策，可以间接或直接影响需求，进而影响国际大宗农产品交易价格。图6-1中所列举的其他因素，也会在一定程度上通过影响供需关系进而影响价格。

（5）全球供求主体结构

全球大宗农产品供求主体可以从以大宗农产品进出口国为主体和大宗农产品供求的市场主体来划分。对两种全球供求主体结构的分析有利于深入对比剖析涉农战略性商品价格影响因素的供求格局。以全球大宗农产品进出口国为主体来看有以下结论。

一方面，发达国家是全球农产品的主要出口国，约占全球农产品出口份额的60%（见图6-2），其中农业生产资源禀赋优异的美国是世界上大宗农产品（大豆、玉米、小麦）的最大生产国和最大出口国，发展中国家

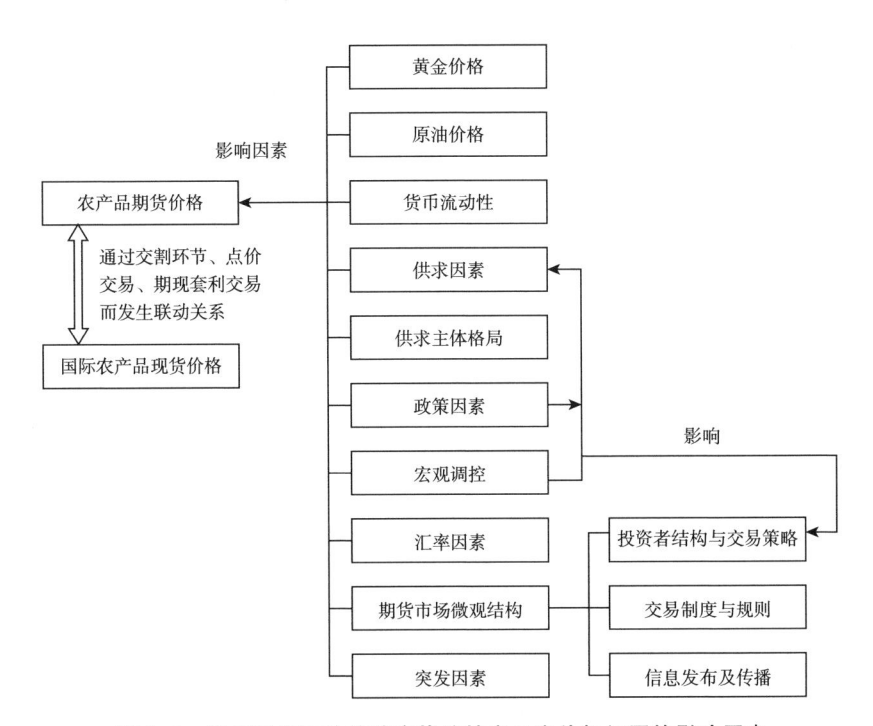

图 6-1 基于期货定价的涉农战略性商品定价权问题的影响因素

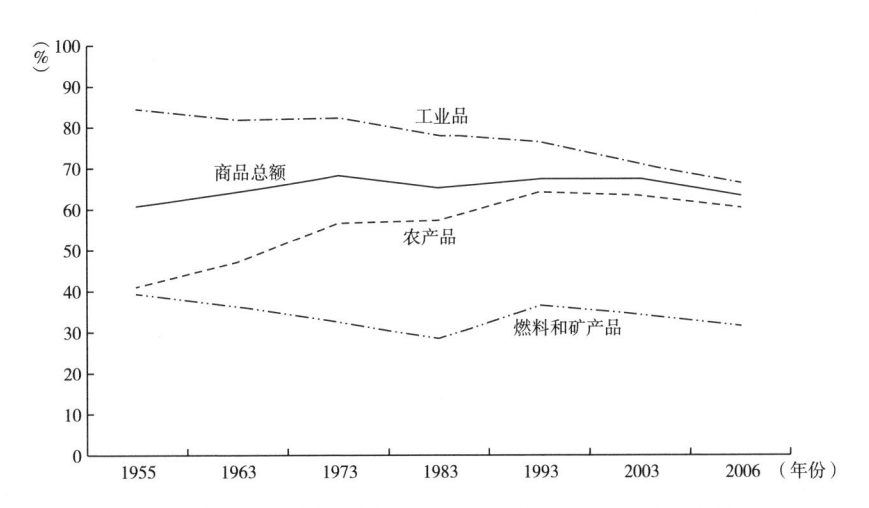

图 6-2 1955~2006 年工业化国家在世界重要商品类的出口份额

资料来源：GATT，世界贸易网，1955~1978 年；国际贸易，1979~1992 年；WTO 统计数据，1993~2006 年。

农产品的生产大国和出口大国主要是南美的巴西和阿根廷。根据2008财年美国农业贸易表,美国是一些大宗农产品的主要出口国,同时也是其他深加工食品的重要进口国。美国农产品进口额和出口额在2008财年比往年都高,达到历史最高水平。玉米、大豆、小麦、红肉(猪肉和牛肉)和棉花等大宗农产品在美国出口名单上位居前列;而在贸易平衡表的另一边,美国进口的农产品主要是深加工和其他价值较高的食品,如红酒、啤酒、水果、蔬菜和零食都位于进口食品的前列。美国几乎与世界上每一个国家都有农产品贸易,但是仅有少数几个国家主宰着美国粮食贸易。加拿大在2010年前一直是美国最重要的出口市场,又是美国最重要的进口商品来源地;墨西哥与欧盟也位于美国进出口名单的前列;而中国在美国2008年的进出口名单中仅位列第四,美国对中国的农产品出口额是进口中国农产品数额的3倍多。中国近几年自美国的进口额增长快速,在2010年超过加拿大成为美国最大的农产品出口国。

另一方面,中国、墨西哥、印度等是发展中国家大宗农产品进口大国,尤其是中国和印度等新兴经济体,经济的持续增长带动了大宗农产品需求的强劲增长。国务院发展研究中心研究员程国强表示,在未来5~10年,中国将成为世界上最大的农产品进口国。据了解,自加入WTO以来,中国粮食出口从当初的150吨增长到2010年的500吨,中国粮食进口增长比较快,从当初的100多亿美元增长到2011年的948.7亿美元(2011年比2010年增长30.8%)。在今后可预见的几年之内,中国进口规模会达到1500亿美元,也许会超过欧盟和美国,成为全球最大的农产品进口国(王小波,2012)。从中国进口来源地看,中国进口农产品主要来自美国、巴西和东盟,其中美国是最大进口来源地,也是最大的大宗农产品来源国。据海关信息网统计,2011年中国自美国进口农产品232.6亿美元,同比增长24.9%,占同期中国农产品进口总额的24.8%,占比近1/4,进口额远远高于排名第二的巴西,美国成为中国农产品进口第一大来源地。此外,中国自巴西进口156亿美元,同比增长45.4%;自东盟进口145.9亿美元,同比增长36.2%。从中国进口农产品的结构看,中国对外依存度高的农产品种类包括大豆、棉花、植物油和食用糖等品种。中国是世界第二大玉米消费国、最大猪肉消费国、糖的主要消费国,随着国内需求猛增而产量有所下降,这些产品的进口量都在增加。据统计,中国的主要粮食品种,包括大米、小麦和玉米等对国际市场的依赖程度相对较低。

综上可见,以国家为分析单元,美中两国成了全球最大的大宗农产品供需国,对国际大宗农产品供需格局和国际大宗农产品的价格都具有非常重要的影响。美国是全球最大的大宗农产品出口国,也是中国最大的大宗农产品来源地,中国在5~10年内将越过欧盟、美国成为全球最大农产品进口国。但中国至今无法将强大的需求优势转化为国际大宗农产品的议价优势,仍是大宗农产品国际价格的被动接受者,而美国拥有国际大宗农产品定价中心——美国CBOT和美国洲际交易所。

表6-1 2007年10月至2008年9月美国农业贸易一览

出口	价值(十亿美元)	进口	价值(十亿美元)
饲料用谷物*	15.8	红酒和啤酒	8.4
大豆	14.6	新鲜水果	5.5
小麦	12.3	加工水果和蔬菜	5.3
红肉**	8.2	零食	5.2
棉花	4.8	植物油	4.7
奶制品	4.1	红肉	4.7
禽肉	4.0	新鲜蔬菜	4.5
加工水果和蔬菜	3.7	咖啡	3.7
新鲜水果	3.6	活体动物	2.9
全部其他产品	44.4	全部其他产品	34.2
全部农产品	115.5	全部农产品	79.1
加拿大	16.2	加拿大	17.9
墨西哥	15.6	欧盟	15.8
日本	13.1	墨西哥	10.8
中国	11.2	中国	3.4
欧盟	10.7	印度尼西亚	2.7
全部其他国家	48.6	全部其他国家	28.7
全部国家	115.4	全部国家	79.3

注:* 主要指玉米,但是也包括高粱、大麦和燕麦。
** 主要指牛肉和猪肉。
资料来源:〔美〕帕特里克·韦斯特霍夫著《粮价谁决定》,申清、郭清华译,机械工业出版社,2011。其计算结果基于美国农业部"BICO"在线数据库2009年3月的数据。

从全球大宗农产品供求的市场主体来看，供求因素主要强调对供给量、需求量的影响，以及相应地引起供求关系的变化。供求因素对价格的影响在完全竞争的市场中体现得比较明显。例如，恶劣的天气引起供给减少，出现供不应求的状况，就会引起买方之间的竞争，从而推动价格上涨。需求萎缩会导致供过于求，卖方之间竞争，推动价格下跌。

在现实中，包括大宗商品在内的许多商品并不是完全竞争的。如原油，其买方众多，竞争充分，而卖方主要是几个产油大国，它们通过 OPEC 等组织实施一定的合谋，便可提高对价格的控制力。这意味着，即使全球供求因素不发生实质性的变化，OPEC 组织的决策变化、内部合作关系、市场份额变动等都会对油价产生影响。再例如，国际粮食市场上，少数发达国家的跨国公司在农产品价格上有一定的主导权或定价权。拥有 80% 世界粮食交易量的四大跨国粮商"ABCD"，凭借资本与经验的优势，已完成对上游原料、期货、中游生产加工、品牌和下游市场渠道与供应的绝对控制权，是国际大宗农产品定价的重要参与者与决定者。而中国等战略性农产品的进口大国市场主体对大宗农产品国际定价的影响力小，成为国际大宗农产品价格的被动接受者。巴西、阿根廷等大宗农产品出口大国的市场主体也几乎没有定价权。

(6) 宏观调控因素

宏观调控因素会从两个渠道影响大宗商品价格的走势。第一个渠道，主要国家的财政、货币政策会通过影响需求来影响商品价格。例如，欧元和美元都作为国际储备货币，近年来欧盟和美国分别为了摆脱主权债务危机和金融危机而实施的量化宽松货币政策必然推动国际大宗农产品等大宗商品价格的上涨；美联储在 2008 年秋雷曼兄弟公司倒闭以来采取的第一轮量化宽松货币政策（QE1）和 2010 年第二轮量化宽松货币政策（QE2），并通过降低利率来刺激投资、消费等需求，带动经济增长，成为大宗农产品等大宗商品价格上涨的原因之一；中国实施刺激经济增长的政策也会影响大宗农产品需求增加的预期，进而推动国际大宗农产品价格的上涨。第二个渠道，主要国家的财政、货币政策的变化会影响投机资金进出大宗农产品市场（尤其是期货市场），进而影响其价格，这成为近年来影响国际大宗农产品价格大幅波动的重要因素。

(7) 美元指数

美元指数（Us Dollar Index，USDX）显示的是美元的综合值，是通过计算美元与六种国际主要外汇汇率的平均值得出的，能衡量美元对一篮子货币汇率的变化程度，是综合反映美元在国际外汇市场汇率情况的指标，能衡量美元的强弱程度。美元指数上涨，说明美元与选定的一篮子其他货币的比价上涨，也就是说美元升值，那么国际上以美元计价的大宗商品的价格应该下跌。由于国际大宗农产品定价中心主要是美国 CBOT 和美国洲际商品交易所，大宗商品国际定价都以美元计价，美元指数的变化成为影响商品价格的一个重要因素，从过去 30 多年美元与国际大宗农产品价格的相互关系看，两者呈现很强的负相关性。

（8）生物质能源

以欧美为主的生物质燃料大力发展直接导致大宗油料农产品价格的大幅上涨，尤其是以玉米为主原料的美国生物质能源指令性计划主动创造出对大宗农产品有效的工业需求，从而大大增加了人类粮食供给的弹性。而人类粮食需求仍呈刚性且持续增长态势，为此全球粮价是否大幅上涨完全取决于供给端的调控。以欧美为主的生物质能源政策从三个方面扭曲了国际大宗农产品市场价格：一是农户被鼓励将更多的土地用于生产生物质燃料，尤其是用于生产乙醇的玉米大幅增长导致玉米种植面积直接增加，由于玉米作为土地资源密集型的大宗农产品具有很大的"挤出效应"，其他作物的播种面积因其挤出效应而减少，从而带动大豆、小麦等大宗农产品价格的上涨；二是生物质燃料的大力发展直接导致大宗油料农产品价格的大幅上涨和食用油价格的大幅上涨，尤其是玉米作为最重要的饲料粮，其价格上涨将正向传导给下游的肉、蛋、奶等食品；三是生物质能源的生产助推了国际基金对粮食的投机行为，导致粮价持续飙升。2008 年世界银行的一份机密报告称，美欧大力发展生物质燃料，才是影响粮食供给和价格上涨的最重要因素；生物质燃料的影响在全球粮价上涨幅度中占了 75%的比重，远高于美政府早先 3%的估计。部分农产品的能源属性逐渐增强。根据联合国粮农组织（FAO）的测算，2011 年度全球粗粮的工业利用总量将达到 2.6 亿吨，约占总利用量的 23%，比 2010 年增加 2%。其中玉米作为生产乙醇生物质燃料的用量增长迅猛。2011 年估计用于生产乙醇的玉米总量约为 1.37 亿吨，其中美国的比重达到 94%。美国玉米出口量约占全球玉米出口总量的 55%，粮食的能源消费需求扩张是一个新的潜在助涨农产品价格的因素（巴曙松，2011）。

(9) 国际基金行为（国际投机资金的炒作）

投机资金向大宗商品市场（尤其是期货市场）流入是近年来影响大宗商品价格的重要因素。尤其是低保证金的期货买空卖空制度可以放大资金的杠杆作用，推动大宗农产品期货价格的大幅波动和现货农产品的联动。

投机资金的形成有以下几个方面的原因。一是宽松货币政策导致的流动性过剩，低利率和缺乏对证券市场的信任支撑，使资金迫切需要出口。期货市场具有杠杆性、流动性等特点，是理想的投资工具，可以吸引大量投机资金进入。二是投机资金做多大宗商品市场，有着基本面的判断依据。宽松货币政策是刺激需求的因素，也是导致物价上涨的因素。此外，中国、印度等新兴市场国家对大宗商品需求旺盛，这些利多因素会支撑其在大宗商品市场做多。三是专业化的机构投资者是促使资金流向期货市场的重要主体。期货交易机制比较复杂，行情判断和操作需要很强的专业性。在国外，通常以基金形式汇集社会资金实现投资。主要的类型有对冲基金、管理期货和商品指数基金等，此外还有欧美养老基金、捐赠基金、保险资金乃至一些国家的主权财富基金。他们将大宗商品作为其主要的投资对象，但一般不会涉及现货商品的买卖，通常是投资与商品相联系的衍生金融工具，如商品期货、期权和商品互换等。例如，商品基金采取的投资策略是根据所跟踪的商品指数包含的一篮子商品，按一定的权重买入并持有不同品种商品期货。目前，国际商品指数基金主要跟踪的商品指数有高盛商品指数（GSCI）、路透CRB商品指数（CRB）、道琼斯－AIG商品指数（DJ-AIGC2），其中跟踪资金规模最大的商品指数为高盛商品指数。四是监管上对商品指数基金在持仓限额上的宽松规定，也是推动其大规模进入大宗商品市场的原因。在美国，作为期货监管机构的商品交易管理委员会（CFTC）会根据投资者的性质将其持仓区分为商业性持仓和投机性持仓，前者不受持仓限额的限制，后者则受持仓限额的限制。而CFTC将商品指数基金列入商业性持仓中，无疑使其免受持仓限额的限制。商品指数基金借助其资金优势大量建仓从而成为主导价格变化的重要力量。

第二个渠道对大宗商品价格变化带来的影响主要有两个方面。一是价格波动幅度增大改变了原来的多空双方力量对比，看多力量增加，导致大宗商品上涨幅度和速度都大于以往。大宗商品市场原来的投资主体主要是现货商品的生产商、贸易商、加工商等以及规模大小不等的投机者、套利者，但由于各种基金等机构投资者的大量参与，商品基金参与与否以看多进入居多，而管理期货遵循顺势而为策略，在商品基金做多时管理期货往往也会跟风而进。因此，在利多背景下大量资金看多买进，价格上涨幅度和速度都比较迅猛。同样的，当基本面因素发生变化，或资金面偏紧时，基金等也会大规模撤离，从而引起大宗商品价格暴跌。二是市场流动性增强。大量资金的涌入，使大宗商品市场交易量增加，流动性增强，进而又进一步吸引投机资金进入。国际投机资金主要包括全球共同基金和全球对冲基金，其中2010年7月以美国为主的北美洲的对冲基金规模占到全球的66%（见图6-3），成为对冲基金的最活跃的区域，这与美国作为国际金融中心的地位相称。全球共同基金季度规模在近几年稳步增长（见图6-4），资金量巨大，2011年第一季度达到25.61万亿美元。

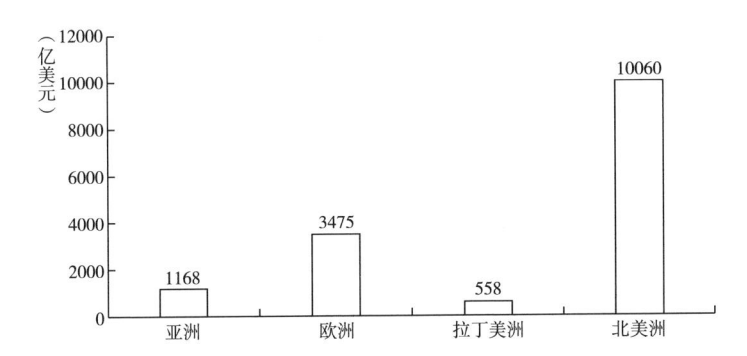

图6-3　2010年7月对冲基金规模全球分布

资料来源：ICI。

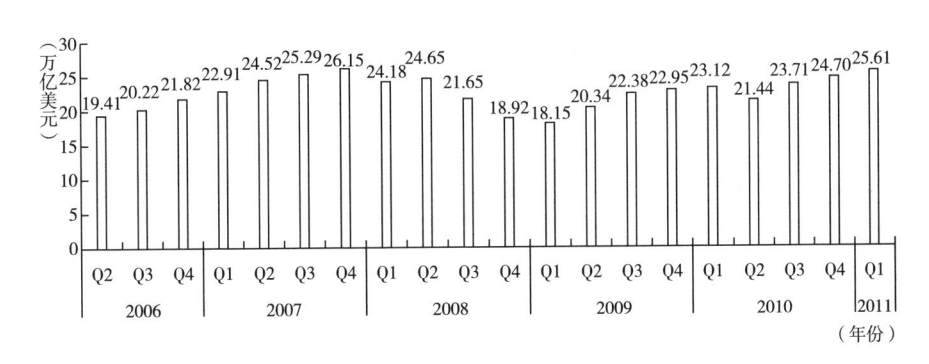

图6-4　全球共同基金季度规模

资料来源：ICI。

（10）市场微观结构

金融市场微观结构理论一般在证券市场应用比较多，主要探讨微观因素对价格和运行机制的影响。期货市场是典型的场内交易，具有集中公开竞价的特点，微观结构理论同样可应用于期货市场价格形成和运行机制的分析。

大宗商品期货市场的微观结构特点也会对大宗商品价格形成产生影响。当然，这主要针对以期货市场作为定价依据的大宗商品，例如农产品、能源等。大宗商品期货市场的微观结构特点是影响大宗商品价格变化的典型非实体性因素。也就是说，即使基本面没有变化，大宗商品价格仍会受这些因素的影响（偏离供需基本面的异常变动）。这主要是与特定品种期货市场的微观特点相联系的。

对期货市场微观结构的分析，主要集中在交易者构成及交易策略、期货交易制度与规则和信息发布与传播特点等方面。

第一，交易者构成及交易策略对大宗商品价格影响。如前所述，大宗商品期货市场的交易者构成近年来发生较大变化。对冲基金、管理期货、商品指数基金、养老年金、共同基金、国际投行及商业银行等金融机构纷纷投资商品市场。新的机构投资者加入，改变了原来的现货企业（基于套期保值目的）和投机者（机构或散户）的格局，专业机构投资者的比重上升。

机构投资者的交易策略对大宗商品价格变化产生重要影响。对套期保值头寸来说，由于在现货和期货两个市场持有反向头寸，由此形成风险对冲，即使期货市场价格发生不利变化，套期保值企业通常也不会频繁地通过了结头寸来止损。并且，其交易目的是规避风险，而不是获得风险性收益，因而其稳健的交易风格不会去追涨杀跌。有时候，当出现牛市中的回调，企业为了锁定销售收益，往往会卖出套期保值；而当出现熊市中的反弹时，企业为锁定采购成本，往往会买入套期保值。这两种操作方向往往是逆市而行，因而不会造成价格大幅度波动。

与套期保值者不同，机构投资者则是为了获取风险收益，其头寸方向变化较灵活，交易频率高。顺势而为、追涨杀跌是基金的主要操作手法。它们通过对基本面的分析和预测来判断方向。当趋势确定下来，就大量建仓，顺势而为的特征显著。与套期保值的稳健操作相比，机构投资者对价格波动的影响更大。不过，当价格变化超过一定限度，即超出基本面支撑之后，基金往往不会再同方向增持头寸。对投资者来说，通过分析各类交易者的持仓量和持仓方向的变化，可以预测价格未来的变动趋势。

第二，期货交易制度与规则会对期货价格产生实质性影响（定价机制的相关规则）。为了控制期货交易风险、防范大户操纵市场，监管机构或交易所会通过相关法律法规或交易所规则来约束交易者行为。但在具体实施中，受各种因素影响，各国在相关制度上的规定存在差异性，这在一定程度上对期货价格形成产生影响。

以美国为例，为了保护期货市场免于过度投机，从而导致过度的和不合理的价格波动，商品期货法案（CEA）授权CFTC加强对期货市场投机持仓的限制。但对于CFTC来说，在对投机持仓进行限制的同时，也需要考虑投机者对活跃市场的作用，尤其是近年来各种基金大量涌入商品期货市场，成为美国期货市场重要的交易群体。如果过于严格地限制，将会降低这些基金参与美国本土期货市场的交易意愿，进而转向欧洲等地区的期货市场，这显然不符合美国本土的利益。因此，我们看到，在CFTC每周公布的持仓报告的代表套期保值头寸的商业性持仓中，商品指数基金持仓也被统计在其中。而从2003年开始的商品大牛市中，与商品指数相关的基金活动已经超过了商品基金、对冲基金等传统意义上的基金规模。由于商品指数基金的持仓被列入商业性持仓中，因此不受持仓限额的限制，商品指数基金借助其资金优势大量建仓从而成为主导价格变化的重要力量。

在国际竞争的背景下，各国期货交易所在订立交易规则和制度时一方面要考虑如何使交易公开、公平和公正；另一方面必须要考虑如何使期货市场对投资者包括本土投资者和境外投资者具有吸引力，因为市场活跃是交易所生存和竞争的重要指标。例如，英国的法律并不要求LME对投机活动进行打击，交易者可不受持仓限制而随意购买所需要的头寸。由于英国对期货交易监管宽松，LME与COMEX相比，在金属期货交易上占据优势，并确定了其在金属市场上的领军地位。

第三，信息发布与传播的特点对期货价格的影响。期货交易在某种意义上是对信息的交易，任何影响商品供求变化的信息发布，都会影响交易者的决策，进而影响期货价格。期货市场在各种交易者的参与下，成为对信息非常敏感的场所。

在现实交易中，信息的获取是有成本的，也就是说对所有交易者来说信息都是不完全的。交易者往往会集中关注某些信息，从而导致这些信息源成为影响价格变化的至关重要的因素。进一步，这些信息源就获取了影响期货行情的"筹码"。以大豆市场为例，美国农业部（USDA）作为美国政府管理农业事务的部门，其主要职责是定期公布数据，引导美国农民种植。这些报告包括月度供需平衡报告、出口检验报告、种植意向报告、最终种植面积报告等。美国农业部在每个月第二个星期的中部标准时间上午7:30发布月度供需报告，包括本年度产量的预估值、出口、国内用量、上年度期末结转库存以及本年度年终期末库存预估值等。在美国农业部月度报告出台前的一星期，几家私人企业会公布它们的估计值，这些估计值的平均值就是市场对农业部报告的预测值，如果美国农业部的数值与这些私人企业的报告相差甚远，CBOT 大豆期价就会出现大幅波动。因此，美国农业部发布的信息成为影响交易者对大豆期货价格预期的重要因素。美国农业部发布的信息之所以至关重要，可能与其发布数据的免费性、公开性、及时性和唯一性有关。

由于市场对美国农业部发布的信息集中关注，这在一定程度上使期货价格在反映信息上具有选择性和片面性。而作为消费大国的中国、生产大国的巴西和阿根廷，缺少与美国相抗衡的权威信息发布主体，这使得美国提供的与全球大豆供求相关的信息（包括预测信息）成为主导价格走势的重要力量，而其他对大豆市场产生实质性影响的因素则没有充分反映到价格上，从而减弱了对价格的影响力。

除了一些信息发布机构的信息之外，交易所发布的相关信息也是影响期货价格的重要因素，最典型的就是交易所发布的库存信息。根据经济学理论，库存反映的是现有的供给量，而库存的增加或减少则会反映市场供求力量的变化。当库存持续增加时，反映市场需求不足，是价格走低的因素；而当库存持续减少时，表明市场需求旺盛，价格会走高。但在现实世界中，全球范围内的生产商、贸易商和消费商手中持有的库存数据，是不会对外公布的，因此很难统计。这种库存被称为隐性库存（Invisible Stocks）或非报告库存。而期货交易所制定交割仓库的库存信息比较透明，因此被称为显性库存（Visiblestocks 或 Apparentstocks）或报告库存、交易所库存。交易所可借助对交割仓库的管理权利而获取详细的交割仓库库存的变化数据并予以公开。因此对交易者而言,交易所公布的库存信息成为替代整个社会库存变化的信息源。典型的,如在金属市场上,世界比较有影响力的库存信息是由 LME、COMEX 和上海期货交易所（SHFE）定期发布的。

(11) 突发因素

全球农业产区的干旱、洪涝灾害等自然灾害都会大大影响农产品的生产和供给预期,引发大宗农产品的期价和现价的短期波动。如 2012 年,美国发生了罕见的大干旱,导致农产品供给预期减少,引发了美国大宗农产品期货价格的大幅波动和现货价格的联动。美国农业部（USDA）供需报告显示,美国干旱天气致使美国大豆、玉米等粮食单产大幅下降,推动大豆、玉米、小麦等大宗农产品价格暴涨,芝加哥期货交易所（CBOT）的玉米、小麦和大豆的价格自 2012 年 6 月低点以来涨幅已分别高达 56%、55% 和 26%。显然,国际投机资金对突发因素的关注和炒作会对国际农产品价格的波动起到推波助澜的作用。

(二) 国际大宗农产品价格异常波动的影响因素分析

基于期货定价的大宗农产品的国际价格分别在 2004 年、2008 年、2010 年出现偏离供需基本面的波动（见图 6-5）,此波动被程国强称为"异常波动",而正是这种难以预期的大幅波动让中国企业屡屡出现"量减价增"或"贵买贱卖"的国际定价权缺失现象。如中国大豆产业在 2004 年、2008 年、2010 年的三次大豆价格的大幅波动中付出了沉重的代价,不

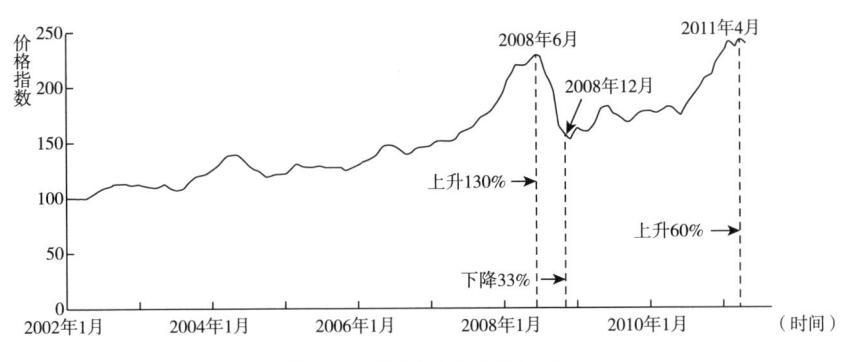

图 6-5 国际粮食价格波动

注：2002 年 1 月为基数 100。
资料来源：IMF。

少企业因此亏损、倒闭而被外资低价并购，其中 2004 年的大豆风波事件尤为典型，并引发"大豆国际定价权丧失"的初步思考；2010 年棉花价格"离奇的大幅波动"（见图 6-6）引发"棉花重蹈大豆覆辙"的极大忧虑。以对外依存度高的大豆和棉花为例来分析，期许从屡屡出现的"偶然性"揭开蕴藏在其中的"必然性"，旨在剖析其背后的影响因素。研究结果表明，大豆和棉花价格大幅波动与中国相关产品定价权缺失的成因基本相同。

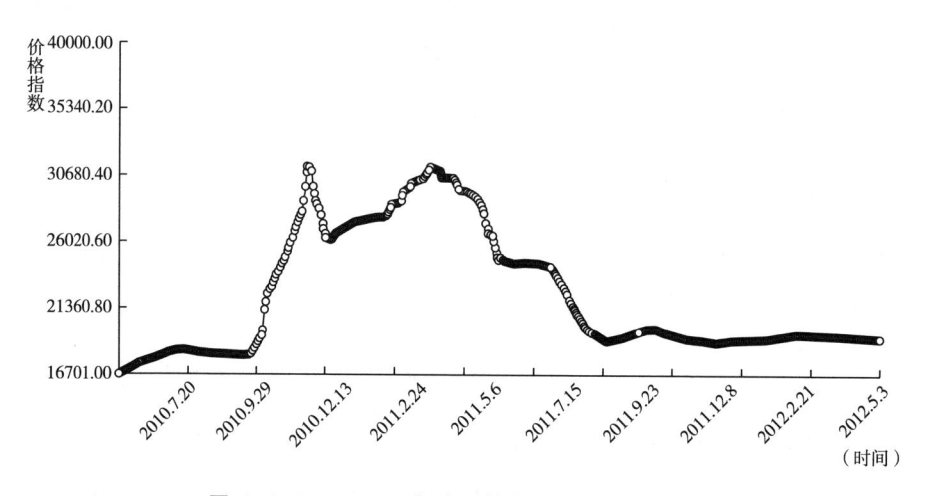

图 6-6　2010~2012 年中国棉花价格 328 指数波动

资料来源：凤凰网。

国家自然科学基金项目在关于"2004 年大豆风波事件"的案例研究中，对其偏离供需基本面的价格波动得出基本共识：就客观结果而言，USDA、CBOT、大豆协会之间形成了良好的互动机制，各机构在此基础上密切合作，共同维护美国大豆产业的利益；USDA 适时发布的权威数据、国际基金炒作是一个环环相扣、互为促进的过程，而将此过程向前和向后延伸来看，无论是 CBOT 基准合约价格对大豆国际定价的影响、美国粮商对大豆主国际贸易渠道的控制，还是事后美国大豆协会访问中国就"大豆风波"所做的解释，都是其中的重要一环，这一切离不开一个统一运作、协调运转的机制（李艺、汪寿阳，2007；吴冲锋，2010）。

农产品日益金融化加剧了大宗农产品国际价格的不确定性，也加剧了中国国际定价权缺失导致的"贵买贱卖"现象。在国际贸易市场中，很多基金纷纷对中国的需求做出预测，有的夸大中国需求拉动国际市场价格中的作用，导致国际期货市场的价格上涨。国际投机商对中国的购买契机拿捏得很准，每当中国厂商即将进入国际市场的时候，大宗商品的价格很容易就被国际炒家炒高，这对中国经济发展造成额外的损失。

基金的操作行为虽然并不能改变期货价格的长期走势，但短期内基金可以利用期货市场大肆炒作，从而带动现货价格剧烈波动，并成为价格风险的重要来源。因此，基金的投机行为对市场价格的影响不容忽视。CBOT大豆期货指数周线与DCE大豆期货指数周线场价格趋势与非商业和非报告在非金融市场中的合并净头寸的波动相近，这可以很好地说明投机资金助推了2004年、2008年和2010年的大豆价格波动。以2004年"大豆风波"为例：首先，USDA发布的大豆市场供求信息为基金的投资策略提供了基础，基金与之匹配的持仓行为可以说是顺势而为；其次，基金短时期内大量涌入CBOT大豆市场，期货市场上的合约供求关系迅速发生变化，并导致价格发生剧烈波动。于是在大豆期货价格大起大落的背景下，"大豆风波"便形成了。棉花上涨行情始于美国洲际期货交易所（ICE）。自中国加入WTO以来，随着全球棉花市场一体化进程的加快，外资棉花企业逐步进入国内棉花市场，引起了棉花业界和媒体的关注。特别是，国内大豆压榨业被跨国巨头挤垮之后，进一步加深了政府和公众对国内棉花定价话语权丢失的担忧。棉花价格急剧上涨与下跌已经引起了业界以及政府的高度关注，有媒体甚至认为"棉花市场可能重蹈大豆市场覆辙""棉花定价话语权有可能落入外人手中"等。

二 基于谈判定价的涉农战略性商品国际定价权影响因素分析——以钾肥为例

战略性农资原料和农资的进出口大多采用谈判定价的方式：一是中国对外进口依存度很高的磷肥的重要原料——硫黄（对外依存度约为70%，年进口量约1000万吨）、钾肥（对外依存度为50%~70%，年进口量约500万吨）等；二是对外出口依存度很高的鱼类，如鳗鱼等。但上述涉农战略性商品在进出口方面，中国的议价能力都不高，都不具有定价权，其中钾肥最具代表性，故下文以钾肥为案例对基于谈判定价的涉农战略性商品国际定价权的影响因素进行剖析。

(一) 钾肥的全球市场格局

1. 全球市场的供需分析

2007年以来，中、印、越和巴西等新兴经济体的钾肥需求在不断上升，但全球市场并不缺钾肥，国外钾肥资源大国的产能有所扩大。FAO和IFA的数据均显示，世界的钾肥资源供给在未来一段时间呈现供过于求的状态。从FAO对全世界钾肥供需平衡趋势（见表6-2）中可见，K原料的供给从2007~2008年度到2011~2012年度都处于供过于求的状态。

表6-2 全球钾肥供需平衡情况

单位：K（千吨）

	2007~2008年	2008~2009年	2009~2010年	2010~2011年	2011~2012年
总供给	38325	37512	39526	41474	43213
总需求	32571	33519	34432	35505	36453
盈余（赤字）	5754	3993	5094	5970	6760

资料来源：Current World Fertilizer Trends and Outlook to 2011/12，FAO，2008。

由于统计口径不同，IFA的数据与FAO的数据略有差异，但进一步印证了供过于求的现实，2008年全球钾盐总供给为3554.4万吨，总需求为3330.2万吨。总体来说，国际市场上钾肥供过于求，并会维持较长的一段时间。

2. 全球市场的结构分析

从全球钾肥市场供需格局看，供给方市场势力明显比需求方强，且在全球经营上已形成寡头垄断格局；而需求方力量分散，明显处于不利的市场地位，议价能力不强。尤其是随着新跨国垄断矿业集团纷纷涉足钾肥经营，国际供应商之间加大股权整合力度，进一步加剧了原本形成的垄断格局，全球钾肥产业集中度进一步提高。

国际钾肥供给方集中度高、市场垄断加剧。一是从全球钾矿资源上看，其分布非常集中，加拿大、俄罗斯、白俄罗斯和德国等四国的探明储量占世界总量的92%。二是从全球钾肥供应商上看，生产商多年来在经营上不断整合集中，进而形成了全球钾肥供应商全球寡头（Canpotex和BPC）垄断格局。2012年全球钾肥巨头主要形成三个供应阵营：第一阵营是由加拿大的PotashCorp和Agrium、美国的Mosaic三家肥料生产商共同组建的加拿大 Canpotex 公司，目的是将三家公司的钾肥销往北美以外的地区，三家公司的钾盐产能在 1600 万吨左右，约占世界钾盐产能的 40%。第二大阵营是由俄罗斯的 Uralkali（其产品 90% 出口国外，主销巴西、印度、中国和马来西亚等）和白俄罗斯钾肥公司 Belaruskali 共同组建 BPC 营销公司，而俄罗斯的 Silvinit 公司通过较小的钾肥出口组织 IPC 公司出口（预计待 Uralkali 并购好 Silvinit 公司后，Silvinit 很可能会加入 BPC），3 家公司的钾盐产能约在 1240 万吨，占世界产能的 31%；整合后的 BPC 市场份额将超过全球市场的 1/3，其与全球第一大供应商 Canpotex 合计约占全球氯化钾供应量的 70%。第三大阵营是中东以色列的 Israel chemical Ltd（ICL）公司与约旦的 Arab Potash Company（APC）公司组成的联盟，产能约 180 万吨，占全球产能的 4.5%。三大阵营的产能占世界钾肥总产能的 75.5%，出口量占全球的 80% 以上，成为世界主要的钾肥供给方（祝继高，2012）。

全球钾肥需求方力量分散，明显处于不利的市场地位，议价能力不强。全球近 150 个国家消费钾肥，其中中国大陆、美国、印度和巴西的钾肥进口约占全球总量的 60%（见图 6-7）。2007 年全球钾肥贸易量达 4460 万吨（氯化钾，下同），其中中国大陆进口约 920 万吨，美国进口约 800 万吨，巴西进口约 710 万吨，印度进口约 390 万吨，分别约占世界总进口量的 20%、18%、16%、9%。IFA 资料显示，1999 年世界钾肥产量在 2500 万吨左右（折纯），随着农作物需求的不断增加，2005 年钾肥产量达到 3258 万吨，年均增长 126 万吨。同时全球钾肥消费量也从 1999 年的 2221 万吨提高到 2007 年的 2910 万吨，年均增长 86 万吨。

图 6-7　2017 全球钾肥国际贸易需求比例

资料来源：IFA、Fertecon。

中国大陆在全球钾肥国际贸易中需求占比最大，进口由五矿化工进出口商会组织，包括中化集团、中国农资集团、中海油等在内的十多家企业。

3. 全球钾肥垄断加剧、默契涨价或成常态

全球钾肥寡头垄断程度仅次于铁矿石。近几年来，新的跨国垄断矿业集团纷纷涉足钾肥经营，全球钾肥市场掀起寡头之争，国际供应商之间加大股权整合力度，进一步加剧了原本形成的垄断格局。比如，俄罗斯乌拉尔钾肥公司大股东控股谢尔维尼特钾盐公司，整合了俄罗斯国内的钾肥生产后，积极谋划收购白俄罗斯钾肥公司，加钾、俄钾两家公司垄断全球70%的产能。矿业巨头必和必拓和淡水河谷公司积极涉足钾肥开采，产能扩张迅速，并不断谋求控股、兼并原有钾肥生产企业。国际钾肥垄断巨头们为获取高额垄断利润，相互配合形成全球钾肥价格联盟。为推高钾肥价格，它们甚至联手限产，以平衡供应，由此导致国际钾肥价格逐年上涨。

（二）中国在钾肥国际定价权博弈中节节败退

1. 中国钾肥进口总体上"量减价增"

表 6-3 2004~2011 年钾肥的进口价格

单位：美元/吨

年份	2004	2005	2006	2007	2008	2009	2010	2011
进口价格	161	201	238	243	600~650	450	350	510

资料来源：祝继高著《定价权博弈：中国企业的路在何方？》，中国人民大学出版社，2012。

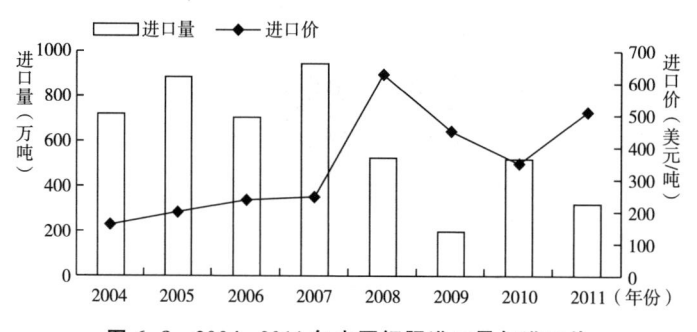

图 6-8 2004~2011 年中国钾肥进口量与进口价

表 6-4　中国钾肥对外依存度

单位：万吨

年份	2004	2005	2006	2007	2008	2009	2010	2011
进口量	718	883	705	941.4	525.4	198.3	524	322.7
中国产量	225	232.66	208.92	249.88	277.48	362.77	412.5	415.9

2005 年钾肥谈判在 161 美元/吨的基础上上涨 40 美元，2006 年、2007 年分别上涨 37 美元/吨和 5 美元/吨。2008 年上涨幅度更是令人瞠目结舌，价格最终为 600~650 美元/吨。2009 年 12 月，中方与 BPC（白俄罗斯钾肥公司）确定了 350 美元/吨的价格，谈判定价首次下降，成为中国进口钾肥价格的一个转折点。但 2011 年价格又持续反弹，2011 年 4 月，俄罗斯和加拿大钾肥供应商相继上调价格为 510 美元/吨。对于进口钾肥占国内钾肥用量一半的中国来说，这无疑是压力。

2. 谈判节节败退，中国钾肥国际定价权旁落

中国进口氯化钾平均价格自 2008 年开始大幅上涨，并出现高位波动（见图 6-9），但降幅有限。节节攀升的价格折射出中国谈判的节节败退，陷入钾肥国际定价权旁落的困境。

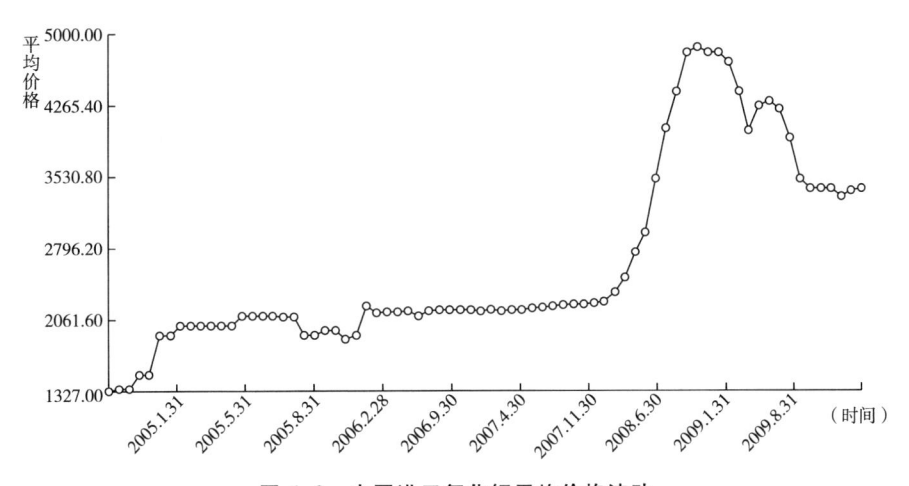

图 6-9　中国进口氯化钾平均价格波动

资料来源：凤凰网。

世界钾肥供应商在经营上高度集中，形成了强大的价格同盟和利益共同体，制定了垄断价格。中国谈判小组虽经艰苦奋争，但是对垄断价格无

能为力，谈判节节败退，最终无法阻止钾肥价格的上扬，成为价格的被动接受者，只能任人宰割。近年来的谈判总体上以失败而告终。2009年，受经济危机冲击以及粮食价格低迷影响，全球钾肥施用量减少50%。进入2010年，全球钾肥需求开始恢复性增长，但上半年无论是国产还是进口钾肥的价格一直在低位徘徊，下半年由于国际农产品价格上涨，钾肥贸易也逐渐增加。

2010年10月"加拿大钾肥公司（PotashCorp）收购案"尘埃落定，必和必拓未能如愿以偿，PotashCorp股价暴涨，获得充裕资金。中化收获了一份长达三年的钾肥进口协议，但这份中化与加钾签订的三年315万吨的合同，其三年进口价格分别为每吨600美元、695美元、790美元。而中国和俄罗斯钾肥出口商BPC达成2010年钾肥进口合同，合同量为100万吨，合同价格为350美元/吨CFR（相当于温哥华离岸价320美元/吨），大约低于市场预期70美元/吨（祝继高，2012）。

2011年下半年中国进口钾肥新到岸价达470美元/吨，与上半年相比，每吨上涨70美元，涨幅达17.5%。据参与谈判的中化化肥有限公司副总经理冯明伟介绍，中国钾肥新价格是由中化、中农和中海化学等企业组成的联合谈判小组与几大国际供应商经过"艰难的价格博弈"后取得的。与国际市场相比，中国进口钾肥"价格洼地"的地位并未改变，中国钾肥进口新价格与巴西及一些亚洲国家每吨超过550美元的到岸价格相比，每吨至少节省80美元。但2011年下半年新到岸价与2004年161美元的价格相比，上涨达191.9%，涨幅惊人。按照新合同价格，加拿大、俄罗斯、以色列、约旦等四国的钾肥供应商将在2012年下半年向中国出口约200万吨钾肥。其中，加钾65万吨、俄钾55万吨、以色列钾50万吨、约旦钾30万吨。

业内提出的质疑是，一方面，这一价格不仅是中农协议价格的近2倍，同时也远高于目前的现货价格；另一方面，加钾作为中化化肥的第二大股东，同时也间接控制着国内最大的钾盐公司——盐湖钾肥。当所有人都在为加钾最终是否落入必和必拓之手而担忧时，加钾却通过中化将一批高价的钾肥"倾销"到了中国。

中国钾肥进口价格虽然在总体上仍保持进口"价格洼地"，但钾肥价格在2008年的大幅飙升后降幅有限，仍在高位徘徊。相对于其他钾肥进口国，中国钾肥短期国际定价话语权略强，但任重道远，中国进口钾肥"价格洼地"只是相对于其他进口国而言。不管是"屡战屡败"还是"屡败屡战"，中国钾肥进口商在钾肥国际谈判中没有取得显著成绩，谈判节节败退，丧失钾肥国际定价权。

(三) 钾肥国际贸易环节定价机制及其演变

1. 钾肥定价机制演变的三个阶段

第一阶段是非年度或半年度协议定价以及市场定价。2004年以前的全球钾肥一直处于过剩状态。苏联是全球主要的钾肥生产国，1991年苏联解体，作为全球最大的化肥消费国，独联体国家整个化肥的生产、供应和消费进入了无序的状态，加上欧洲从1992年开始实施休耕制度，整个钾肥需求市场迅速萎缩，1993年全球钾肥仅过剩72万吨，1994年过剩量猛增到惊人的301万吨，此后过剩量攀升到2000年的430万吨，直到2002年才下降至116万吨。

第二阶段是年度协议谈判定价。年度中外钾肥谈判从2004年开始，当年钾肥的进口达到718万吨，2005年进口883万吨，2006年进口705万吨，2007年进口941万吨，2008年进口525万吨。随着钾肥消费的不断增加，加之大陆产量不足，进口钾肥成为中国大陆满足需求的主要手段。

中国大陆钾肥进口价格2005年离岸价为145美元/吨，2006年离岸价为170美元/吨，2007年离岸价为175美元/吨。2008年4月，中国大陆与BPC公司最终达成的2008年钾肥进口合同价格协议，离岸价在2007年中间价180美元/吨的基础上，上涨了400美元/吨，加上海运、保险及其他港口费用，每吨钾肥进口成本突破650美元。

第三阶段是半年度协议谈判定价。从2011年开始，中国进口定价由年度协议谈判定价改为半年度协议谈判定价。

2. 年度协议谈判定价的供需双方博弈态势

(1) 从供给方看，垄断寡头掌控钾肥定价权，默契涨价成常态。

世界钾肥供应被Canpotex公司（由加拿大PotashCorp、美国Mosaic、加拿大的Agrium组成）以及俄罗斯、以色列等钾肥巨头控制。

从2005年开始，钾肥生产商形成了统一联盟，限产保价到涨价，实行年度协议谈判定价。将钾肥开工率从87%降到了80%以下，达到控制产量提高价格的目的。2006年加拿大铁路工人罢工、俄罗斯Uralkali矿井发生透水事故（产能下降14%），2007年全球钾肥产量下降到2928万吨左右，全球钾肥供需立即显现趋紧的态势，国际钾肥寡头在控制产量的同时，逐渐提高了钾肥的价格。

（2）从需求方（中方）看，进口钾肥商从负和博弈走向正和博弈。

钾肥供给方在全球居寡头垄断地位，强大的市场势力让需求方处于不利的议价境地。过去，中国需求方（各进口商）间处于"负和博弈"的困境。中国具备钾肥进口资格的10家公司各自为战、多头对外进行谈判采购，让议价能力本就不强的需求方更处于弱势的不利地位，各自进口价格在总体上只高不低，陷入"你输我也输"的负和博弈的困境，产业的总体经济利益受到损害。

2005年以来，中国需求方（各进口商）间逐渐进入合作式的"正和博弈"。自2005年开始，中国建立起了由政府有关部门（商务部）和中国五矿化工商会指导下的钾肥进口联合谈判机制，由中化、中农等进口企业组成联合谈判小组与外商进行谈判，统一进口渠道，以大博大，防止以小博大，避免了进口价格抬高，起到了抑制价格的作用，提高了中国钾肥进口的对外谈判能力，让中国进口价在全球各国钾肥进口价中处于"价格洼地"，总体上出现"你赢我也赢"的共赢格局。例如，2006年、2007年中国钾肥进口价格每吨仅分别较上年上涨37美元和5美元，低于全球的其他市场。据海关总署和商务部统计，中国2007年进口钾肥平均到岸价格为每吨243美元，同期印度为275美元、东南亚为350美元、巴西为350美元左右。2008年中国进口价格虽然每吨上涨到600~650美元，但仍低于同期巴西每吨超过1000美元的进口价格。到2009年，面对过高的钾肥价格，由于进口渠道统一，中国坚持2009年一年没有进口高价钾肥，终于迫使供应商在2009年底签订了中国2010年到岸合同价每吨350美元的全球最低价，比2009年印度的进口价格低了110美元，比巴西、东南亚等市场价格低了至少125美元。

显然，国内产能的提升也有利于进一步提高中国的议价地位。由于钾肥产能的不断提高，中国进口钾肥的数量已经从全球第一位降到2010年第四位或第五位，在进口价格方面，中国同其他国家相比具有明显的低价优势。

(四) 钾肥国际定价权旁落的影响因素分析

近年来，全球钾肥在供过于求的情况下仍持续大幅度上涨，中国屡现进口上的"量减价增"现象，这无疑凸显了中国钾肥国际定价权旁落。基于钾肥国际定价权博弈的实际情况，对中国钾肥国际定价权旁落的影响因素进行理论分析具有现实意义。

1. 全球钾肥经营不断集中，进一步提升供方寡头垄断定价能力

大型跨国矿业公司及其并联的国际贸易公司垄断了钾肥上游资源，并掌控了其国际定价话语权，钾肥价格走势在很大程度上已脱离了供需关系这种简单的市场因素。国际钾肥垄断巨头们为获取高额垄断利润，相互配合形成全球钾肥价格联盟。为推高钾肥价格，它们甚至联手限产，以平衡供应，由此导致国际钾肥价格逐年上涨。如在 2005 年底，中外钾肥谈判甫启，加拿大 PotashCorp、美国 Mosaic、白俄罗斯 BPC 的一些工厂都相继宣布减产和停产。尤其是国际供应商之间加大股权整合力度，不断提高经营集中度，进一步加剧既有的垄断格局，全球钾肥产业集中度进一步提高。一方面，俄罗斯 UralKali 钾肥公司大股东控股了 Silvinit 钾盐公司，整合俄罗斯国内的钾肥产能，且正积极收购白俄罗斯 BPC，届时加钾、俄钾两家公司将垄断全球 70% 的产能；另一方面，新的跨国垄断矿业集团纷纷涉足钾肥经营，如垄断全球铁矿石定价权的矿业巨头必和必拓和淡水河谷公司正积极涉足钾肥开采，产能扩张迅速，并不断谋求控股、兼并原有钾肥生产企业。这都将在钾肥出口市场合成巨大的势力，进一步削弱中国在全球定价方面的影响力。

市场垄断中产生的高额利润已经成为钾肥价格暴涨的重要驱动力量，且"限产保价"成为钾肥巨头在世界价格博弈中的重要筹码，随着钾肥消费需求的扩张，世界钾肥巨头们在面对消费国的价格谈判时逐步形成了利益共同体。中国磷肥工业协会理事长武希彦认为，目前世界钾肥市场的涨价已经不再属于市场规则的范畴了。

2. 中国钾肥供需缺口大，对外进口依存度高，议价能力不高

中国钾资源稀缺，钾肥自给率低且需求量大，对外进口依存度高。中国若不在全球钾资源占有上下功夫，从中长期看只能是钾肥全球寡头垄断定价的被动接受者。

中国钾肥对外依存度平均保持在50%以上。由于中国钾资源相当稀缺（无机盐工业协会钾盐分会的数据显示，全国氯化钾基础储量为3.64亿吨，仅占全球氯化钾储量的2%左右），且品位总体不高，其中95%分布在西部的青海柴达木盆地和新疆罗布泊北洼地，与广大需求区相距甚远。以目前的产量计算最多只能开采27年，与世界上200多年的资源保障度相差甚远。中国对钾肥的需求量很大，按中国农业农村部门推荐的氮、磷、钾施肥配比为1∶0.4∶0.3进行计算，中国实际钾肥需求量应超过2000万吨/年。由于国际钾肥市场价格大幅上涨，国内市场需求受到抑制，当前钾肥需求量在1000万吨/年左右。数据显示，经新一轮产能扩张后，中国目前钾肥产量为400万~500万吨/年，已基本达到最高的产能限度，而相对于国内至少1000万吨的年需求量，仍存在较大缺口，需大量进口钾肥保障国内供应。

3. 中国钾肥国际战略布局上存在滞后与失误，缺乏谈判筹码

中国在全球钾资源的战略布局上滞后并存在巨大失误，使其陷入钾肥国际定价权博弈的尴尬境地。布局国外钾资源方面，基本上是在让中国吃尽苦头的铁矿石垄断寡头必和必拓试图购并PotashCorp公司时，才引起中国战略上的重视。而在香港上市的中化化肥控股有限公司（0297，按市值排名全球化肥上市公司第七位）反遭到全球钾肥供应寡头的战略性布局。据上市公司公告，截至2012年6月30日其22.26%的股份被世界上最大钾肥供货商加拿大PotashCorp公司（中化化肥第二大股东）持有。中化化肥是中国最大的化肥分销商、中国最大的进口化肥产品供应商、中国最大的化肥生产商之一，且是盐湖股份（中国最大的钾肥生产商，2012年产能将达350万吨）的第三大股东（持股9.4%），而PotashCorp公司是中国大陆进口钾肥谈判的对手，为此遭到业内人士的极大质疑。中化化肥是国内唯一拥有广泛的营销网络，同时生产并经营氮、磷、钾、复四大肥种产品线的综合型化肥企业，现拥有分销中心1300多家，分布于21个主要农业省份，覆盖中国75%的耕地面积。2005年，公司化肥经营量超过1100万吨，约占中国化肥市场的12%，是中国具有领导地位的化肥供应商和主要的磷复肥生产商，并且一直保持着化肥进口的主渠道地位。钾肥的安全关系到粮食安全，中国应进一步加大钾盐开发力度。

作为钾肥资源极度稀缺的国家，从中长期看中国国内供需缺口会不断

扩大,缺乏谈判的筹码。

4. 国内企业"联而不盟",陷入"负和博弈"困境

买方结盟、对外谈判形成"合作博弈"而实现"共赢",无疑是应对卖方价格联盟并争夺定价权的正解策略。国内企业虽实施联合谈判进口机制,但各方之间尚未形成真正"共赢"的利益共同体。2008年的谈判中价格节节攀升,折射出国内进口企业陷入"各自为战"的策略性失误。多年来,钾肥价格谈判一直遵循一次谈判、一个价格的模式,即某一家国际著名供应商与中化(中化集团)、中农(中国农资集团)达成当年价格协议,其他卖家一般都会参照执行。但是近年来,国内钾肥进口企业和生产企业之间利益矛盾有加剧趋势。为此,商务部于2005年12月召集钾肥进口会议,落实除中农、中化外的8家企业的钾肥进口经营权,旨在缓解进口化肥企业间的利益矛盾,形成联合谈判进口机制。但这个联合谈判进口机制在2008年的谈判中被动接受了加钾的最高价"卖单",显然没有收到预期的效果。

国家在对外钾肥采购谈判中,参与谈判的国内"买家联盟"其实尚未形成真正"共赢"的利益共同体。根据联合谈判规则的约定,中农和中化各出1名代表,其他8家企业推举1名代表;中农、中化代表主谈,8家推举的代表没有建议和否决权。在签约方式方面,仅由中农、中化对外签约,其余8家公司(不能直接对外签约)再和中农、中化的海外子公司签约。这个规则实际上意味着钾肥进口权又完全回到中化、中农手里。"中化、中农以外的化肥进口企业这几年实际上没有直接拿到一吨钾肥。"一些参与钾肥谈判的化肥进口企业抱怨道。

面对强大的世界钾肥供方的寡头垄断,为了提高议价能力,中化和中农实际上在钾肥进口上拥有垄断地位也是无可非议的,但作为谈判主导者有组织协调好各方积极备战应战、实现"低价采购"的责任,有确保中国粮食安全和涉农产业安全的社会责任。钾肥进口权依旧100%掌握在中化、中农公司手中,在谈判上其他企业没有话语权(建议权),这是国内"买家联盟"联而不盟的重要原因。在国际上,由于中国买家之间的利益冲突,难于协同作战,贻误战机,国际钾肥"卖家联盟"掌握了谈判的主导权,在面对"卖家联盟"咄咄逼人的攻势时,国内"买家联盟"不攻自破,在2008年以惨败收场。对此,有专家批评说:"一些国内垄断企业对

钾肥价格并没有表现出真正负责任的关心态度。"

5. 缺乏国际"合作博弈"战略，谈判中孤立无援

中国作为世界钾肥的消费大国，国内自给率虽有所提高，但不能满足于相对其他进口国的所谓"价格洼地"，更不能忽视印度和巴西的钾肥消费量。相关数据显示，中国、印度和巴西的钾肥进口总量约占全球的70%，中国和印度两国加起来就约达50%。面对世界钾肥供方的跨国经营联合体的垄断定价，中国与印度、巴西如果结成"国际买方联盟"来实现"共赢"也是无可厚非的。这里有个中印联盟传言导致卖方降价的成功例子。在2006年的钾肥谈判中，传出中国和印度可能联手的信息，国际钾肥巨头谈判态度陡变，从"不接受涨价40美元/吨到还要再涨"转为"涨价25美元/吨"，并迅速签订了合同。

2008年钾肥谈判失败的一方面是因为中国企业"联而不盟"，另一方面是因为缺乏与其他钾肥进口国的国际合作，这使得中国企业在谈判中孤立无援，并最终不得不被动接受价格大幅上涨的惨痛现实。而2008年2月，印度化工及化肥部副部长萨马率团访华，其行程的一个重要内容就是寻求与中国在化肥国际谈判上的合作。但是由于前些年中国享受着世界范围内的钾肥低价，中印合作并没有取得突破性的进展。中、印联手难产后，国际钾肥巨头迅速与印、巴达成了625美元/吨的到岸价。2008年4月，中外钾肥国际谈判以中国企业的失利告终，中国的钾肥进口价格超过印度和巴西，到岸价接近700美元/吨。正如蔡国兆等所说："国内一些垄断利益集团拒绝和抵制与印度联盟，这种狭隘的视野导致了今年的全盘皆输。"

第七章

涉农战略性商品国内自主定价权的影响因素分析

在对外开放的大格局下,外部因素的入侵或影响会导致中国涉农战略性商品的自主定价权不断弱化或丧失。为了较为全面地分析国际各主要因素如何影响中国涉农战略性商品国内自主定价权,本章着重从两个方面考察。一是通过实证研究国际各因素在中国入世后对中国涉农战略性商品价格波动的影响动态和程度,揭示外部因素对中国自主定价权的影响。入世后,由于中国战略性农资和涉农大宗农产品对外依存度日益提高,更易受到外部各因素的直接和间接冲击,自然也是定价权的主要争夺对象。为此,本章以中国处于涉农产业价值链中游的战略性农产品为对象,便于综合考察外部各主要因素和内部各主要因素(可含上下游的因素)在入世后对其价格波动的影响动态和影响程度,经协整分析和 VAR 模型分析后进行实证检验,旨在从中剖析国际主要因素和国内主要因素对中国自主定价能力的影响动态和影响程度。考虑数据的可获得性和代表性,以中国农产品的月度价格指数来表示涉农战略性农产品的价格指数。

二是基于外部因素对中国自主定价权影响的途径,分别对各途径的外部影响进行分析。涉农战略性商品国内自主定价权受外部的影响主要来自三条路径:一是国际贸易传递;二是外国直接投资(FDI)的控制,尤其是外国寡头对中国涉农产业的投资与控制;三是国际定价中心的涉农商品期货价格的信息反应机制或价格联动。本章将对这三条途径所引发的国内自主定价权弱化问题进行深入分析。

一 中国涉农战略性商品价格波动的影响因素实证分析——以农产品总体为例（2002~2012年）

在中国经济对外开放大格局下，国际各种因素对中国大宗农产品等涉农战略性商品的价格波动的影响越来越明显。假设国内因素的冲击不断弱化，而国际因素的冲击不断增强，则国际因素无疑会导致中国国内涉农战略性商品的自主定价权日益弱化。本书通过总体考察和个体考察相结合，运用了相关性分析、VAR模型、协整分析、方差分解法和脉冲响应函数等分析方法来进行实证研究，较全面地考察自入世以来国际和国内的各种冲击因素对中国涉农战略性商品价格（处于涉农产业链中游的大宗农产品整体的价格、处于涉农产业链下游的猪肉的价格）的影响动态。在此基础上，试图综合比较分析出国际因素对中国自主定价权影响趋势是加强还是减弱了，其中哪些因素的影响大，其变化趋势如何，这对于如何有的放矢地增强中国自主定价权具有现实意义。

（一）国内外影响因素理论分析

定价权的影响涉及各个方面，根据学者李艺、汪寿阳（2007）和吴冲锋（2010）的研究，我们将涉农战略性商品定价权（价格波动）影响因素概括为以下几个方面：上游因素、行业因素、下游因素、政府因素、宏观经济因素以及国际因素。

上游因素指上游市场价格对本行业价格的影响。涉农战略性商品上游市场主要是农资市场，农资市场供求关系及价格会传导至涉农战略性商品市场。一般情况下，农资价格的上涨会导致涉农战略性商品成本增加，进而带动涉农战略性商品价格上涨。

行业因素主要包括期货市场、市场供求、行业集中度、竞争替代品四个方面。①期货市场。在现代的国际贸易中，大多数的涉农战略性商品实行期货定价，并有各自的定价中心，期货价格在其价格的形成中起着基础性的决定作用，其波动会直接影响相关商品的进出口。②市场供求。由商品价值理论可知，涉农战略性商品的市场供求关系决定其价格。③行业集中度。行业集中度是指某行业前n家最大的企业所占市场份额的总和，体现了市场的竞争程度和垄断程度，行业集中度的类型基本决定了市场结构的类型。④竞争替代品。一种涉农战略性商品的竞争替代品产量的提高，会促使消费者更多地购买竞争替代品，进而导致该涉农战略性商品价格下降；反之，该涉农战略性商品价格上涨。

下游因素是指下游市场的发展对本行业的影响。如果下游市场发展得好，会增加对本行业产品的需求，推动其价格上涨；反之，则导致其价格下降。

政府因素主要指政府的宏观政策对定价权的影响。如政府在一段时期内采取的贸易政策会对产品的定价权产生一定的影响。

宏观经济因素是指宏观经济周期的影响，当宏观经济向好时，市场消费能力旺盛，对涉农战略性商品的需求增加，促进其价格上涨；当宏观经济疲软时，市场消费能力低迷，对涉农战略性商品的需求减弱，导致其价格下跌。

国际因素主要包括国际石油价格指数、美元对人民币汇率及国际生物质能源产量。①国际石油价格指数。国际石油价格不仅影响涉农战略性商品的种植成本、需求量，还直接影响涉农战略性商品的运输成本。②美元对人民币汇率。已有研究表明，人民币汇率升值将显著提高农产品价格水平，人民币汇率变动对农产品具有传递效应。③国际生物质能源产量。国际生物质能源生产以涉农战略性商品为主要原料，其产量提高将直接增加涉农性战略性商品的需求量，从而促进涉农战略性商品价格上涨；反之，则导致涉农战略性商品价格下降。

（二）影响因素分析的研究方法

涉农战略性商品价格波动影响因素多且涉及面广，每一种影响因素对涉农战略性商品价格波动的影响程度都不同。我们需要用向量自回归（VAR）模型判断影响因素与涉农战略性商品价格之间的关系。

研究者将 VAR 模型引入经济学中，推动了经济系统动态性分析的广泛应用。VAR 模型把系统中每一个内生变量作为系统中所有内生变量滞后值的函数来构造模型，从而将单变量自回归模型推广到由多元时间序列变量组成的 VAR 模型。VAR 模型常常用于预测相互联系的时间序列系统及分析随机扰动对变量系统的动态冲击，从而解释各种经济冲击对经济变量形成的影响，其优点在于不需要对模型中各变量的内生性做出事先的假定。

通过观察系统的脉冲响应函数和方差分解，进而能够反映系统的完全信息，而且能够估计出变量冲击的时滞及影响程度。VAR 模型的数学表达式如下：

$$y_t = A_1 y_{t-1} + \cdots A_p y_{t-p} + B_1 x_t + \cdots B_r x_{t-r} + \xi_t$$

其中，y_t 是 k 维内生变量向量，x_t 是 d 维外生变量向量，p 是滞后阶数，$k \times k$ 维矩阵 A_1，$\cdots$，A_p 和 $k \times d$ 维矩阵 B_1，$\cdots$，B_r 是要被估计的系数矩阵。ε_t 是 k 维扰动向量，是一个白噪声向量。构造 VAR 模型的关键是确保其稳定性，一般而言，稳定 VAR 模型的特征方程的根的倒数都要求小于 1，即在单位圆内。具体研究步骤如下：首先，对有关变量序列的平稳性进行单位根检验；其次，以 Johansen 检验法进行协整检验，以判断各种冲击因素与国内农产品价格之间的长期关系；再次，构造 VAR 模型，并运用单位圆的方法判断建立的 VAR 模型是否稳定，同时确定最优滞后阶数；最后，运用脉冲响应函数和方差分解的方法对各种外部冲击因素影响国内农产品价格波动的途径和影响程度进行分析。

（三）涉农战略性商品价格波动影响因素实证分析（2002~2012 年）

1. 变量选取与数据处理

理论上，涉农战略性商品价格波动受到国际因素和国内因素两方面的影响。国际因素包括国际石油价格指数、国际农产品价格［由于反映国际农产品价格波动的指标很难获取，我们以国际食品价格指数（GJJG）代替］、国际生物质能源产量（采用美国燃料乙醇月度产量代替）、美元对人民币汇率。国内因素包括反映产业链上游传导的农业生产资料价格、反映产业链下游联动的肉类蛋白消费量（由于反映肉类蛋白月度消费量指标很难获取，我们以肉禽及其制品价格代替，资料来源于国家统计局网站）、反映期货市场与现货市场联动的中国农产品期货综合指数、中国货币供应量（M2）、宏观经济景气指数。以上所有指标的数据均采用 2002 年 1 月到 2012 年 6 月的月度同比数据。由于采用的是同比数据，无须再进行各种循环因素、季节变动因素和不规则因素的处理。同时，由于一阶差分的 VAR 模型本质上分析的是各变量之间环比增长率的数量关系，所以采用同比数据构造的 VAR 模型并不违背一阶差分 VAR 模型的基本原理（中国经济增长与宏观稳定课题组，2008）。

2. VAR 模型等实证分析

（1）相关性分析

表 7-1 国内外因素与国内农产品价格的相关分析

国内农产品价格 Y	农业生产资料价格 X1	肉禽及其制品价格 X2	宏观经济景气指数 X3	国际食品价格指数 X4	国际石油价格指数 X5	中国货币供应量（M2）X6	美国燃料乙醇月度产量 X7	中国农产品期货综合指数（QMAI）X8	美元对人民币汇率 X9
1	0.4659	0.7289	0.3701	0.7667	0.5923	-0.3186	0.0591	0.4634	-0.2466

从表 7-1 中可以看出，与国内农产品价格相关性较大的因素是国际食品价格指数、肉禽及其制品价格，其后是国际石油价格指数、农业生产资料价格、中国农产品期货综合指数。中国货币供应量、美元对人民币汇率与国内农产品价格负相关。

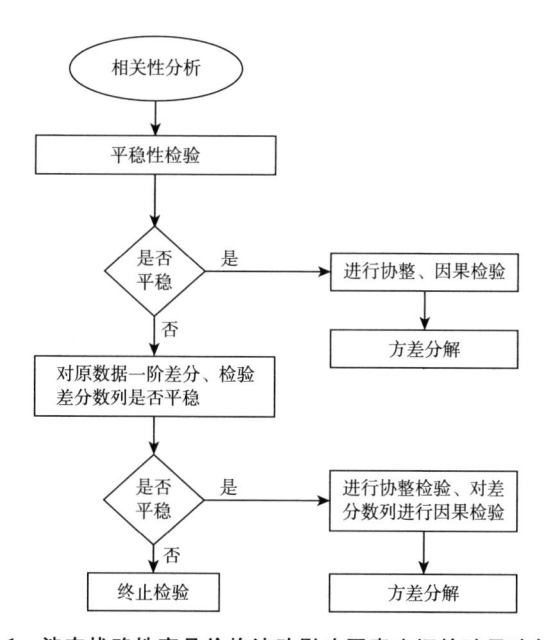

图 7-1 涉农战略性商品价格波动影响因素实证检验思路与方法

(2) 单位根检验

为防止伪回归问题，需要对时间序列进行平稳性检验，本节将采取 ADF 检验方法，依据序列图形确定常数项和趋势项是否存在，根据 AIC 和 SC 最小化原则确定最优滞后变量的阶数。如表 7-2 所示，单位根的基本类型 (c, t, q)。其中 c 表示常数项，t 表示趋势项，q 表示滞后阶数。通过检验，农业生产资料价格、国际石油价格指数分别在 10%、1% 的显著性水平下拒绝了原假设，为平稳变量，即服从 I（0）；宏观经济景气指数、国际食品价格指数均在 5% 的显著性水平下拒绝了原假设，为平稳变量，即服从 I（0）；而国内农产品价格、肉禽及其制品价格、中国货币供应量、美国燃料乙醇月度产量、中国农产品期货综合指数、美元对人民币汇率等均接受了原假设，为非平稳变量，分别对它们取一阶差分，结果均在 1% 的显著水平下拒绝原假设为平稳变量，即这 5 个变量均为一阶单整，即服从 I（1）。

表 7-2 各变量单位根检验结果

变量	ADF 统计量	检验类型 (c, t, q)	显著水平	平稳性
国内农产品价格 Y	-3.0013	(c, t, 3)	-3.1487*	不平稳
△国内农产品价格 IY	-9.1049	(0, 0, 0)	-2.5838***	平稳
农业生产资料价格 X1	-3.1709	(c, t, 1)	-3.1483*	平稳
肉禽及其制品价格 X2	-2.5058	(c, t, 1)	-3.1483*	不平稳
△肉禽及其制品价格 IX2	-13.9558	(0, 0, 0)	-2.5840***	平稳
宏观经济景气指数 X3	-3.4723	(c, t, 1)	-3.4467**	平稳
国际食品价格指数 X4	-3.8470	(c, t, 2)	-3.4470**	平稳
国际石油价格指数 X5	-4.2886	(c, t, 4)	-4.0369***	平稳
中国货币供应量（M2）X6	-1.8973	(c, t, 0)	-3.1482*	不平稳
△中国货币供应量（M2）IX6	-10.5873	(0, 0, 0)	-2.5838***	平稳
美国燃料乙醇月度产量 X7	-2.5396	(c, t, 0)	-3.1482*	不平稳
△美国燃料乙醇月度产量 IX7	-13.6337	(0, 0, 0)	-2.5838***	平稳
中国农产品期货综合指数（QMAI）X8	-2.6009	(c, t, 0)	-3.1482*	不平稳
△中国农产品期货综合指数（QMAI）IX8	-10.1659	(0, 0, 0)	-2.5838***	平稳
美元对人民币汇率 X9	-2.801105	(c, t, 3)	-3.1487*	不平稳
△美元对人民币汇率 IX9	-5.6737	(0, 0, 0)	-2.5838	平稳

注：△表示一阶差分，*、**、*** 分别表示在 10%、5% 和 1% 的显著性水平下拒绝存在单位根的原假设。

(3) 确定最大滞后阶数

协整分析的结果对滞后期阶数的选择非常敏感，不当的滞后阶很可能导致不正确的协整关系。滞后期太短，误差项会产生自相关，并导致参数的非一致性估计；滞后期过长又会导致自由度减少，影响模型参数估计量的有效性。为选择合适的滞后期，一般通过似然比统计量 LR、最终预测误差 FPE、AIC 信息准则、SC 信息准则和 HQ 信息准则 5 个常用指标进行选择。从表 7-3 的检验结果可以看出，LR、FPE、AIC 等 3 个信息准则都选择了 2 期，所以选择滞后 2 期的 VAR 模型是较为合适的。

表 7-3 最大滞后阶数检验结果

Lag	LogL	LR	FPE	AIC	SC	HQ
0	-3099.459	—	9.91E+09	51.39602	51.62708	51.48986
1	-2401.304	1269.3730	506569.5	41.50915	44.05078*	42.54141*
2	-2272.906	212.2283*	326598.4*	41.03976*	45.89196	43.01043
3	-2201.005	106.9595	563649.2	41.50422	48.66699	44.41329

注：* 表示根据本标准选择的滞后阶数，LR 表示序列调整的 LR 统计量（5% 显著性水平），FPE 表示最后预测误差，AIC 表示赤池信息准则，SC 表示施瓦茨信息准则，HQ 表示汉南-奎因信息量准则。

(4) 平稳性检验

VAR 模型特征方程的所有根模的倒数都小于 1，即位于单位圆内，则是稳定的。从图 7-2 可以看出，VAR（2）模型是完全稳定的，所以 $k=2$

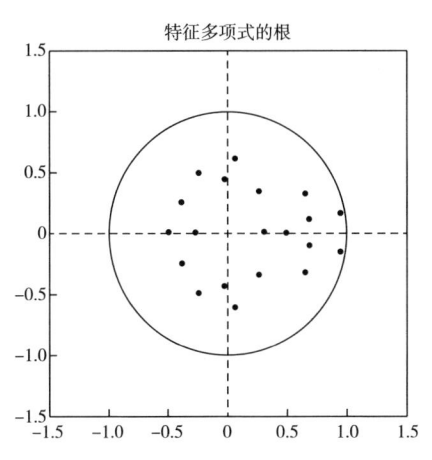

图 7-2 VAR 平稳性检验结果

最终被选择为 VAR 模型的最优滞后期。

(5) 协整分析

本书中 VAR 模型选择的最优滞后期为 2，所以协整检验的 VAR 模型滞后期确定为 2，本书采用 Johansen 协整检验，结果见表 7-4。由表 7-4 可知，迹统计量和最大特征值统计量都表明在 5% 的显著性水平下，VAR 模型中的 9 个变量存在协整关系。迹检验表明在 5% 的显著性水平下有 9 个协整向量，最大特征根检验表明 VAR 模型在 5% 的显著性水平下有 9 个协整方程。整体而言，VAR 模型显示的结果是变量之间存在协整关系。

表 7-4　Johansen 极大似然值协整检验结果

原假设	特征根	迹统计量（P 值）	最大特征值统计量（P 值）
none	0.600772	597.5220 (0.0000)*	116.8982 (0.0000)*
At most 1	0.516896	480.6237 (0.0001)*	112.0231 (0.0000)*
At most 2	0.437163	368.6007 (0.0000)*	88.75785 (0.0000)*
At most 3	0.410924	279.8428 (0.0000)*	70.12141 (0.0000)*
At most 4	0.315075	209.7214 (0.0000)*	64.56242 (0.0011)*
At most 5	0.288977	145.1590 (0.0000)*	46.17038 (0.0004)*
At most 6	0.205474	98.98861 (0.0000)*	41.60820 (0.0045)*
At most 7	0.149431	57.38041 (0.0002)*	28.06114 (0.0062)*
At most 8	0.075472	29.31927 (0.0020)*	19.74572 (0.0020)*

注：*表示在 5% 的显著性水平下拒绝原假设。

(6) 脉冲响应函数和方差分析

①脉冲响应函数分析。通过脉冲响应函数可以分析各因素对国内农产品价格波动的影响。如图 7-3 所示，实线表示随着预测期数的增加，各因素对国内农产品价格的一个标准差脉冲响应，虚线表示在响应脉冲图像两侧加或减 2 倍标准差的置信带。

从国内因素看，国内农产品价格对其自身的冲击效应、肉禽及其制品价格对农产品价格的冲击效应最为显著，冲击一开始就达到 1.5 以上，然后快速下降至 -0.5，第 2 期和第 3 期影响为负，之后冲击逐渐消失。这表明预期对农产品自身价格的影响、肉禽及其制品价格对农产品价格的影响都非常明显，但持续时间不长。农业生产资料价格对国内农产品价格的冲

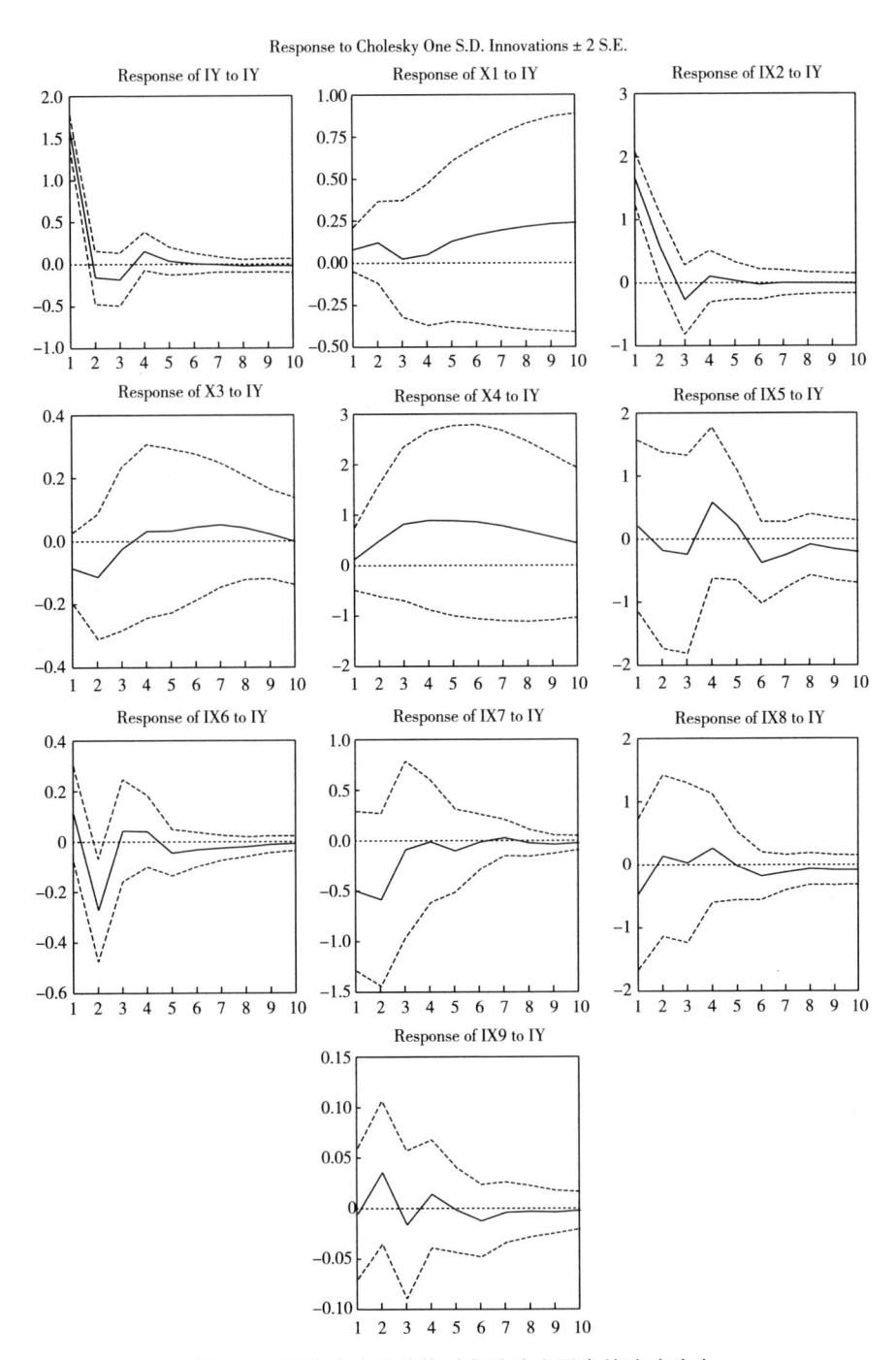

图 7-3 国内农产品价格对各种冲击因素的脉冲响应

击一开始缓慢攀升，在第 2 期达到最大，响应幅度为 0.15，然后下降到第三期接近 0，之后又一直保持持续攀升状态至 0.35，这说明农业生产资料价格作为国内农产品的直接成本，对农产品价格的波动有着持续且显著的影响。宏观经济景气指数对国内农产品价格的影响开始是负向的，从第 3 期开始出现正向影响，在第 8 期达到峰值 0.06，随后影响开始减弱，但基本上处于正向影响。这说明宏观经济景气指数确实对国内农产品价格的波动起到了一定的推动作用。中国货币供应量（M2）对国内农产品价格的影响开始是正向的，从第 2 期开始出现负向影响，在第 3、4 期又出现正向影响，随后影响一直比较稳定，基本接近 0，说明货币发行量对国内农产品价格波动的影响虽比较复杂，但起到了一定的推动作用。中国农产品期货综合指数对农产品价格的影响开始是负向的，到第 2 期出现正向影响，第三期降到 0 后又达到峰值 0.4，之后逐步减弱接近 0，说明国内农产品期货对农产品价格有一定的传导影响，但期货市场不稳定导致现货市场的影响也不稳定。

从国际因素看，国际食品价格指数对国内农产品价格的冲击一开始处于正向影响状态，并逐渐上升到第 3 期中间达到峰值，然后平稳缓慢下降，但一直保持正向影响。总体而言，国际食品价格对国内农产品价格波动产生持续且显著的影响，国际商品价格进入国内有一个时滞，很快就出现显著影响。国际石油价格冲击对国内农产品价格的冲击一开始处于正向影响状态，随后转向负向影响状态，在第 3 期中间产生正向影响，一直维持至第 5 期后又呈现持续负向影响状态。大体而言，国际石油价格指数对国内农产品价格波动产生了影响，但是由于国内外石油价格的定价机制不同，所以响应过程表现出较为复杂的态势。美国燃料乙醇月度产量对国内农产品价格的影响一直是负向的，并在第 2 期达到最大负向影响。这与理论相符，美国生物质能源生产首先对国际农产品价格产生影响，而后传导影响中国国内农产品价格，这说明美国生物质能源生产对国内农产品确实产生了重要影响，只是存在一个时滞。美元对人民币汇率对中国国内价格的影响一开始较小，但是随后在第 2 期达到最大，响应幅度达到 0.04 左右，这表明人民币汇率波动确实对国内农产品价格产生了重要的影响，这种影响在前 7 期波动较大，但是随后一直较为稳定。从图形可以看出，人民币汇率波动冲击对国内农产品的影响较为复杂，这可能与中国的汇率形成机制以及中美在人民币汇率升值问题上的争论有很大关系。

②方差分解分析。从预测的方差分解结果来看（见表 7-5），当期即对国内农产品价格产生影响的因素只有国内农产品自身价格，从第 2 期开始，其他因素对国内农产品价格也产生影响。在所有因素中，国内农产品价格自身的贡献最大，在第 2 期占到 86.43%，一直到第 24 期都有 60%以上的贡献，这说明预期对国内农产品价格的影响显著。

在国内因素中，农业生产资料价格对国内农产品价格的影响一开始是比较小的，只有 0.015%，随后贡献迅速上升，从第 11 期贡献度开始超过 4.86%，此后略有下降后至第 17 期开始又企稳回升，第 24 期时达到 5.62%。这和理论相符，生产资料价格是农产品价格的直接成本，对其价格有传导性影响。肉禽及制品价格对国内农产品价格的影响一直是平稳上升至第 21 期到达顶峰 3.85%后趋于平稳，略有下降。肉禽及其制品是农产品的重要组成部分，其价格极具代表性，其价格的波动往往引领农产品价格的波动。宏观经济景气指数对国内农产品的冲击比较小但呈逐步增长趋势，贡献度从第 1 期的 0.018%平稳上升至第 24 期的 0.72%。中国货币供应量（M2）对国内农产品价格的影响开始是 3.04%，逐步上升至第 4 期到达顶峰 3.98%，随后平缓下降，但至第 24 期仍有 3.59%的贡献率，反映了货币政策对价格的影响具有一定的滞后性。中国农产品期货综合指数对农产品价格的冲击和货币供应量相似，从开始的 2.36%到第 4 期的顶峰 4.3%，随后平稳下降至第 24 期仍有 3.48%的贡献率，说明了期货市场对现货市场的影响也具有一定的滞后性。

在国际冲击因素中，国际食品价格指数在所有国际因素中贡献最大，并在第 21 期达到峰值，占比为 15.69%，随后贡献度略有下降，即使到了第 24 期，贡献度仍占到 15.62%。国际石油价格对国内农产品价格的影响较明显，一开始占比为 3.25%，到第 4 期达到最高 3.5%，随后稍有下降趋于平稳，第 24 期贡献度仍有 3.02%，说明国际油价经过运费等因素对国内农产品的传导具有一定的滞后性。美国燃料乙醇月度产量对国内农产品价格的影响较小，贡献度在 0.081%至 0.634%，第 1~3 期有快速上升趋势，随后经过 6 期的小幅波动后小幅下降，最后趋于平稳。美元对人民币汇率对国内影响的贡献度相对较小，呈逐步上升趋势，从开始的 0.77%上升至第 24 期的 2.34%。

表 7-5　VAR 模型预测方差分解——各因子占预测方差百分比

单位：%

时期	D（国内农产品价格）IY	农业资料生产价格 X1	D（肉禽及其制品价格）IX2	宏观经济景气指数 X3	国际食品价格指数 X4	D（国际石油价格指数）IX5	D［中国货币供应量（M2）］IX6	D（美国燃料乙醇月度产量）IX7	D（中国农产品期货综合指数）IX8	D（美元对人民币汇率）IX9
1	100.0000	0.0000	0.0000	0.0000	0.0000	0.0000	0.0000	0.0000	0.0000	0.0000
2	86.4277	0.0150	0.2266	0.0176	3.8113	3.2494	3.0445	0.0806	2.3594	0.7675
3	81.516	0.417880	0.609804	0.037813	4.932005	3.127209	3.252424	0.623154	4.196246	1.287601
4	79.0396	1.7127	0.7205	0.0625	4.8017	3.5011	3.9822	0.6001	4.2991	1.2800
5	77.7549	2.4843	0.8789	0.0617	5.1031	3.4430	3.9796	0.6094	4.2977	1.3871
6	76.9501	3.0305	0.8737	0.0685	5.3182	3.5160	3.9782	0.6340	4.2551	1.3752
7	76.0060	3.7159	0.9197	0.0684	5.6403	3.4797	3.9303	0.6281	4.2366	1.3746
8	74.7055	4.2856	1.0910	0.0781	6.3622	3.4557	3.8722	0.6209	4.1632	1.3652
9	73.2470	4.6478	1.3686	0.1074	7.3491	3.3956	3.8159	0.6089	4.0813	1.3780
10	71.7668	4.8302	1.6924	0.1678	8.4281	3.3367	3.7542	0.5968	3.9990	1.4276
11	70.2356	4.8613	2.0669	0.2473	9.5998	3.2830	3.7031	0.5860	3.9201	1.4963
12	68.7273	4.8028	2.4351	0.3359	10.806	3.2335	3.6615	0.5760	3.8451	1.5757
13	67.3094	4.7094	2.7681	0.4246	11.959	3.1897	3.6268	0.5669	3.7751	1.6704

续表

时期	D（国内农产品价格）IY	农业资料生产价格 X1	D（肉禽及其制品价格）IX2	宏观经济景气指数 X3	国际食品价格指数 X4	D（国际石油价格指数）IX5	D[中国货币供应量(M2)] IX6	D（美国燃料乙醇月度产量）IX7	D（中国农产品期货综合指数）IX8	D（美元对人民币汇率）IX9
14	66.0281	4.6191	3.0591	0.5047	12.986	3.1509	3.6038	0.5595	3.7136	1.7746
15	64.9125	4.5583	3.3029	0.5721	13.849	3.1186	3.5909	0.5541	3.6605	1.8801
16	63.9749	4.5414	3.4960	0.6258	14.535	3.0934	3.5850	0.5504	3.6158	1.9811
17	63.2157	4.5736	3.6404	0.6658	15.044	3.0741	3.5843	0.5482	3.5796	2.0735
18	62.6254	4.6541	3.7407	0.6934	15.386	3.0595	3.5868	0.5473	3.5516	2.1539
19	62.1846	4.7765	3.8031	0.7105	15.587	3.0488	3.5907	0.5473	3.5306	2.2198
20	61.8671	4.9310	3.8351	0.7194	15.678	3.0410	3.5943	0.5478	3.5154	2.2698
21	61.6432	5.1051	3.8452	0.7225	15.694	3.0350	3.5965	0.5486	3.5046	2.3043
22	61.4822	5.2858	3.8422	0.7222	15.670	3.0299	3.5965	0.5492	3.4965	2.3250
23	61.3548	5.4600	3.8344	0.7207	15.637	3.0247	3.5938	0.5496	3.4897	2.3342
24	61.2354	5.6168	3.8293	0.7200	15.622	3.0191	3.5886	0.5494	3.4830	2.3350

(四) 内外部冲击因素的比较分析

将农业生产资料价格、肉禽及其制品价格、宏观经济景气指数、中国农产品期货综合指数及中国货币供应量视为农产品价格波动的内部因素，将国际石油价格指数、国际食品价格指数、美元对人民币汇率以及美国燃料乙醇月度产量视为外部因素，我们将不同时期的内外部因素的贡献度进行比较（如图7-4所示），发现农产品价格自身的波动一直起着主要的作用，内外部因素对农产品价格波动的影响逐步增大并趋于稳定；第10期以前，内部因素对国内农产品价格波动的影响比外部因素重要；第10期以后，外部因素对国内农产品价格波动的影响超过内部因素。

图 7-4 内外部冲击因素的贡献度比较

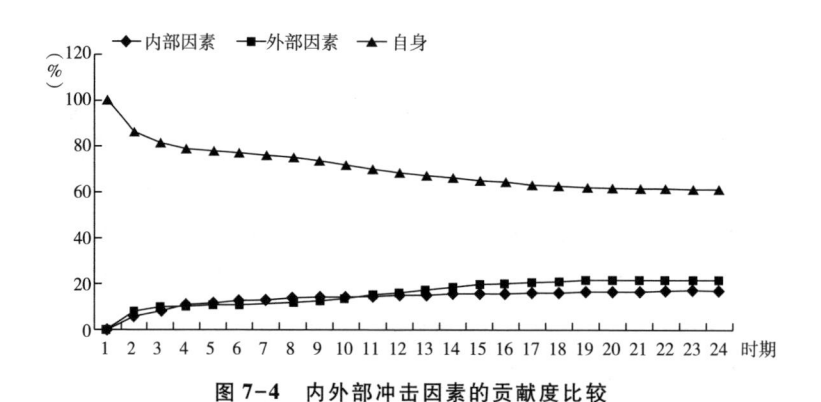

根据本书的需要，我们将各种外部冲击因素对国内农产品价格波动的贡献度单独进行分析，以判断在样本期内哪些因素贡献大，哪些相对较小。从结果来看，各种外部冲击因素对国内农产品价格波动的影响呈现较大差异，国际食品价格指数一直是国内农产品价格波动最主要的原因，并且在第7期后，国际食品价格指数的冲击因子方差迅速提高，一路攀升到第21期其贡献度达到顶峰，以后趋于稳定，这说明在国内农产品价格波动的外部冲击因素中以国际价格传导的影响最为显著。国际石油价格对国内农产品价格的冲击较为显著，一开始就形成了正向冲击，此后一直保持相对稳定的态势。美元对人民币汇率以及美国燃料乙醇月度产量一开始并没有对国内价格产生太大影响，这说明二者存在滞后影响。美元对人民币汇率至第3期到达第一个顶峰，此后平稳过渡至第9期后开始缓慢上升，至

第 19 期后趋于稳定；美国燃料乙醇月度产量从第 2 期开始上升至第 3 期达到顶峰，此后一直保持稳定态势。

二 中国涉农战略性商品价格波动的影响因素实证分析——以猪肉个体为例（2002~2012 年）

1. 变量选取与数据处理

理论上，猪肉价格波动受到国际因素和国内因素两方面的影响。国际因素包括国际猪肉价格、国际石油价格、美元对人民币汇率、国际大豆价格、国际玉米价格。国内因素包括反映产业链上游传导的国内大豆集贸市场价格、国内玉米集贸市场价格、中国货币供应量（M2）、宏观经济景气指数。以上所有指标的数据均采用 2002 年 1 月到 2012 年 4 月的月度同比数据。

2. VAR 模型实证分析

（1）相关性分析

从表 7-6 中可以看出，与国内猪肉价格相关性较大的因素是国际大豆价格、国际石油价格指数和国内玉米集贸市场价格，中国货币供应量、美元对人民币汇率与国内猪肉价格是负相关。

表 7-6　国内外因素与国内猪肉价格的相关分析

国内猪肉价格	国内大豆集贸市场价格	国内玉米集贸市场价格	宏观经济景气指数	中国货币供应量（M2）	国际猪肉价格	国际石油价格指数	美元对人民币汇率	国际大豆价格	国际玉米价格
1	0.5719	0.5916	0.1786	-0.4093	0.2355	0.6474	-0.3966	0.6522	0.5242

（2）单位根检验

单位根检验显示，国际石油价格指数、国内玉米集贸市场价格在 1% 的显著性水平下拒绝了原假设，为平稳变量，即服从 I（0）；国内大豆集贸市场价格在 5% 的显著性水平下拒绝了原假设，为平稳变量，即服从 I（0）；宏观经济景气指数在 10% 的显著性水平下拒绝了原假设，为平稳变量，即服从 I（0）；而国内猪肉价格、国际大豆价格、中国货币供应量、美元对人民币汇率、国际猪肉价格等均接受了原假设，为非平稳变量，分别对它们取一阶差分，结果均在1%的显著水平下拒绝原假设为平稳变量，即这5个变量均为一阶单整，即服从I（1）。

表7-7 各变量单位根检验结果

变量	ADF 统计量	检验类型（c, t, q）	显著水平	平稳性
国内猪肉价格 Y	-2.2579	(c, t, 0)	-3.1483*	不平稳
△国内猪肉价格 IY	-11.1734	(0, 0, 0)	-2.5840***	平稳
国际大豆价格 X1	-3.1709	(c, t, 1)	-3.1483*	不平稳
△国际大豆价格 IX1	-7.3042	(0, 0, 0)	-2.5840***	平稳
国际石油价格指数 X2	-4.2886	(c, t, 4)	-4.0369***	平稳
国内玉米集贸市场价格 X3	-4.1362	(c, t, 0)	-4.0343***	平稳
国内大豆集贸市场价格 X4	-3.6930	(c, t, 4)	-3.4480**	平稳
国际玉米价格 X5	-3.3040	(c, t, 4)	-3.1487*	平稳
中国货币供应量（M2）X6	-3.0530	(c, t, 3)	-3.1489*	不平稳
△中国货币供应量（M2）IX6	-10.5166	(0, 0, 0)	-2.5840***	平稳
美元对人民币汇率 X7	-3.0460	(c, t, 3)	-3.1489*	不平稳
△美元对人民币汇率 IX7	-6.0287	(0, 0, 0)	-2.5840***	平稳
国际猪肉价格 X8	-2.7633	(c, t, 0)	-3.1483*	不平稳
△国际猪肉价格 IX8	-10.4149	(0, 0, 0)	-2.5840***	平稳
宏观经济景气指数 X9	-3.4019	(c, t, 1)	-3.1485*	平稳

注：*、**、***分别表示在10%、5%和1%的显著性水平下拒绝存在单位根的原假设。

（3）确定最大滞后阶数

从表7-8的检验结果可看出，LR、FPE、AIC 3个信息准则都选择了4期，所以，选择滞后4期的VAR模型是较为合适的。

表7-8 最大滞后阶数检验结果

Lag	LogL	LR	FPE	AIC	SC	HQ
0	-3898.29	—	1.59E+16	65.68557	65.91911	65.78041
1	-3200.3	1266.938	6.91E+11	55.63534	58.20428*	56.67850*
2	-3051.35	245.3407	3.14E+11	54.81253	59.71687	56.80403
3	-2949.53	150.5846	3.31E+11	54.78202	62.02175	57.72184
4	-2817.72	172.7997*	2.30E+11*	54.24731*	63.82244	58.13547

注：*表示根据本标准选择的滞后阶数，LR表示序列调整的LR统计量（5%显著性水平），FPE表示最后预测误差，AIC表示赤池信息准则，SC表示施瓦茨信息准则，HQ表示汉南-奎因信息量准则。

（4）平稳性检验

从图 7-5 可以看出，VAR（3）模型是完全稳定的，所以 $k=3$ 最终被选择为 VAR 模型的最优滞后期。

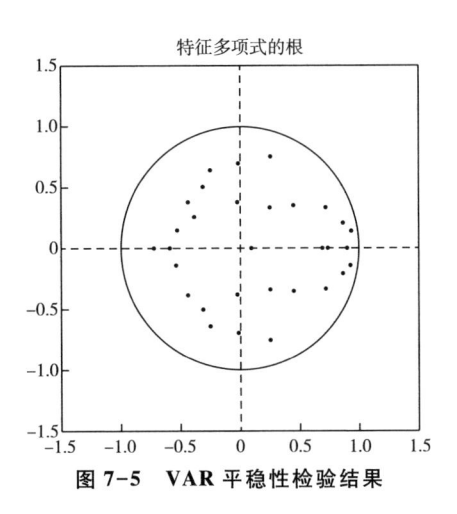

图 7-5　VAR 平稳性检验结果

（5）协整分析

由表 7-9 可知，迹统计量和最大特征值统计量都表明在 5% 的显著性水平下，VAR 模型中的 9 个变量存在协整关系。迹检验表明在 5% 的显著性水平下有 9 个协整向量，最大特征根检验表明 VAR 模型在 5% 的显著性水平下有 6 个协整方程。整体而言，VAR 模型显示的结果是变量之间存在协整关系。

表 7-9　Johansen 极大似然值协整检验结果

原假设	特征根	迹统计量（P 值）	最大特征值统计量（P 值）
none	0.5819	430.6709（0.0000）*	103.7856（0.0000）*
At most 1	0.4958	326.8853（0.0000）*	81.4938（0.0001）*
At most 2	0.4431	245.3914（0.0000）*	69.6663（0.0004）*
At most 3	0.3672	175.7251（0.0000）*	54.4722（0.0054）*
At most 4	0.2882	121.2529（0.0003）*	40.4715（0.0451）*
At most 5	0.2321	80.7813（0.0052）*	31.4283（0.0953）
At most 6	0.1416	49.3529（0.0359）*	18.1769（0.4805）
At most 7	0.1229	31.1759（0.0345）*	15.6077（0.2486）
At most 8	0.0752	15.5681（0.0488）*	9.3046（0.2617）
At most 9	0.0512	6.2634（0.0123）*	6.2634（0.0123）*

注：* 表示在 5% 的显著性水平下拒绝原假设。

(6) 脉冲响应函数和方差分析

①脉冲响应函数分析。从国内因素看，国内猪肉价格对其自身的冲击效应最为显著，冲击一开始就达到 9 以上，然后快速下降至第 2 期为负影响，之后冲击逐渐消失，表明预期对猪肉自身价格的影响非常明显，但持续时间不长。国内玉米集贸市场价格和国内大豆集贸市场价格对猪肉价格的影响也比较显著，其中国内玉米集贸市场价格从刚开始的 0.5 快速上升至第 3 期达到高峰，峰值为 3，然后呈下降趋势，到第 10 期冲击为 1.5；国内大豆集贸市场价格从刚开始冲击就达到 3 以上，然后下降至第 3 期又反弹至第 5 期后呈下降趋势，到第 10 期冲击为 2。宏观经济景气指数刚开始对国内猪肉价格没有冲击，从第 2 期开始逐步上升至第 5 期达到峰值 0.4，随后影响开始减弱，但基本上处于正向影响，说明宏观经济景气指数确实对国内猪肉价格的波动起到了一定的推动作用。中国货币供应量（M2）对国内猪肉价格的影响开始是负向的，从第 2 期开始出现正向影响，在第 4 期转为负向影响，到第 10 期基本接近 0，说明货币供应量对国内猪肉价格波动的影响虽比较复杂，但起到了一定的推动作用。

从国际因素看，国际石油价格指数对国内猪肉价格的冲击一开始处于正向平稳影响状态，第 3 期开始逐步上升至第 5 期达到高峰，峰值为 2 以上，然后逐渐下降接近为 0。美元对人民币汇率对国内猪肉价格的影响比较复杂但很小，中间出现了 2 个波动，最大冲击仅为 0.05。国际大豆价格对猪肉价格的影响刚开始为正向，第 2 期快速下降接近 0 后又快速上升达到峰值 1，然后下降进入负向影响，最后又上升为 0，这说明国际大豆价格对猪肉价格的影响复杂。国际玉米价格对猪肉价格的影响前期逐步上升至第 3 期到达峰顶后逐步下降，第 7 期后转为负向影响。国际猪肉价格对国内猪肉价格的冲击先上升后下降并进入负向影响，最后又转为正向影响。总的来说，国际因素对猪肉价格的影响有很大的不确定性，这是国内猪肉价格不稳定的一个不可忽略的因素。

②方差分解分析。从预测的方差分解结果来看（见表 7-10），当期即对国内猪肉价格产生影响的因素只有国内猪肉价格自身，从第 2 期开始，其他因素对国内猪肉价格也产生影响。在所有因素中，国内猪肉价格自身的贡献最大，在第 2 期占到 72.56%，一直到第 24 期都有 55% 以上的贡献，说明预期对国内猪肉价格的影响显著。

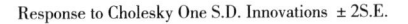

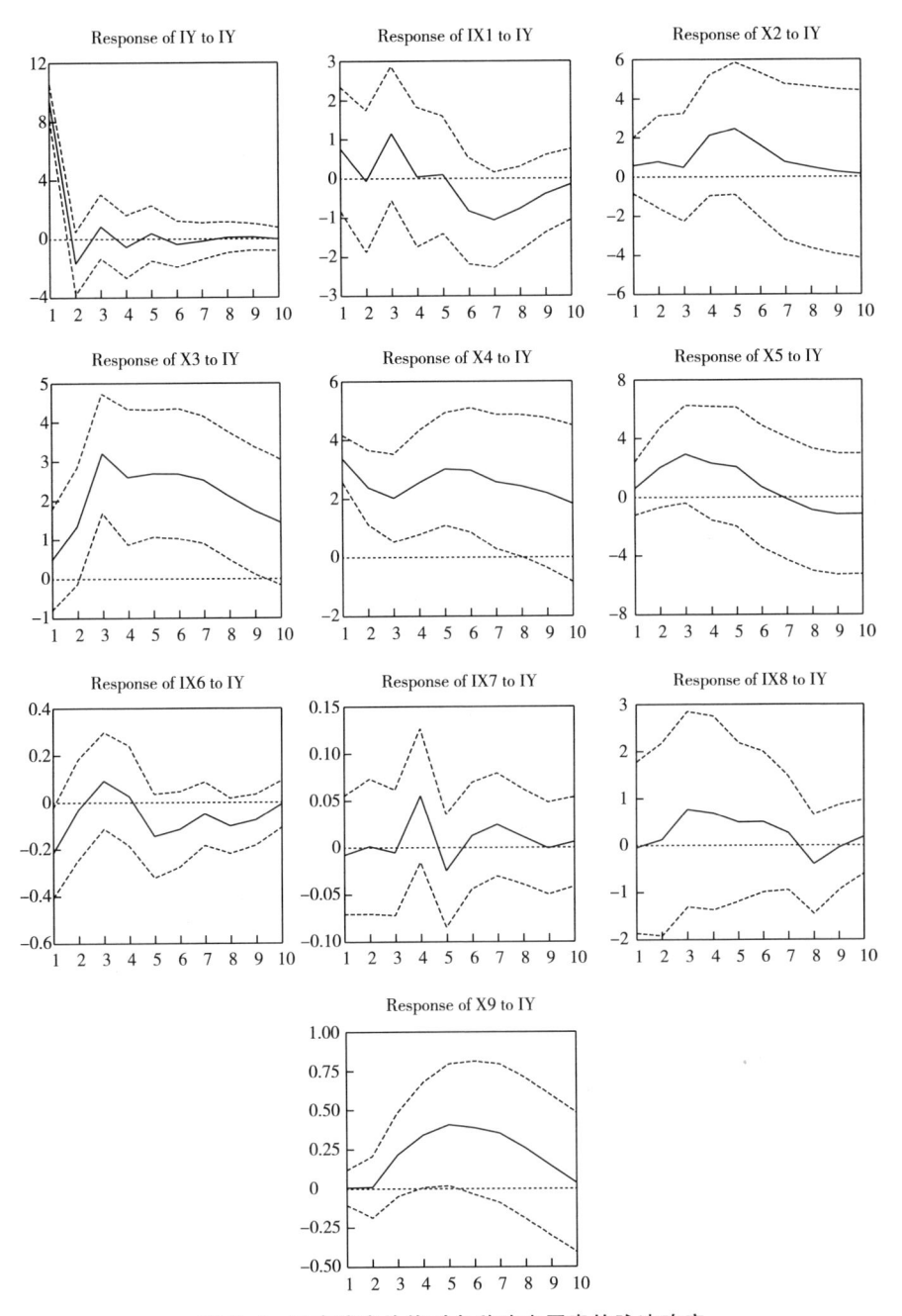

图 7-6　国内猪肉价格对各种冲击因素的脉冲响应

表 7-10 VAR 模型预测方差分解——各因子占预测方差百分比

单位：%

时期	D（国内猪肉价格）IY	D（国际大豆价格）X1	国际石油价格指数 X2	国内玉米集贸市场价格 X3	国内大豆集贸市场价格 X4	国际玉米价格 X5	D[中国货币供应量(M2)] IX6	D（美元对人民币汇率）IX7	D（国际猪肉价格）IX8	宏观经济景气指数 X9
1	100	0	0	0	0	0	0	0	0	0
2	72.5604	0.03010	17.5608	1.5356	6.0109	0.0996	0.0265	1.0625	0.8766	0.2362
3	64.4275	2.1000	16.0073	1.5129	8.3210	1.3804	1.4920	2.5560	1.8380	0.3645
4	61.4274	3.8622	16.4300	1.4514	8.1665	1.8803	1.4510	2.7330	2.1360	0.4621
5	58.9549	4.0728	15.7489	2.3387	8.1967	1.9969	1.6542	2.7218	2.9954	1.3200
6	58.3880	4.0404	15.6023	2.6077	8.6783	1.9997	1.6403	2.7210	2.9796	1.3428
7	57.7946	4.0019	15.5001	2.7059	8.6688	2.1851	1.8657	2.9230	3.0258	1.3289
8	57.4662	4.0304	15.5785	2.7149	8.6250	2.1787	1.8692	2.9439	3.2396	1.3534
9	57.180	4.0116	15.5074	2.7316	8.5816	2.3425	1.8680	3.0069	3.2267	1.5442
10	56.9505	4.0190	15.4462	2.7268	8.5516	2.4052	1.9095	3.0341	3.2139	1.7432
11	56.7291	4.0401	15.4292	2.7162	8.51751	2.50448	2.0027	3.0457	3.2303	1.7847
12	56.5505	4.0294	15.4273	2.7171	8.4911	2.6052	2.0478	3.0650	3.2759	1.7907
13	56.3671	4.0163	15.3892	2.7482	8.4677	2.7286	2.0851	3.0944	3.2968	1.8060

续表

时期	D（国内猪肉价格）lY	D（国际大豆价格）X1	国际石油价格指数 X2	国内玉米集贸市场价格 X3	国内大豆集贸市场价格 X4	国际玉米价格 X5	D [中国货币供应量（M2）] lX6	D（美元对人民币汇率）lX7	D（国际猪肉价格）lX8	宏观经济景气指数 X9
14	56.2126	4.0074	15.3643	2.7716	8.4519	2.8379	2.1258	3.1148	3.290	1.8235
15	56.0673	4.0128	15.3661	2.7813	8.4436	2.9289	2.1656	3.1245	3.2819	1.8280
16	55.9563	4.0277	15.3807	2.7876	8.4446	2.9816	2.1925	3.1286	3.2755	1.8249
17	55.8760	4.0390	15.3874	2.7930	8.4533	3.0161	2.2110	3.1310	3.2704	1.8227
18	55.8142	4.0462	15.3936	2.7977	8.4702	3.0381	2.2205	3.1313	3.2660	1.8222
19	55.7578	4.0564	15.4020	2.8005	8.4943	3.0508	2.2239	3.1289	3.2635	1.8219
20	55.7061	4.0717	15.4089	2.8006	8.5225	3.0544	2.2239	3.1252	3.2639	1.8229
21	55.6609	4.0872	15.4112	2.7991	8.5523	3.0537	2.2225	3.1218	3.2637	1.8277
22	55.6222	4.0974	15.4101	2.7973	8.5830	3.0514	2.2204	3.1195	3.2625	1.8362
23	55.5881	4.1033	15.4065	2.7956	8.6132	3.0490	2.2188	3.1181	3.2617	1.8457
24	55.5573	4.1071	15.4010	2.7940	8.6408	3.0469	2.2181	3.1180	3.2621	1.8547

在国内因素中，国内大豆集贸市场价格对猪肉价格的影响最为显著，从第 3 期起就一直保持 8% 以上的贡献度。其次是国内玉米集贸市场价格，其对猪肉价格的影响的状态是逐步上升趋于平稳，从第 7 期开始保持 2.7% 以上的贡献度。中国货币供应量和宏观经济景气指数对猪肉价格的影响也是呈逐步上升趋势，平均贡献度分别是 1.8% 和 1.5%。总的来说，国内因素对猪肉价格的影响呈逐步上升趋势，有一定的滞后性。

在国际冲击因素中，国际石油价格指数对国内猪肉价格的影响最为显著，从第 2 期开始就占比为 17.56%，随后稍有下降趋于平稳，平均贡献度约 15%。国际猪肉价格和美元对人民币汇率对猪肉价格的影响均是先逐步上升后缓慢下降，平均贡献度分别为 2.9% 和 2.8%。国际大豆价格和国际玉米价格对猪肉价格的影响均是逐步上升后趋于平稳，平均贡献度分别为 3.6% 和 2.4%。总的来说，国际因素对猪肉价格的影响呈逐步上升趋势，有一定的滞后性。

3. 内外部冲击因素的比较分析

将国内大豆集贸市场价格、国内玉米集贸市场价格、宏观经济景气指数、中国货币供应量视为猪肉价格波动的国内因素（也称内部因素），将国际石油价格指数、美元对人民币汇率、国际大豆价格、国际玉米价格和国际猪肉价格视为国际因素（也称外部因素），我们将各个不同时期的内外部因素的贡献度进行比较（如图 7-7 所示），发现猪肉价格自身的波动一直起着主要的作用；内外部因素对猪肉价格波动的影响均是快速上升并趋于稳定；外部因素冲击贡献度始终比内部因素冲击贡献度高。

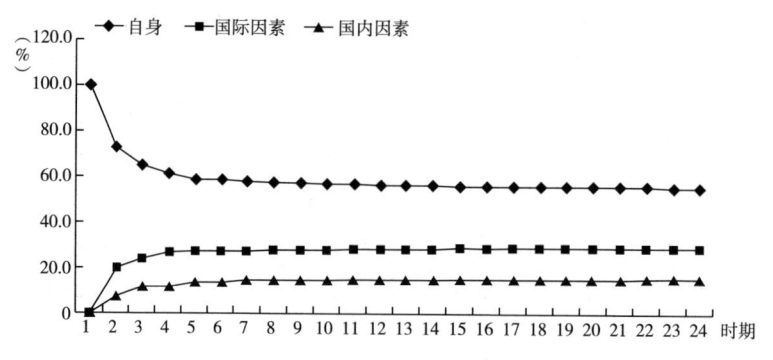

图 7-7 内外部冲击因素的贡献度比较

根据本书的需要，我们将各种外部冲击因素对国内猪肉价格波动的贡献度单独进行分析，以判断在样本期内哪些因素贡献大、哪些相对较小。从图 7-8 可以看出，各外部因素对国内猪肉价格的冲击均是快速上升并趋于稳定的；国际石油价格指数一直是国内猪肉价格波动最主要的原因，其次是国际大豆价格的冲击，但国际大豆价格的冲击到第 2 期才开始起作用，说明有滞后性；美元对人民币汇率、国际玉米价格和国际猪肉价格对国内猪肉价格的影响程度到后期基本一样，国际大豆价格的滞后期最长，美元对人民币汇率的滞后期最短。

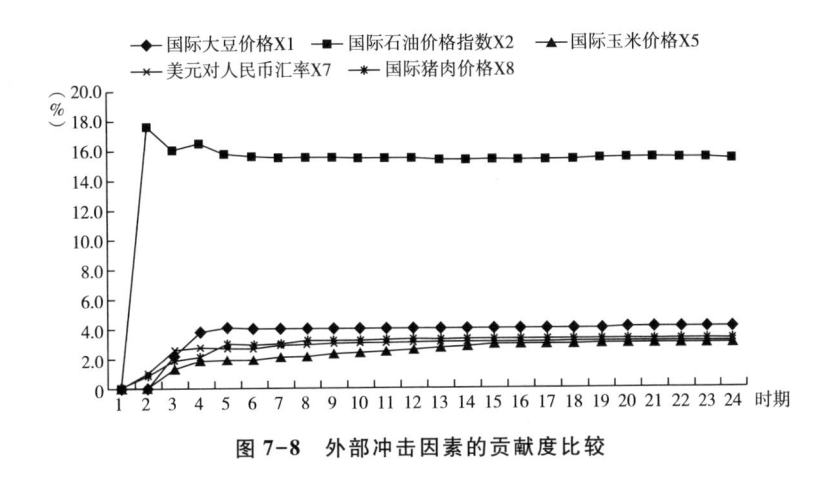

图 7-8 外部冲击因素的贡献度比较

本书在实证研究涉农战略性商品国内自主定价权的影响因素时，首先，通过运用相关性分析、协整分析、方差分解分析和 VAR 模型分析等研究方法相结合，采用国际/国内所有冲击变量的自 2002 年 1 月到 2012 年 6 月的月度同比数据，分别综合考察国际各因素和国内各因素在长时间序列中对中国农业产品（总体）价格波动、猪肉（个体）的价格波动中的冲击影响的程度及其强度变化趋势；随后，通过对国际因素和国内因素的各自冲击影响的动态进行比较分析，以此揭示中国涉农战略性商品国内自主定价权的变化趋势。对涉农战略性商品的总体（以农产品总体价格为例）实证研究和个体（以猪肉价格为例）实证研究的结论均表明，国际因素的影响在增强，而国内因素的影响在减弱，进而揭示出国内自主定价权在外部因素的冲击下正呈现弱化态势。

三 不同冲击路径的国际因素对国内自主定价权的影响分析

1. 对外进口依存度对国内自主定价权的影响分析

中国经济经过多年的快速发展，人均食品的消费量持续提高，食品结构也发生了一定改变，这些都增加了对农产品的需求。土地资源密集型的农产品（大豆、棉花、玉米等）和钾、硫黄等资源性农资原料对外进口依存度日益增大，而劳动密集型的农产品（主要为果蔬等）和水产品是竞争力较强的主要出口产品，但中国在这两种产品对外贸易上都没有国际定价权。从涉农产业安全和粮食安全的战略高度看，国际涉农战略性商品市场对中国补缺逐渐大于调余，其进口时屡屡发生的"量减额增"和"量增价增"等国际定价权缺失现象已成为中国输入性通胀的一大主因。为此，接下来着重分析对外进口依存度日益增大的资源密集型的涉农战略性商品因丧失国际定价权而引发同类商品和下游商品国内自主定价权的不断弱化问题。

（1）进口依存度越高的涉农战略性商品国内自主定价权越薄弱。

一般情况下，一种/类商品开放程度越大，对外依存度越高，受国际市场价格的影响就越大，国内现货价格的波动趋势和幅度就越与国际价格波动趋势和幅度趋同。这从大宗农产品的国际和国内价格波动趋势对比中得到了直观的验证，如国内棉花和非转基因大豆的现货价格波动趋势明显趋同于国际棉花和转基因大豆的价格波动趋势，中国原棉的对外进口依存度于 2011 年已达 40%，大豆对外进口依存度于 2011 年已达 80%。

近几年，涉农战略性商品总体进口量增长迅速，进口依存度日益增大，相关商品的国内自主定价权日益削弱。农业农村部公开资料显示，2011 年土地密集型的大豆、棉花、玉米、食用油和油籽等大宗农产品进口的快速增加，导致贸易逆差同比扩大 47.4%，2012 年 1~5 月贸易逆差同比扩大 77.6%。①2011 年，中国农产品进出口总额为 1556.3 亿美元，同比增长 27.6%。其中，进口 948.7 亿美元，同比增长 30.8%；出口 607.5 亿美元，同比增长 23.0%。贸易逆差为 341.2 亿美元，同比扩大 47.4%。中国农产品"逆差"主要是由于进口的快速增加，从产品结构来看，进口农产品主要集中在土地密集型的大豆、棉花等品种上。在 2011 年的进口农产品中，中国小麦、玉米、稻谷三大主粮全都变成净进口，小麦进口125.8万吨，同比增长2.2%；玉米进口175.4万吨，同比增长11.5%；稻谷和大米进口59.8万吨，同比增长54.0%。虽然从总体数据来看，2011年的三大主粮进口量并不大，但农业农村部副部长表示，虽然进口与国内产量相比规模较小，但对这种对外依存度趋势必须要引起高度重视，进行监测分析，值得认真思考。②2012年1~5月中国农产品进出口总额为699.2亿美元，同比增长18.4%。其中出口248.2亿美元，同比增长4.2%；进口451.0亿美元，同比增长28.0%。贸易逆差为202.8亿美元，同比扩大77.6%。1~5月，中国共进口谷物621.6万吨，同比增长377.3%；进口额21.3亿美元，同比增长295.6%。出口58.6万吨，同比增长19.1%；出口额3.6亿美元，同比增长11.1%。谷物净进口563.0万吨。谷物中小麦进口197.6万吨，同比增长618.8%；出口10.9万吨，同比下降5.9%。玉米进口187.7万吨，上年同期进口仅2.5万吨，同比增长7408%；稻谷和大米进口97.3万吨，同比增长217.1%；出口17.5万吨，同比下降18.8%；大麦进口135.0万吨，同比增长100.9%。1~5月，棉花进口267.9万吨，同比增长103.0%；进口额61.3亿美元，同比增62.4%。1~5月，食用油籽进口2489.0万吨，同比增长24.8%，进口额138.2亿美元，同比增长18.0%，贸易逆差130.4亿美元，同比增长17.8%，其中大豆进口2342.7万吨，同比增长20.7%。油菜籽进口120.0万吨，同比增长359.5%。1~5月，食用植物油进口317.1万吨，同比增长20.3%，进口额36.1亿美元，同比增长19.5%。1~5月，水果出口193.8万吨，同比增长1.0%，贸易顺差5.4亿美元，同比下降37.0%；蔬菜出口368.3万吨，贸易顺差38.5亿美元，同比下降18.9%；畜产品进口额64.7亿美元，同比增长18.5%，贸易逆差39.2亿美元，同比扩大20.8%；水产品出口额72.7亿美元，同比增长12.3%，贸易顺差为40.8亿美元，同比扩大11.7%。

（2）高进口依存度涉农战略性商品的价格纵向传导削弱了其下游商品的自主定价权。

值得注意的是，大豆的进口依存度非常高，2010年有将近80%，2011年净进口占国内消费的比例高达80%以上。因此国际大豆价格的上涨将对国内大豆及其产品链造成直接影响，包括食用油和以豆粕为饲料的猪肉价格。

各主要源头缺乏定价权导致对终端产品的自主定价权受到削弱。涉农子产业链的主要投入品——上游农资原料、油脂产业链和养殖产业链的原料（大豆等）、棉纺产业链的棉花、林产业链的橡胶和纸浆等进口依存度高，都超过国际通常规定的自给率不少于2/3的产业安全警戒线，在中长期内成为中国涉农产业链安全的瓶颈环节。另外，进口市场都相对集中且易受操纵，能从源头上被抽取产业链利益的上游环节，是关系中国国民福利和CPI稳定性的战略性环节。根据中国产业安全指南网和中国商务部进出口数据，钾肥进口依存度达到70%（中国钾盐资源探明储量只占全球的0.45%，是钾肥的最大净进口国），约占磷肥成本1/2的硫黄对外依存度同样高达70%，原油在2009年对外依存度高达51.3%，而钾、硫供应集中于加拿大、俄罗斯和以色列，国际钾肥生产巨头正在通过限产提高售价，且必和必拓发起的对PotashCorp的收购案揭开了新一轮全球资源争夺战序幕，一旦收购成功，那么中国钾肥进口定价权将会重蹈铁矿石覆辙；2011年大豆进口依存度已达80%，鱼粉进口依存度约67%；2010年玉米开始净进口且仅6月中国自美国进口玉米就超过15年总和，2011年进口量175.4万吨，且大豆、玉米进口市场集中于美国、巴西等，定价权受制于ABCD四大粮商；2009年中国棉花产量进口依存度约40%，种植趋于边缘化；《中国造纸年鉴》数据显示，2008年中国纸浆进口依存度近40%；IRSG数据显示，中国天然橡胶进口依存度由2002年的62%攀升到2007年的75.6%，进口市场集中于东南亚。

2. 国际期货价格信息溢出对国内自主定价权的影响分析

金融市场波动溢出效应是指市场波动之间的相互传递、相互影响关系，即波动会从一个市场影响或传递到另一个市场。金融市场波动的相互影响日益复杂，价格波动溢出效应可发生于同种/类商品之间，也可发生于不同种/类商品之间，如大宗农产品能源化、金融化导致国际原油价格与大宗农产品价格在近几年的正相关性日益明显，美元指数价格的变动也会导致国际大宗农产品价格的变动。国际期货、现货市场与国内期货、现货市场间的联动是金融市场波动溢出效应的一种体现。

受到各种因素影响的大宗农产品国际定价中心的价格波动会快速传递到国内市场，至今实际上削弱了中国的自主定价能力。为了争夺国际大宗商品定价中心或发挥中国在大宗商品国际贸易上应有的价格影响力，中国建立了郑州商品交易所（棉花、小麦为主）、大连商品交易所（以大豆、玉米为主）和上海期货交易所（原油、金属等）。其中一些品种的期货成交量已在国际上具有一定的地位，对国内现货市场起到了一定的影响作用，价格发现功能得到了一致的认同，但发展现状仍与"自主定价中心"或"国际定价中心"的目标相距甚远。众所周知，除了中国郑交所的棉花期货价格对美国期货市场的棉花价格具有弱影响之外，中国按国际标准建立的农产品期货市场的价格大多已成为以CBOT为主的农产品国际定价中心的"影子价格"，即中国农产品期货市场价格，不仅无法对CBOT等国际定价中心的定价产生影响，反而因被CBOT等国际定价中心的期货价格快速单向决定，加速了国内大宗农产品现货市场价格的国际化，从而伤害到或削弱了国内市场的自主定价权。罗锋、牛宝俊（2009）以协整分析和VAR模型实证了国际农产品价格变动对中国农产品价格具有显著影响，同时国际期货价格的信息反映机制比中国进口价格传递的作用更大，其中进口价格对国内农产品价格影响的作用时滞为3个月，而农产品国际期货市场价格对国内农产品价格的影响不存在时滞，且在第15个月影响达到最大。国内大量实证研究表明，CBOT等国际定价中心的农产品期货价格快速单向决定国内农产品期货市场的价格。

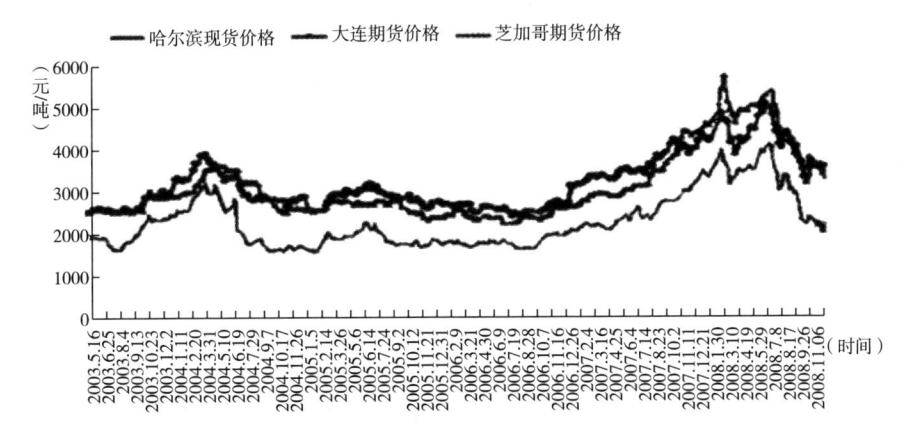

图 7-9 2003~2008年中国大豆市场期货、现货价格趋势和芝加哥期货价格趋势对照

资料来源：大连商品交易所课题组编《中国期货市场功能研究》，中国财政经济出版社，2010。

本书采用协整理论以及基于 VAR 模型的格兰杰因果关系检验方法对中国大连商品交易所黄豆期货价格进行分析。单位根检验显示，选取的周样本序列均为 I（1）。格兰杰因果关系检验显示：CBOT 黄豆期货价格为大连黄豆期价的单向的格兰杰原因；大连黄豆期货价格是黑龙江、大连黄豆现货价格单向的格兰杰原因；美元汇率变量与大连黄豆期价之间不存在格兰杰因果。长期协整方程显示：CBOT 黄豆期货价格、大连黄豆现货价格、美元指数与大连黄豆期货价格构成长期显著的均衡关系；美黄豆连续期价对大连黄豆期价的弹性是 0.13，大连黄豆现货价格对大连黄豆期价的弹性是 0.13，美元指数对大连黄豆期价的弹性为 -0.48。从最终建立的动态模型来看，模型有较好的拟合及预测精度。因此，该模型对国内黄豆期价风险控制具有较好的参考价值。

业内人士指出，随着中国期货市场品种的不断丰富、市场流动性的不断增强和市场参与者的不断增加，中国期货市场形成的价格信息与现货市场、国际市场的关联度正不断提高，能够比较准确地反映市场的供求状况和预期，对于生产者和经营者有较强的指导性，在优化市场资源配置、提高生产经营效率方面作用明显。例如，在农产品生产销售中，大豆、小麦、玉米、橡胶、棉花等期货价格也已经成为东北、华北、云南等地农民以及农业产业组织安排农业生产、调整种植结构、确定销售计划、锁定预期利润的重要依据。未来，随着稻米、生猪等更多期货品种的上市，国内农业企业可望获得更为全面的信息支持。

3. 国际涉农寡头的战略布局对国内自主定价权的影响分析

外资进入中国农业领域后的"双刃剑"作用表现得越来越突出，在推动地方农业产业化、缓解中国农业发展资金不足等方面有正面作用的同时，所产生的负面影响应引起社会各阶层的足够重视。尤其是国际涉农寡头对中国涉农战略性商品产业价值链定价权的战略性布局，已经或正在危及中国涉农战略性商品在国内市场的自主定价权。

棉花流通业正遭到路易·达孚、摩根大通等国际涉农寡头的战略布局，剧烈的价格波动反映出产业安全困局和自主定价权渐被弱化的局面，棉花种植日益边缘化使纺织产业重陷困境。在大豆产业链沦陷和种业、肉禽、玉米、果汁业陷入高危之际，国际涉农寡头正低调并坚定地向中国主粮产业链、产业链上游的农资环节和产业链终端的流通渠道进行战略布局，正不断弱化中国涉农产业价值链的国内自主定价权和产业经济安全。

四 本章小结

第一，通过运用相关性分析、协整分析、方差分解分析和 VAR 模型分析等研究方法，采用国际、国内所有冲击变量的自 2002 年 1 月到 2012 年 6 月的月度同比数据，来分别综合考察国际各因素和国内各因素在长时间序列中对中国农业产品（总体）价格波动、猪肉（个体）的价格波动中的冲击影响的程度及其强度变化趋势。随后，通过对国际因素和国内因素的各自冲击影响动态进行比较分析揭示中国涉农战略性商品国内自主定价权的变化趋势。对涉农战略性商品的总体实证研究和个体实证研究的结论均表明，国际因素的影响在增强，而国内因素的影响在减弱，即揭示出国内自主定价权在外部因素的冲击下不断弱化的趋势。第二，对不同冲击路径（贸易传导、FDI 和国际金融市场）下国际因素对国内自主定价权的影响进行理论分析，揭示中国自主定价权不断弱化的机理。

第八章

涉农战略性商品定价权受控的路径与案例分析：基于全球价值链视角

全球经济一体化发展迅猛，市场边界已超越国界并拓展到全球，跨国公司或国际级产业寡头追求超额利润的目标驱动其在全球范围内配置资源、整合资源、控制资源、组织生产、提供产品和服务，旨在通过主导全球价值链的治理来获取"经济租"或"定价权收益"。作为一种制度安排，治理在全球价值链上居于核心地位。治理本身就是"租"的重要来源，这是一种特殊的"关系租"或"经济租"。涉农战略性商品价格由于长期受到各国政府的压制而低于其应有的价值中枢，这为掌控其全球价值链治理或其定价权的涉农寡头带来了更大的利润空间和企业成长空间，并已诱致更多的国际大资本（对冲基金、共同基金等）的关注、参与乃至投机炒作，进而助推其价格在上涨趋势中大幅波动。为此，对涉农战略性商品全球价值链治理及其治理下的定价权进行分析具有紧迫性和现实意义。

本节先就涉农寡头主导涉农战略性商品全球价值链治理的路径进行分析，随后深入分析全球价值链治理下的定价权，最后基于价值链治理理论对中国国内涉农战略性商品自主定价权受控路径和演进方向进行探析。

一 涉农寡头主导涉农战略性商品全球价值链治理的路径分析

1. 涉农寡头寡占全球价值链的扩张路径和战略布局重点

以美国为主的涉农寡头在逐步控制本国涉农战略性商品产业价值链的

第八章 涉农战略性商品定价权受控的路径与案例分析：基于全球价值链视角 | 179

基础上，控制了阿根廷、巴西等全球农产品出口大国，现在的战略布局重点在中国和印度等新兴经济体。例如，作为 ABCD 四大粮商之一的 ADM 公司在其 2010 年年报中所宣称的发展计划正道出了涉农寡头们控制全球涉农产业链的战略布局路径、扩张的手段和下一步扩张的战略重点目标（中国和印度）。ADM 主席、首席执行官兼总裁 Patricia A. Woertz 在其 2010 年年报中致信股东表达了其承诺和信心："我们将继续从有机的层面和策略的角度扩大 ADM 的业务范围。""通过并购活动（扩张手段），我们将进一步扩大公司在南美、中欧和东欧等原料供应地的活动范围（加强控制全球农产品的主要供应地的农产品源）。我们将更深入地融入中国、印度等需求增长迅速的市场（进一步战略布局中国、印度等全球最大的最具成长性的消费市场）。"

本书中的流程图（见图 8-1）比较全面体现了以美为主的涉农寡头治理下的涉农战略性商品全球价值链及涉农寡头对中国战略布局的态势。

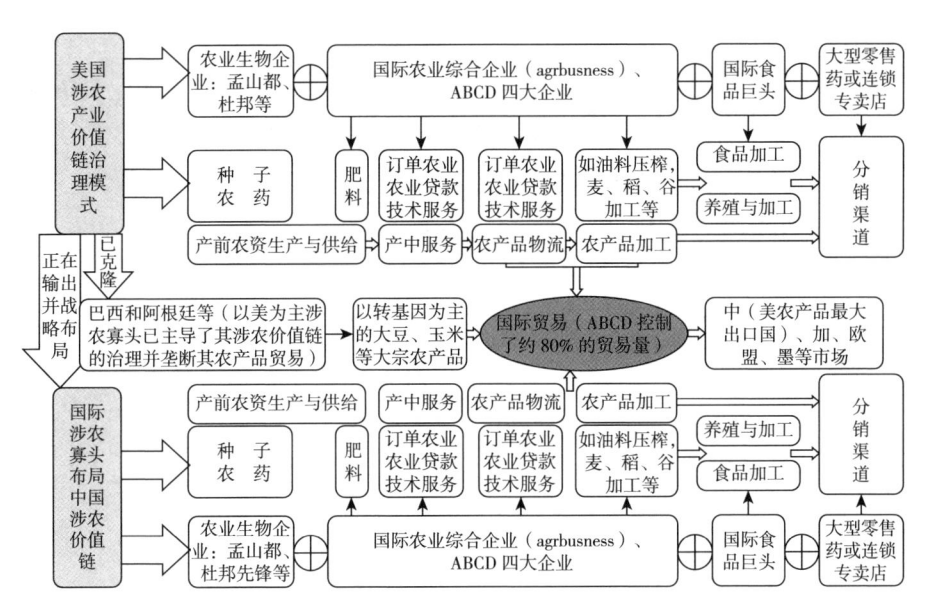

图 8-1 以美为主涉农寡头治理下涉农战略性商品全球价值链及寡头对中国的战略布局态势

第一，以美国为主的一些农业跨国公司（孟山都和杜邦先锋等农业生物公司与 ADM、邦吉和嘉吉等农业综合企业等）在本国涉农产业的横向集中和纵向一体化的进程中逐步成长为具有全球竞争优势并善于纵向联合治理的涉农寡头，随后凭借其强大的资本实力、娴熟的资本运作、主导的涉农战略性商品的定价规则和从种子到餐桌的全产业价值链的联合治理能力，再加上美欧国家涉农战略性制度（农产品战略性贸易政策、跨国投资支持和生物质能源政策等）的大力支持，将其治理涉农产业价值链的商业模式向全球扩张，且很快就将具有农业生产要素禀赋优势的阿根廷、巴西等全球农产品出口大国的涉农产业价值链纳入其治理之下，从而寡占了国际农产品市场的粮源，并利用作为国际定价中心的CBOT和ICE期货市场、利己的定价机制等优势而坐拥国际大宗农产品交易的定价权。全球涉农寡头们当前战略布局的重点是拥有全球最大、最具成长性的涉农战略性商品市场的中国、印度等新兴经济体，其具体策略体现为：先是以WTO农业协议来打开新兴经济体的涉农产业的国门，随后产融互动、双管齐下，即从金融市场、国际贸易和FDI三条路径进入并影响新兴经济体国内的涉农产业，旨在渐进将中国等新兴经济体的涉农战略性商品产业价值链纳入其治理之下。

第二，全球性涉农寡头联合治理某一国家涉农战略性商品产业价值链的一般模式。①控制涉农产业链的上游，依托美国主导下制定的WTO规则中的知识产权保护条款，搜寻并垄断全球范围内的优质种子资源，开发转基因种子并统一提供种子、农药、化肥等农资，旨在获取农资定价权。②对产中的控制主要采取订单农业，并向农户或农场主提供贷款支持和技术支持，届时让农户或农场主以农产品冲抵信贷。③控制战略性农产品的贸易环节，协议收购粮食，大力投入铁路、港口等农业物流设施和仓储建设。

2. 联合治理涉农战略性商品全球价值链是主要的治理模式

根据全球价值链理论，价值链治理的目标是索取各种各样的"经济租"，而不是要素回报或者企业家回报。经济租等于要素收入与其机会成本之差。只要存在垄断（行政垄断、市场垄断或天然垄断等），就可能存在经济租。在许多全球价值链中，可能存在多个参与治理的主导企业，同时这些主导企业可能位于不同环节，如位于价值链条的最高端，或者链条的中部或者链条的底端。例如，大豆产业全球价值链上的种子生产、收储和国际贸易、加工、大豆油的终端销售渠道等战略性环节分别由国际种业巨头（孟山都、杜邦先锋等）、ABCD 四大粮商、大型零售商（沃尔玛、家乐福等）等掌控，在不同的区域内形成不同的纵向联盟和横向的良性竞争，共同主导大豆产业全球价值链的治理。涉农产业寡头全球扩张，以孟山都为主的农业生物巨头和以 ABCD 四大农业巨头为主的涉农跨国公司联手，从转基因大豆入手，仅用数十年时间，就几乎制服阿根廷农业和巴西农业，重创印度农业，同时基本控制中国大豆油脂产业链，并战略性布局中国主粮产业链。

在北美，三个食物联合体（ConAgra/Dupont，Cargill/Monsanto 和 Novartis/ADM）已经在控制北美市场的食品链，并逐渐扩散至全球（周立，2008）。食物生产业链条的高度集中，从种子、除草剂的购买，到农场融资以及零售，都是如此。密苏里大学的农业社会学家 Bill Heffernan 说，通过不同食物生产者之间的兼并、接管、联盟等方式，产生了更为集中的食品产业集团，这些集团现在通过"无缝的纵向联合，控制了从基因到超市货架的整个食物体系"（A seamless and fully vertically integrated control of the food system from gene to supermarket shelf）。比如，以 Monsanto 和 Cargill 建立伙伴关系为例，他们控制了种子、化肥、农药、农场信贷、谷物收购、谷物加工、牲畜饲料、牲畜生产与宰杀，以及许多著名的产业化食品品牌。对 Cargill 这样的公司来说，这样的联合使他们极大地加强了对成本的控制，从而产生显著收益。Bill Heffernan 警告说，伴随食品联合体纵向一体化的巩固，"全球食品体系中，给独立农户留下的空间已经微乎其微了"。农民在加入食品公司联盟的合同面前，面临另外一种严峻的选择：要么接受要么走。过去二十年，美国按订单生产的农产品，从 10% 上升为 35%，是原来的 3 倍以上。食品体系中如此高的集中度，使得越来越多的国家、地区和农户在面临食品公司给出的合同时别无选择。

3. 涉农寡头主导涉农战略性商品全球价值链治理的竞争策略

涉农寡头全球扩张的竞争策略主要有两个。一是美国基于政治图谋的全球粮食战略实施的要点是"授人以鱼"后伺机"剪羊毛"，即以今日的高补贴倾销、策略定价来换取明日的市场话语权和超额利润，进而伺机对粮食外贸高依存度的国家发挥粮食的"武器化"攻击功能。二是以并购为主的扩张手段。具体说，以"扭曲"大宗农产品国际贸易价格和控制农业生物基因资源为主要手段，以控制农资原料定价权和大宗农产品定价权为目标，强力输出其涉农产业链一体化的农业现代化模式，推动全球农业生产结构分工体系的重构，促进他国农业融入以其为主导的全球粮食产业链一体化进程，进一步强化并凸显其跨国农业巨头对全球粮食产业链的控制力和定价权。周立（2008）认为，一个扭曲的粮食补贴政策，带来了扭曲的食物生产结构，进而带来了扭曲的食物价格体系。

二 以美为主的涉农寡头主导涉农战略性商品全球价值链治理下的定价权分析——以大豆产业全球价值链治理下的定价权为例

1. 涉农寡头投资目标是能获取"经济租"的高附加值项目

在经济学上，"经济租"（Economic Rent）是生产要素所有者凭借其垄断地位所获收入（价格）中超过要素机会成本的剩余，是价值链治理的目标。简言之，经济租等于要素收入与其机会成本之差。谁识别并抓住全球价值链的战略环节，就抓住了整个价值链，也就控制了该行业，即由谁来治理这条价值链。全球价值链理论认为，高附加值环节一般就是全球价值链上的战略性环节。为了确保企业或产业的核心竞争力或竞争优势，关键也在于准确判断出全球价值链中的战略性环节并要抓住该环节。例如，作为 ABCD 四大粮商之一的 ADM 公司在其 2010 年年报中所宣称的发展计划正道出了涉农寡头们投资高附加值项目或实现超额利润（获取"经济租"回报）的目标。ADM 主席、首席执行官兼总裁 Patricia A. Woertz 明确指出："我们需要这样的项目——在全面投产之后能够帮助公司实现或超越高于加权平均资本成本 2% 的回报率（高于机会成本的超额回报或为'经济租'）。只有这样的项目才值得我们投资。""要实现利润增长，一个尤为重要的方面就是公司的全球油籽业务。我们为油籽压榨量确立了年增长 7~10 个百分点的目标，几乎是市场预期增长速度的 2 倍（要实现超预期的成长的重点在于扩张全球油籽业务）。"

2. "美国因素"对全球涉农战略性商品定价权的影响分析

以美国为主的国际涉农产业寡头控制全球粮食定价权的策略与路径分析主要有以下几个方面：一是战略利益交汇形成控制全球涉农经济实体的战略合力；二是主导全球价值链的治理权，即主导涉农战略性商品的全球价值链的治理权，设法将全球农产品主要出口国（巴西、阿根廷等）、全球农产品主要进口国和最大的农产品消费市场（如中国市场）纳入其治理下的全球价值链；三是主导规则制定，即主导制定国际涉农战略性商品市场体系（期货市场和现货市场）的规则，控制涉农战略性商品的国际交易定价权；四是控制粮源，即将西方国家的农产品战略储备转变为由涉农垄断资本控制下的国际仓储，控制全球过剩的主要粮源，垄断国际市场的粮食贸易（ABCD四大粮商已控制全球农产品国际贸易量的80%）；五是农产品能源化和金融化，即将农产品能源化和金融化，实质上也就控制了国际农产品或食品的长期价格走势和短期波动的主动权；六是影响预期的信息主导权。上述六个方面是互动统一的关系，战略目标是长期获取涉农产业的超额垄断利润或经济租，而粮食能源化和金融化可以给控制涉农战略性商品定价权披上道义的"外衣"。

"美洲（美国、巴西、阿根廷）产大豆、美国卖大豆和掌控国际定价权、中国买大豆"是对以美国为主的寡头的全球大豆产业价值链治理下的分工格局和国际定价权现状的经典描述，但分别作为全球大豆最大的生产方和需求方的南美和中国为什么无法突破此不合理的约束而屡屡遭受经济利益的盘剥？这是以美为主的涉农实体寡头、国际基金、USDA报告和国际定价中心CBOT之间长期以市场化竞争为幌子所进行的默契协同和战略性协同形成合力的结果。

3. 涉农寡头日益受益于涉农商品国际价格上涨的实证研究

具有定价权的国际涉农寡头成为国际农产品价格大幅上涨的受益者，定价权收益日益凸显。本节将对全球涉农寡头日益受益于涉农战略性商品国际价格大幅上涨的事实进行实证分析。根据数据的可得性，本节实证选取了国际上具有代表性的四家全球性涉农寡头公司2002~2011年的每股年度摊薄收益来进行比较分析，其中四家公司分别为居于涉农产业价值链上游的农资环节的农业生物巨头——孟山都公司、先正达公司，居于产中、产后环节的农业综合企业（agribusiness）（俗称ABCD的四大粮商中的A和B二大粮商）——ADM公司、邦吉公司。显然，这四家公司都具有定价权。从图8-2中可以看出，四家具有涉农战略性商品定价权的涉农寡头的业绩（每股摊薄收益）与近几年的国际农产品价格波动总体上呈正相关，即各公司的业绩在国际农产品价格的上涨趋势中也总体上呈上升之势；但各公司业绩与农产品价格的相关程度有差异，其中在2008年和2010年国际农产品价格大幅上涨的时候，ADM 公司每股摊薄收益相对较平稳且在 2010 年也有一定幅度的上升；而邦吉公司的每股摊薄收益 2007~2011 年则随国际价格的变化而大幅变化，呈显著正相关，这或许是因为邦吉公司的国际贸易量大的缘故；孟山都公司、先正达公司因国际农产品价格大幅上涨所带来的业绩效应明显滞后一个年度，且孟山都公司的业绩效应更为显著，即孟山都公司在 2009 年和 2011 年的每股摊薄收益分别都较上一年度出现了可观的上升，先正达公司在 2011 年较上一年度出现了可观的上升，滞后的原因在于农户或农场主会在上一波农产品价格大幅上涨的刺激下通过加大农资采购来扩大或加强生产，从而带动以种子、杀虫剂和农药为主业的公司业绩上升。从上面分析中可以看出，国际级涉农寡头的定价权收益在近几年愈发明显。但是，我们要看到国际大宗农产品价格大幅波动给中国大多不具有定价权的涉农企业带来的是更为不确定的经营环境和更大的经营风险，不少企业因此受到了不小的损失。

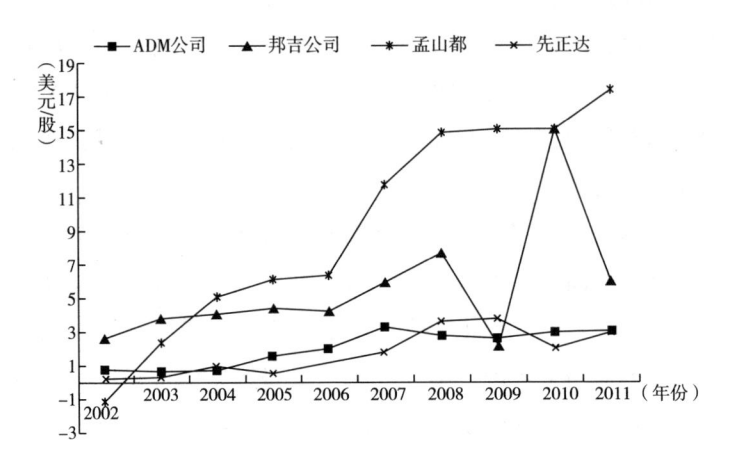

图 8-2　国际四大涉农寡头 2002~2011 年每股摊薄收益
资料来源：根据各公司年度财务报表整理。

据广发基金的研究部门测算，1996 年全球农产品价格上涨带来的收益中，10%被国际涉农龙头企业获得，而到了 2009 年，这个比例已经提高到了 50%。这进一步说明了国际涉农寡头企业的定价权在不断增强，定价权收益在不断提高。广发标普全球农业指数证券投资基金经理邱炜（2012）经研究认为，涉农产业链上游主要是基因种子类、化肥农药类，如加拿大钾肥、美国美盛、美国孟山都等都是上游的龙头企业,具有很强的定价话语权,是农产品涨价最受益的企业;下游主要有品牌食品和粮商,其中粮商中的龙头企业(全球 ABCD 四大粮商)由于具有强大的加工销售网络及物流体系,往往垄断下游且具有定价权;另外,也有一部分下游公司会受益,其中具有品牌或垄断、半垄断整个流通环节的公司最受益。因为最下游面临的终端消费者是家庭或个人,他们不可能有议价能力,所以大贸易商具有很强的成本转嫁能力,也就是说提价的能力非常强,而其提价的幅度往往高于成本涨幅。

三 中国国内涉农战略性商品自主定价权日益受控路径及其演进方向

从国内来看,农业产业链垄断势力不断强化,国内市场竞争国际化,导致国内市场定价权的争夺日益加剧。

国内外市场渐趋一体化下,外资在中国涉农产业价值链的高附加值环节进行战略性布局,谋取产业链的控制权、话语权和定价权。国际涉农产业寡头基于其对涉农产业全球价值链的成熟控制或治理模式、强大的资本实力来加强对中国涉农产业价值链的有序的战略性布局和控制,对中国的涉农产业资本正产生巨大的挤出效应,显然,处于"被国际化"阶段的中国涉农企业正滑向国际涉农产业价值链的低端环节,涉农战略性商品在国内市场自主定价权因受外部因素的冲击而日益弱化。

(一) 国际涉农寡头控制中国涉农商品自主定价权的策略与路径

从图 8-3 可以看出,国际产业/金融寡头控制国际与中国涉农战略性商品定价权的路径及其策略。

1. 对中国进口依存度高的大宗农产品国际定价权的掌控及其产业价值链的控制

以美国为主的国际涉农产业寡头分别利用美国 CBOT 和 ICE 的国际定价中心来达到控制大豆、棉花等大宗农产品的国际定价权的目的,进而以操纵金融市场的期货价格来攻击中国的大豆和棉花等战略性商品的经济实体,旨在重挫经济实体后实现其低价并购式的战略扩张,进而渐进控制中

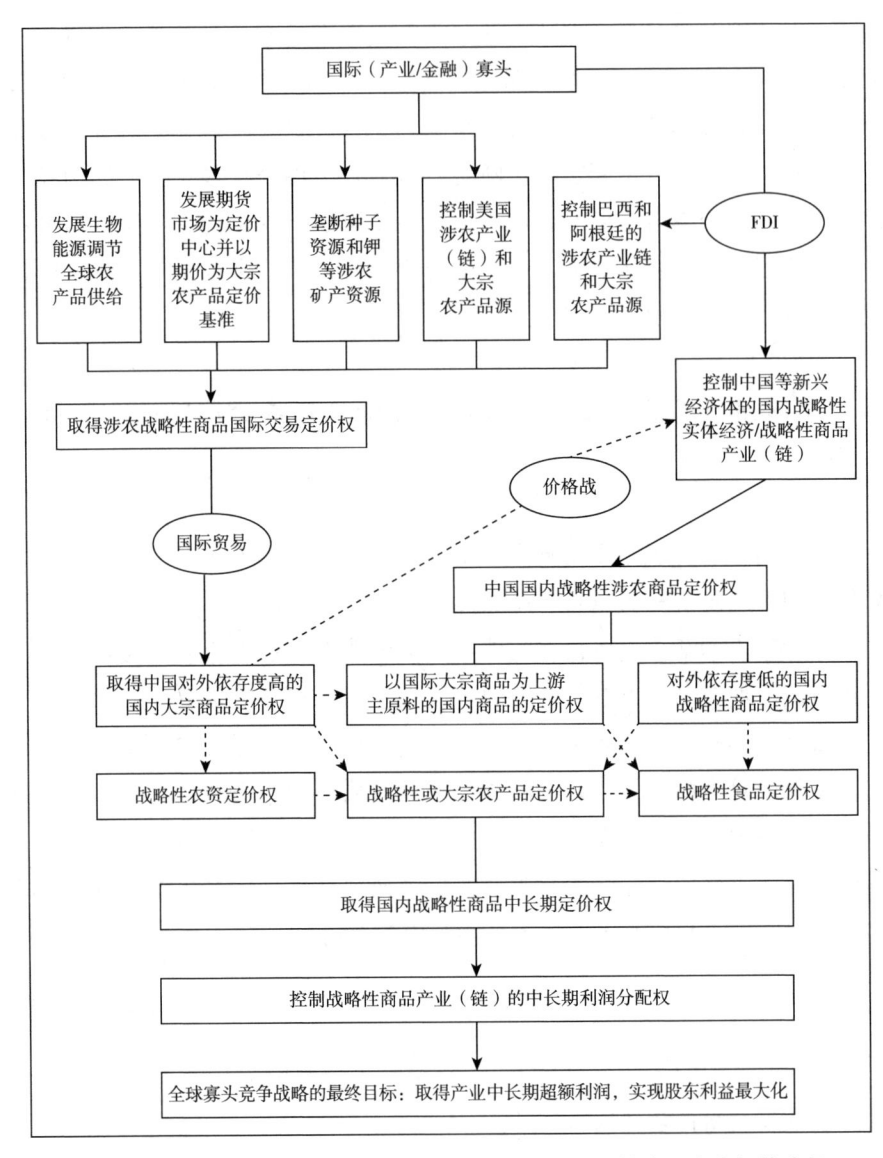

图 8-3 国际产业/金融寡头控制国际与中国涉农战略性商品定价权的路径

国涉农战略性商品产业价值链及其定价权。ABCD 四大粮商和益海嘉里等国际涉农产业寡头，于 2004 年以操纵金融市场的大豆期货价格（所谓的"市场机制"）来攻击并重挫中国的大豆压榨业，随后以低价并购控制中国的大豆压榨业为切入点，强行切断中国产的大豆通往国内油脂产业链的路径，渐进控制中国的大豆油脂产业链，并将中国大豆油脂产业链纳入其大豆油脂产业全球价值链，垄断中国的油脂业。另外，对中国棉花自主定价权的争夺战已开始，2010年由ICE棉花期价带动中国郑棉大幅波动，已对中国棉花的种植、收储和下游的加工厂带来不小的损害，而法国的路易·达孚和美国的摩根大通已直接介入中国的棉花收购和郑棉期货市场，正挑战中国棉花自主定价权。

2. 对中国自给率高的大宗农产品定价权的控制

FDI采取上下游布局、双向垂直约束的产业控制和定价权控制的策略。沿用控制巴西和阿根廷农业的模式，上游由孟山都、杜邦先锋等农业生物巨头来战略布局中国的玉米、棉花等种业，下游凭借已具有寡头垄断优势的食用油粮营销渠道，介入中国国内稻谷、玉米和小麦等的谷类大宗农产品的收购，同时收购、兼并中国的谷类农产品的加工企业，进而实现上下游合力互动，旨在渐进取得中国谷类大宗农产品产业价值链的治理权和定价权。

3. 从国家层面对国内市场涉农战略性商品自主定价话语权的分析

在国内市场上，中国控制得了本国大宗谷类农产品的储备收购价，但控制不了国内食品的价格和市场终端的价格，更控制不了对外依存度高的进口农产品（大豆、玉米、棉花等）价格。由于中国稻米、小麦、玉米等是主粮，其主价值链相对油料农产品短，且相对价值低，占国民消费总支出的比重比肉类食品和果蔬小，因此其价格变动对CPI的影响不大。但定价权受制于国际因素的猪肉等食品的价格对CPI的影响巨大，国民的感受更深。如果屡屡通过压制市场终端价格（如国家发改委约谈、利用价格法维持国内市场价格秩序）的调控手段，必然会打乱上游各环节的价格秩序或价格信号，这无疑会增加国内企业和农民生产经营的不确定性和经营风险。因此，在对外开放大格局下，如何在WTO规则的弹性空间内不断完善中国政府对涉农战略性商品的调控手段已是刻不容缓。

（二）中国涉农战略性商品自主定价权日益受控的演进方向

中国涉农战略性商品自主定价权主要在国际金融期货价格的溢出、国际贸易和FDI对中国涉农战略性商品价值链的战略布局等三个方面受到外部因素侵袭而不断弱化。国际金融期货价格的溢出影响强，而中国大宗农产品期货价格对国际的溢出影响还相当弱，基本上处于被国际定价中心单向决定的地位；对外依存度高的各涉农战略性商品在国际贸易中的国际定价权已基本或完全丧失；农业入世过渡期已结束，FDI 对中国涉农战略性商品价值链的战略布局在低调而快速地进行。为此，从 FDI 层面，尤其是国际级涉农寡头对中国涉农战略性商品价值链的战略布局来研判中国自主定价权日益受控的演进方向，才具有现实意义和紧迫性。

开放格局下，当前国际级涉农寡头的战略布局态势决定了中国国内涉农战略性商品自主定价权不断弱化的态势。

一是国际涉农寡头对中国涉农战略性商品进行了旨在获得定价权收益的全产业链的战略布局。商务部发布的 2009 年产业损害预警年度报告显示，外资加大对我重点行业控制力度。随着全球化不断深入，跨国巨头也加紧争夺中国市场，特别是对我农产品等重点产业的全产业链的控制，值得关注。

二是预先抢占中国涉农战略性商品价值链的高附加值环节或战略性环节。以并购控制为目的的外资已强势进入 108 家中国国家重点农业龙头企业，且大多进入集中度高、消费市场广、利润空间大、发展潜力好的优势产业。如 108 家中有 99 家集中在粮油、林特产（含水果）、肉类（含鸡、牛、猪）、牛奶、水产、蔬菜产业，比重达到 91.7%。近年来，外资在中国农业领域的项目和资金数量均呈高速增长态势（产业安全指南网，2010），尤其是农产品加工产业成为外商控制的重点。

三是从加工环节的控制转向农资环节和销售终端环节的控制。国际涉农垄断寡头对中国涉农产业价值链的控制重点已从农产品加工环节转向农资供应和农产品销售流通环节，尤其是转向将重点并购的中国优势的农资供应商、大型零售商。目前，种业企业、农药企业、化肥供应企业的垄断力量正在不断增强，大型连锁零售超市对农产品销售渠道的控制也在显著强化。这种转移更容易导致农资成本和农产品流通成本成为大宗农产品成本和市场价格升高的推手，从而加剧了处于分散中的农户和消费者的议价弱势地位，加剧了涉农业产业价值链不同环节收益的欠对称性。当大宗农产品价格下跌时，农户收益往往先受损；当大宗农产品价格上涨时，农资供应和农产品流通企业尤其是大型零售商往往优先受益。

四是国际涉农寡头对中国的战略布局已进入攻坚阶段——圈占中国的

大宗农产品源。外资只要大举进入粮食收储环节或控制了一定份额的粮食收储量(政策上已没有外资进入的限制,中粮、中粮储和华粮等央企成为外资大举进入的最大障碍),那么其在中国低调布局的主粮产业链就完全打通,上下游(在上游外资已主导了中国的种业、农药,在下游外资已垄断了粮食可完全共享的食用油渠道)完全接合,突破了在中国主粮价值链治理的瓶颈,也就控制或主导了中国主粮价值链治理的主导权,那中国主粮产业链的自主定价权将完全丧失。外资会如何控制或蚕食中国的主粮源呢?从目前看,外资涉农寡头正有条不紊地从三方面入手。一是外资涉农寡头正紧锣密鼓地战略性布局中国的主粮生产区,旨在收储原粮。以新加坡丰益集团和美国 ADM 公司为后盾的益海嘉里已在中国的主粮产区(如河南)修建铁路和仓储、斥巨资在东北粮食主产区布局大米深加工产业并抢购原粮;日本的粮商入股中国东北的国地方大粮企;2010 年 9 月 17 日,美国农业部在东北中心城市沈阳设立的农业贸易处揭示了其对华农产品战略布局已经进入中国最核心的粮仓;等等。二是外资大举入股、收购和控制原粮加工厂,旨在以加工环节的控制来倒逼主粮的收储。三是控制高附加值的无公害的、绿色的、有机的粮食生产基地,主要以订单农业直接与生产基地进行无缝链接,如沃尔玛以自有品牌销售其在中国生产基地生产的绿色的、有机的粮食。

第四篇

战略成因与对策

第九章

基于产业安全的涉农战略性商品定价权缺失的成因分析

涉农战略性商品定价权缺失或弱化问题已成为中国涉农产业安全的一种新常态,是一种更具战略性和全局性的产业安全问题。从经济学视角和产业安全理论来看,在对外开放的大格局下,中国所面临的涉农战略性商品定价权屡屡缺失或弱化的现象,既不能增加中国以农业种植者为基础的涉农生产者的生产剩余,又不能增加中国全体国民的消费剩余,其实质是定价权拥有者滥用市场势力所实施的一种"兵不血刃"的掠夺中国经济利益的行为,导致中国涉农产业经济利益面临重大损失和国民福利遭受巨大损失,损害了中国涉农产业发展的可持续性和自主性,危及中国涉农产业安全乃至国家经济安全。

定价权的博弈可谓一种综合实力的较量和规则制定权的较量,实质上更是一种国际各利益主体长期战略的博弈。本书相关章节通过案例研究、理论分析和实证研究相结合的方式对涉农战略性商品国际定价权、国内自主定价权和全球价值链治理下的定价权问题的影响因素进行了有益的探索和剖析,这无疑为本章节着重从战略层面进一步揭示涉农战略性商品定价权缺失的深层成因奠定了坚实的基础。本章节分别从国际和国内两个方面深入剖析涉农战略性商品定价权缺失的外部成因和内部成因,同时,突出其成因所具有的战略性和全局性。

一 涉农战略性商品定价权缺失的深层外因分析

中国大宗商品定价权缺失的外部原因主要从国际垄断寡头攫取经济租

的战略行为、以美为主发达国家扭曲国际定价的战略性制度安排、多元国际主体屡屡多赢的"合作博弈"、WTO农业协议和国际定价规则的不平等四个方面来分析。其中涉农寡头和农业发达国家的战略利益交汇下的战略性合力是中国涉农战略性商品定价权缺失的根本外因。

（一）涉农垄断寡头的战略行为——攫取"经济租"

从经济学层面看，全球价值链治理理论是以西方经济学"经济租"一词来阐析寡头垄断价值链战略性环节或主导产业价值链治理所获得的收益的合理性，这无疑为涉农寡头旨在操控定价权而联合主导全球涉农战略性商品价值链的治理穿上了合理的经济学外衣，并成为其获取合法性超额利润的理论依据。

国际涉农垄断寡头以操控定价权来攫取经济租（下文简称为"定价权收益"）的一系列战略行为是导致中国涉农战略性商品国际定价权缺失和国内自主定价权缺失的直接原因。

1. 定价权收益是涉农寡头的全球战略布局和资源配置的战略目标

以美为主的全球性涉农寡头已主导了各农业出口大国（美国、巴西和阿根廷等农业生产要素禀赋优异的国家）的涉农战略性商品价值链的治理，掌控了约80%可供国际贸易的粮源，同时利用美国CBOT和ICE等大宗农产品的国际定价中心控制了全球大宗农产品的国际定价权，并正在对以中国、印度为主的具有全球最大消费市场的新兴经济体进行战略布局。涉农产业寡头全球扩张，以孟山都为主的农业生物巨头和以ABCD四大农业巨头为主的企业进行联手，从转基因大豆入手，仅用数十年时间，就基本制服阿根廷农业和巴西农业，重创印度农业，同时基本控制中国大豆油脂产业链并战略性布局中国主粮产业链。比如，作为ABCD四大粮商之一的ADM公司在其2010年年报中所宣称的发展计划正道出了涉农寡头们控制全球涉农产业链的战略布局路径。ADM主席、首席执行官兼总裁Patricia A. Woertz在其2010年年报中致信股东所表达的承诺和信心中表明"我们将继续从有机的层面和策略的角度扩大ADM的业务范围。这就要求我们建立一个强大的资本分配流程和一系列优质的项目。""我们需要这样的项目：在全面投产之后能够帮助公司实现或超越高于加权平均资本成本2%的回报率。只有这样的项目才值得我们投资。""要实现利润增长，一个尤为重要的方面就是公司的全球油籽业务。我们为油籽压榨量确立了年增长7~10个百分点的目标,几乎是市场预期增长速度的2倍(要实现超预期的成长的重点在于扩张全球油籽业务)。通过并购活动(扩张手段),我们将进一步扩大公司在南美、中欧和东欧等原料供应地的活动范围(控制全球的主要原料)。我们将更深入地融入中国、印度等需求增长迅速的市场(进一步占领全球最大的消费市场)。"

2. 以美为主的跨国农业生物寡头对农业生物知识产权的抢占实质上是从源头上控制涉农产业链的技术定价权制高点

控制了生物知识产权等于控制了涉农产业链的技术制高点,实质上拥有了涉农产业链源头的技术定价权。动植物遗传资源是实现涉农产业链可持续循环发展的命脉,是国家重要的战略资源。基于其知识产权的生物科技产业(如生物种业、海洋经济生物产业、基因诊疗业等)是确保国家生态安全、国家核心利益和子孙后代福祉的重大战略性新兴产业。美国等发达国家农业生物企业通过"合作"和窃取等途径,大肆掠取和控制发展中国家的生物资源,利用先进生物技术优势进行基因挖掘等开发并抢占生物知识产权,依照WTO专利规则向发展中国家高价兜售其拥有的专利技术和专利产品,获取高额利润。据统计,美国农业生物企业通过各种途径获取的生物遗传资源占其总量的90%。中国生物遗传资源流失惊人,引进和输出的比例估计为1:10,流失的生物资源被一些发达国家公司抢注为专利产品并成为他们向中国索取巨大经济利益的砝码。其中,在生物种业领域的竞争实质是基因专利权的竞争,跨国生物公司利用生物知识产权垄断将全世界种子供给市场化,通过控制植物种源来占据种业市场。世界前10大种业巨头在农业生物技术方面拥有50%~60%的专利份额。截至2006年,美国在功能基因等方面拥有的专利数占全世界的60%。

3. 战略性农资原料和大宗农产品国际贸易的寡占及其国际定价权的控制

战略性农资原料和大宗农产品的国际定价权的缺失正弱化中国对涉农产业链的宏观调控力。在寡头垄断和大宗商品金融化背景下,国际大宗商品定价已逐渐脱离市场供需法则,这是经济全球化下的新型市场失灵。以ABCD为主的国际涉农寡头垄断了大宗农产品国际贸易,并利用美国的CBOT和ICE两大国际定价中心来操控涉农战略性商品的定价权。美国的新能源法案打通了国际粮价和油价的传导通道,美国农业部的数据(含中国农产品供需相关数据）更是影响国际大宗农产品期货市场的风向标，而农产品现货价格是以芝加哥期交所的期货价格加上升帖水形成的，这就形成了由美国主导的粮价和油价（美国高盛掌握石油期货定价权）联动、期价和现价联动的国际农产品价格形成机制。自2001年12月入世以来，"中国因素"在国际期货和现货市场中的作用越来越大，但"中国因素"因被国际期货市场投机炒作而变成了"中国劣势"，由于中国因素相对应的中国数据是由美国的所谓"客观"研究机构发布，从中不难理解为什么在一些大宗商品贸易中出现了中国"卖什么跌什么，买什么涨什么"的国际现象。如中国是世界最大铁矿石和大豆进口国、最大稀土生产国，但在这些商品上都没有定价权，这实际上是国际超级产业资本和金融资本联手在"剪中国经济增长的羊毛"，更是以其主导的既有的经济秩序来约束和获利。"中国在国际贸易体系的定价权，几乎全面崩溃。"商务部新闻发言人姚坚于2010年5月17日直言，"中国当前面临的一大问题就是大宗商品定价权的缺失"。中国涉农产业融入国际产业链的程度越深，国际大宗农产品价格和对外依存度高的战略性农资原料价格越易沿着涉农产业链传导到国内的各个产业链环节，中国控制不了对外依存度高的国际农资原料和以大豆、玉米为主的大宗农产品的价格，也就控制不了国内食用油和畜禽产品的价格，且国内的农产品价格波动也日益与国际农产品的价格波动趋同，这成为输入性通胀的主要因素，正弱化了中国对涉农产业乃至CPI的宏观调控力。

4. 擅长联合治理的国际涉农寡头对中国涉农产业价值链旨在定价权的战略布局正不断削弱中国的自主定价权

拥有统筹全球资源能力并以产业链控制为目的的国际顶级农业跨国集团和被控制国之间实质是一种利益此消彼长的"零和博弈"。从FDI层面看，国际农业生物巨头（孟山都、杜邦先锋等）和跨国农业综合企业（ABCD四大粮商和丰益国际集团等）擅长联合治理涉农战略性商品全球价值链，入世以来日益加快对中国涉农产业价值链旨在定价权的战略布局，这正在不断削弱中国的自主定价权。

失控的FDI正损害中国的产业安全，这是经济全球化下的"新型市场失灵"（纪宝成，2009）。2009年，中国海关总署发出预警，"外商投资企业在中国粮食领域的控制力正在加强"。国际上"ABCD"（ADM、邦吉、嘉吉、路易·达孚）四大农业寡头和益海嘉里、以孟山都（已完成对中国种业产业链的战略布局）为首的跨国生物公司和以高盛（已对中国猪产业链进行战略布局）为首的国际投行等正默契地对中国涉农产业链进行战略性布局。《人民日报》2010年7月11日报道，在种业领域，美国企业占据中国70%的种子市场份额，不断扩张试图全面控制中国种业，又开始进军中国大田作物种子市场并大力渗透科研环节，将给中国粮食安全带来很大隐患；有关机构统计，在中高端奶粉市场上，外资品牌奶粉在中国的市场份额已近60%，外资品牌从中获得了奶粉定价权，渐成垄断之势；国际上ABCD四大农业寡头和益海嘉里已控制了中国油脂供应量的75%，基本上已完全控制国内油脂业产业链。同时中国对外依存度高的钾肥央企也遭到加拿大钾肥巨头的战略性布局。在大豆产业链沦陷和种业、肉禽、玉米、果汁业陷入高危之际，外资正低调并坚定地向中国主粮产业链和产业链上游的农资业进行投资布局，这正危及中国的涉农产业的国内定价权和产业经济安全。

5. 国际涉农垄断寡头以内部转移改变涉农战略性商品的国际定价

国际涉农垄断寡头都是年营业额至少100亿美元的全球性公司，它们可利用其各个子公司所在不同国家或区域的税收情况进行税收规避规划，并决定内部各个子公司间商品交易的价格，将高税收区域的利润向低税收区域或国家转移，达到规避税收的目的。内部转移定价由于较隐蔽，不容易被发现，故常被大多数跨国企业采用。如ABCD四大粮商控制了全球约80%的大豆国际贸易量，完全可根据需要调高出口影响中国大豆压榨子公司的价格来减少其在中国的利润，同时，还能经常以原料价格上涨作为提高大豆油和豆粕价格的理由，客观上达到控制中国食用油和畜禽肉制品的定价权的目的。

（二）美国涉农战略性制度安排——扭曲国际定价

定价权已成为一种规则博弈，更成为一种战略博弈，其博弈主体不仅是涉农寡头，更离不开涉农寡头垄断资本所属国的国家政策的强力支持。美国政府对农业的战略地位始终头脑清醒。这一点从世贸组织谈判中可以窥见：乌拉圭回合谈判正因为欧盟和美国在农业问题上的分歧而被一再拖延；中国加入WTO，签订的第一个协议就是《中美农业合作协议》；在中国入世谈判启动前,美国提出如果中美间农产品贸易分歧不解决,就不能与中国进入实质性的 WTO 谈判。实际上,由于农业生产满足的是人类基本的生存需要,同时农业又是第二产业和第三产业的基础,因此,农业问题从来不是一个单纯的经济问题,它更是一个重大的战略问题。

1. 农业战略性贸易政策

20 世纪 80 年代美国面临巨大的国际贸易外部压力,以及此时出现的以"利润转移"理论和"外部经济"理论为代表的战略性贸易政策理论,共同造就了战略性贸易政策在克林顿时代的兴盛。随着 2001 年以来的全球经济萧条和美国出现的巨额双赤字,布什政府继续实施战略性出口贸易政策,以保证美国的国际竞争力和经济地位。粮食作为重要的战略商品,其生产在欧美等发达国家长期享受高额的政府补贴,发展中国家在冲击下逐步丧失粮价控制权,这也是近年来全球粮价上涨的重要原因。

美国的战略性农产品出口贸易政策对大宗农产品的国际市场价格最具影响力和扭曲作用,造就了美国作为全球大宗农产品最大出口国和生产国的地位。根据战略性贸易政策理论,多国实施战略性农产品出口贸易政策的结果将是增加农产品进口国的福利,但若将农业生产要素禀赋的优劣、不同农产品的互补性和农业发达国家的农业扩张战略结合起来分析,显然美国是对其已具优势的大宗农产品实施战略性出口贸易政策的大赢家。巴西、阿根廷等南美国家虽具有优异的农业生产资源禀赋且是大宗农产品出口国,但其出口粮源和市场价格均被以美国为主的涉农寡头控制,且国力相当有限,因此这些国家的农业相关支持政策对国际大宗农产品价格的影响极其有限。有能力长期大力实施战略性农业贸易政策的农产品出口国或区域主要为欧盟、美国和加拿大等,但从欧盟、美国和加拿大的农产品贸易往来中可以看出,当前欧盟和加拿大可供出口的优势农产品与美国的大宗农产品在很大程度上互补,因此对国际大宗农产品价格造成扭曲的主要为美国的战略性农产品贸易政策,且以美为主的国际涉农寡头控制了全球约 80% 的国际贸易粮源,对大宗农产品具有国际定价权。为此,本章节抓住大宗农产品国际定价权主要矛盾,着重对美国的农产品战略性贸易政策进行剖析。

罗斯福政府以来,历届美国政府所追求的农业政策基本目标是价格支持、提高农业收入、通过促进农产品出口增长来释放农产品过剩产能。美国长期支持出口的农业政策渐进演变成实质上的战略性贸易政策。

美国农业支持政策始于罗斯福新政时期，每隔5年重新评估并以国会法案的形式重新审定。1933年美国国会通过《农业调整法》，美国政府正式开始以鼓励休耕、提供政府贷款价格支持等方式来支持农业。1935年的《农业调整法》（修正案）提出将关税的30%用于促进其农产品出口，缓解农产品过剩矛盾。为了维护美国农业集团利益，美国政府根据1954年的《480号公法》实行的食品用于和平计划，把推行的对外政策和开拓国外市场与减少农产品信贷公司的库存结合在一起。

20世纪80年代兴起了以"外部经济"理论和"利润转移"理论为代表的战略性贸易政策理论。1985年里根政府基于美国稳固的农业基础启动了农业市场化改革，但好景不长，美国面临巨大的国际贸易外部压力和农产品国际市场急剧变化，这促使农业市场化改革很快被逆转，且造就了在克林顿时代美国战略性贸易政策的兴盛。从20世纪80年代开始，美国政府为了迫使其他出口国减少出口补贴，采用"混合贷款"（将无息政府贷款与有政府担保的贷款混合在一起提供给买主的商业贷款）和特殊补贴的办法来促进出口，同时农产品目标价格也起到了出口补贴的作用。1998~2001年，美国接连推出多项农业紧急救助计划，旨在扩大农业补贴、刺激农产品价格回升、促进出口。经过70多年的发展和完善，美国已在农产品价格、农户收入保证、环保、金融和保险扶持、税收优惠、出口信贷支持等方面形成了一套比较完整的农业政策支持体系。

2001年以来，全球经济出现不景气、美国出现巨额双赤字，布什政府继续实施战略性出口贸易政策，旨在确保美国的经济地位，提升了其农产品的国际竞争力。2002年布什政府签署的《农业安全与农村投资法案》大幅增大了农业直补的范围和额度，并决定通过贷款差额支付和反周期支付，在2012年前将联邦补贴增加67%，总计达1900亿美元。2008年国会通过的《农业法案》更是将2008~2012年的农业补贴金额提高到2900亿美元，除了维持并增加对玉米、大豆、棉花、小麦、大麦等农作物的补贴外，还将补贴范围扩大到水果及蔬菜等专业农作物；修订了出口信贷担保计划预算部分，美国每年可动用4000万美元的财政预算来支付信贷担保成本，旨在促进加工品和高价值的农产品出口，且将还款期从180天延长为360天；"新兴市场项目"面向美国农业出口有潜力的目标市场，每年为其提供10亿美元支持。2009年10月21日，美国总统批准了拨款总额为1211.3亿美元的《2010年农业、农村发展、食物和药物管理以及相关机构拨款法》。

美国的农业市场化改革非但没有进展，战略性农业补贴不减反增，这违背了其在WTO和多哈会议上所作的减少农业补贴的承诺，进一步扭曲了全球农产品市场的国际价格，不利于处于僵局的多哈回合农业谈判。在战略性农业政策的长期强有力支持下，2008年美国成为世界上最大的大宗农产品生产国和出口国：粮食产量约占世界产量的20%，粮食出口约占世界出口的40%，其中玉米约占世界市场的70%，大豆约占40%，小麦出口约占30%（马欣原，2008）。

2. 生物质能源政策

《经济学》数据显示，美国的计划是在2030年生物燃料达到运输用能需求的30%。此外，巴西、日本、印尼和欧盟表示要在2020年使生物燃料占运输用能源需求的比重达到10%。

中粮期货研发部韩旭在2012年5月的一份报告中称，美国乙醇的生产原料97%是玉米，其用于生产乙醇的玉米量从1981~1982年的86MB（百万蒲式耳，在美国，1蒲式耳相当于35.238升，下同）增长到2011~2012年的5000MB年均增速达到14.5%。乙醇消耗玉米量占玉米总产量的比例从最初的1.1%上升到2011~2012年度的40.9%。

目前全球生物质能源的总产量约800亿升，主要生产国是美国、巴西、欧盟及加拿大，占全球生物质能源总产量的90%以上。鉴于高油价成为全球经济的一种常态，生物质能源的快速增长趋势是不可遏止的。根据联合国粮农组织预计，2015年全球生物质能源的总产量将达到1200亿升。与此同时，巴西50%的甘蔗用于生产燃料乙醇，全球20%的豆油、阿根廷90%的棕榈油、东南亚30%的棕榈油、全球20%的菜籽油及欧盟75%的菜籽油均用于生产生物柴油，这都加剧了全球食糖与植物油市场的波动。若不计算燃料乙醇所消耗的玉米，全球谷物消费年均增长只有1.1%，已低于同期1.2%的人口增长水平（马欣原，2008）。

随着原油价格的不断攀升，生物质能源生产和使用逐步受到全世界的关注，尤其是农产品重要出口国（美国）充分利用这次机会达到了"粮食绑定能源"的战略目标。

美欧的生物质能源政策助推了国际粮价的大幅上涨，扭曲了国际农产品价格走势。欧美的生物质能源政策在很大程度上引发了2008年、2010年全球粮价的大幅上涨，导致2008年全球性粮食危机和一些国家社会、政局的动荡。2012年6月后，因美国干旱再次引发全球粮价的飙升，在美国农业部下调农作物产量预期后，联合国粮农组织对美国发出暂停玉米乙醇生产的呼吁。

根据2008年世界银行的一份机密报告，美欧大力发展生物燃料才是影响粮食供给和价格上涨的最重要原因；生物燃料的影响在全球粮价上涨幅度中占了75%的比重，远高于美政府早先3%的估计；若不增加生物燃料比例，全球玉米、小麦的库存将不会明显下降，而其他因素仅会温和推动粮价上涨，其中能源和化肥价格上涨的影响仅占粮价上涨幅度的15%。面对生物质能源政策遭到的质疑，时任美国总统布什甚至表示，就是国际粮价再涨，也不停止发展生物质能源的步伐，并认为粮价上涨是印、中等国需求的增加引发的，但世界银行报告认为发展中国家的收入迅速增长，尚未引起全球粮食消费大幅增加，为此印、中等国需求变化不是粮价大涨的主因（依琴，2008）。

值得关注的是，当前，美国是世界最大的玉米、大豆等大宗农产品生产国和出口国，供给全球40%的玉米和大豆以及20%的小麦，若将其40%的玉米用于生产乙醇（提供了美汽车燃料的8%），自然会引发世界大宗农产品价格大幅波动。2012年二十国集团快速反应论坛（RRF）举行旨在应对全球粮价飙升的首次会议。据英国《金融时报》报道，联合国可能利用此次会议来推动一场关于生物质能源政策的全球性讨论，尤其要求美、欧等国家废除由政府强行指定的生物燃料生产目标（李跃群，2012）。

USDA的数据表明，美国玉米乙醇的快速发展无疑推动了玉米价格的大幅上涨。从美国农业部20世纪80年代初期至今的玉米价格走势（见图9-1）和用于乙醇生产的玉米用量的长时间变动趋势（见图9-2）的对照中可以发现，生产乙醇的玉米用量与玉米的价格走势高度正相关。从上下两图的对照分析中可以看出，美国玉米的工业用量（生物乙醇）从1982年到2005年处于平稳增加阶段，约在2005年底进入快速上涨阶段，2010年底用于生产生物乙醇的玉米用量达到最高点，随后保持相对稳定；美国的玉米价格从1984~1985年到2005~2006年处于平稳的周期性波动之中，在

2005~2006年度进入周期性低点后，随后迎来了两波大幅上涨行情，到2011/2012年度的最高点时涨幅是最低点的4倍。由于生物质能源的增长大幅加大了对玉米的需求量，在产能既定或较小增幅的情况下，快速推动了玉米价格的大幅上涨，而且玉米价格的涨幅高于生产乙醇的玉米用量的增幅。

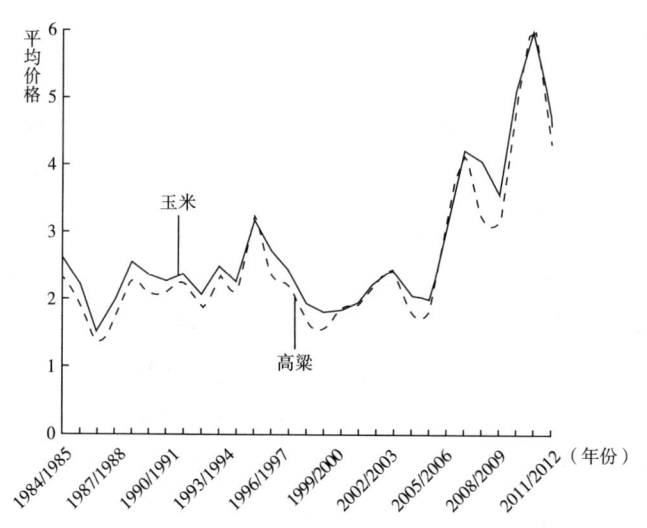

图 9-1　美国玉米和高粱年均产品价格

注：平均价格已进行标准化处理。

资料来源：Corn Planting Progress and Emergence Raise Yield Prospects for 2012/13。

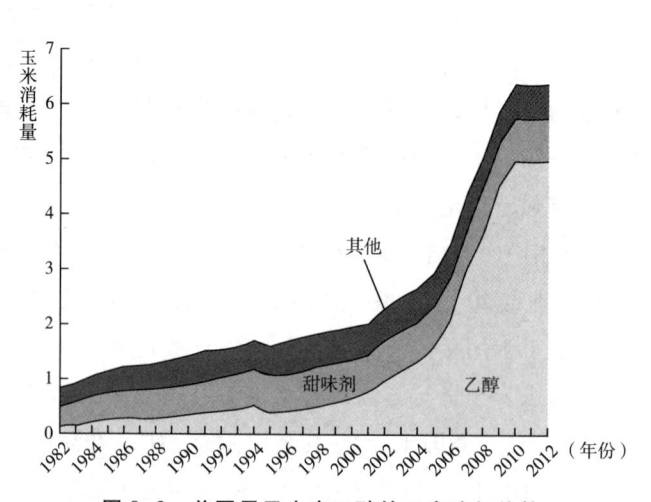

图 9-2　美国用于生产乙醇的玉米消耗趋势

注：玉米消耗量已进行标准化处理。

资料来源：Corn Planting Progress and Emergence Raise Yield Prospects for 2012/13。

美国的生物质能源政策对增强美国能源安全的作用非常有限，旨在粮食绑定能源的战略。美国宣称其生物质能源政策的目标在于增强美国能源安全，而实际上产自玉米的燃料乙醇对提高其能源的自给率的贡献相当低，那其真正的政策意图是什么呢？由于农业是国民经济的基础产业和战略性产业，而美国是世界上最大的大宗农产品生产国和出口国，其涉农寡头又占据了全球大宗农产品贸易并对国际定价具有调控力，因此，仅仅从美国自身能源安全的角度无法真正解析美国推行生物质能源计划的意图，在这种情况下，应更多地从美国的农业战略性政策和全球粮食战略的角度进行考察。

2005年，布什签署了《能源政策法案》，当时计划至2012年美国可再生能源要达到75亿加仑，国际油价的持续飙升拉开了玉米暴涨行情的序幕；2007年底，美参议院通过了《能源独立与安全法案》，当时计划至2022年其生物燃料产量要达到360亿加仑，从而进一步增加对玉米的需求，推高了玉米价格，进而推动国际农产品价格全面上涨。美国能源部在《2008年度能源展望》（修订版）中表示，新能源法案计划至2030年生产360亿加仑的生物质燃料，其中产自玉米的乙醇燃料为150亿加仑。

根据美国能源部的数据和单位乙醇提供的能量仅为汽油的2/3来计算，到2030年，150亿加仑乙醇燃料真正仅能替代3.7%的汽车燃料，可谓杯水车薪；另外，如果再扣除玉米生产所需要耗费相当量的化肥和机械燃料等能源，产自玉米的乙醇其实所能替代的汽油量更加微小。美国能源部的数据同时显示，生物燃料计划对于提升美国能源自给率作用也不大，预计到2030年美国液态油进口占其消费量的54%，仅较2006年的60%下降6个百分点，降幅相当有限。由此可见，玉米乙醇燃料无法真正达到美国政府宣称的"能降低其对海外能源依赖、增强美国能源安全"的效果。

综上可知，生物质能源计划对于提高美国能源自给率的作用相当有限，但打通了粮食与石油的价格通道，对国际大宗农产品价格将形成长期的支撑，而对已掌控约80%国际大宗农产品贸易量及国际定价权的美国涉农寡头来说将形成长期的利好，同时也实现了美国长期以来的农业政策目标。中国作为美国的大豆、棉花、玉米等大宗农产品最大进口国，且又是国际大宗农产品价格的被动接受者，必将成为以美国玉米乙醇为主的生物质能源政策的最大受害者和买单者，且输入性通胀将越来越难以控制。

①美国通过推高农产品价格尤其是玉米的价格，使玉米价格追随原油价格同步上涨，从而达到对冲原油价格上涨风险的目的；②大力倡导和扩张生物质能源的生产和使用，减少对中东石油的依赖；③美国作为粮食生产和出口的大国推出生物质能源计划，会重挫人均可用耕地面积较小的国家，导致其国内爆发严重通胀，进一步扩大世界粮食供求矛盾，巩固和提升美国在国际粮食市场上的主导地位，扩张其世界霸权。

美国的生物质能源政策能全方位实现美国的农业政策目标，且减轻财政负担。在实施长期的农产品战略性贸易政策之后，美国已具有相当稳固的农业基础和很强的国际竞争力，成为世界最大的农产品生产国和出口国，尤其是以美国为主的涉农跨国公司经过多年发展和积累，都已成长为垄断全球大宗农产品贸易并主导涉农战略性商品全球价值链治理的全球性涉农寡头。当前，很多发展中国家已被纳入全球性涉农寡头治理下的涉农全球价值链的分工体系，且这些国家对国际大宗农产品进口的依存度相当高，由于其国内自给自足的农业生产体系已受到冲击或瓦解，短期内难以恢复，因此将成为高粮价时代的最大受害者。而美国自 2005 年开始推出以玉米乙醇为主原料的指令性生物质能源政策，如操作得当，不但不会冲击其治理下涉农战略性商品全球价值链的稳定，还会给其带来诸多的利益，可谓正逢其时。

首先，作为大宗农产品最大生产国和出口国的美国通过实施玉米乙醇计划而具备了灵活调控人类粮食的有效供给和粮食价格的能力。由于以玉米乙醇为主原料的美国生物质能源计划主动创造出了有效的大宗农产品工业需求，从而大大增加了人类粮食供给的弹性，然而人类粮食需求仍呈刚性且持续增长态势，因此全球粮价是否大幅上涨完全可取决于供给端的调控。美国从 2005 年开始生产乙醇燃料所用的玉米量呈大幅增加的态势，导致人类粮食库存消费比大幅下降，引发粮价的大幅飙升，进而增进了美国的国家利益。如提高了美国农业收入，化解了其国内粮食生产过剩的矛盾；全方位地实现了美国农业政策的基本目标，且还能减轻美国的财政负担，可谓一举多得。如 2008 年粮价的飙升所增加的美国国家利益显现在农产品出口增长、农业收入提高、政府补贴下降等方面。2008 年 2 月美国农业部发布的《美国农业贸易展望》预测，受玉米、大豆和小麦价格上涨的推动，2008 财年美国的农产品出口将达到创纪录的 1010 亿美元，较 2007

财年增长23%，较2006财年增长47%。美元的持续贬值导致美国农产品的国际竞争力不断提高，而农产品价格的急剧上涨促使一些粮食出口国相继出台限制粮食出口的措施，将进一步增加世界对美国农产品的需求。

其次，农产品价格的上涨推动了农业收入大幅增长。美国农业部曾预计，2007年农作物收入将达到创纪录的1335亿美元，较2006年增长近10%。这是自1980年以来最高的同比增幅。其中，收入增长的2/3来自玉米收入的增长，小麦和大豆收入的增长占1/3。

最后，农产品价格上涨减少了政府补贴支出。2007年，价格依赖型农产品的政府支出预计为24亿美元，较2006年下降了60亿美元，较2005年下降了110亿美元。政府总转移支付因而被下调为124亿美元，这是2002年以来的最低水平。曾有学者预计到2008年，农产品价格的进一步上涨将推动政府支出占农户净现金收入的比重下降到18%的历史低位，而2000年这一比重曾达到创纪录的40%（马欣原，2008）。

生物质能源计划促使农业政策目标得以实现。玉米等农产品价格的全面上涨，促使美国农业收入提高、农产品出口增长，而这正是罗斯福政府以来历届美国政府所追求的农业政策基本目标。

3. **支持涉农寡头全球扩张的政策**

虽然在金融危机和美国主权债务的巨大压力下，美国修改了相关的税法。但之前多年实施的税收的政策，让跨国涉农寡头的全球性扩张受益匪浅。

作为世界上最大的对外投资国，美国早在1948年实施援助欧洲的"马歇尔计划"时，就制定了海外投资保护制度，并先后出台《经济合作法》《对外援助法》《共同安全法》，促进和保护海外投资的安全和利益。美国还通过与其他国家签订多双边协定、发起或积极参与国际经济组织，为企业海外投资提供外交保护。到2012年，美国已与世界上140多个国家签署了双边投资保护协定，同时，美国对跨国投资的财政支持更是不遗余力。美国对外投资主要来自企业自有资金、国外公司利润再投资、政府资助等三部分。

美国政府有两个部门专门为企业对外投资提供资金支持。一是不以营利为目的的国家进出口银行，由财政部提供资金，通过向企业提供贷款，帮助企业拓展海外业务，提高国际竞争力；二是以营利为目的的美国海外私人投资公司，直属美国国务院，通过提供金融保险帮助企业扩大海外投资，最多可为单个项目提供 4 亿美元的资金支持。"美国对跨国投资的风险管控措施非常到位"，张国亮特别提及风险管控时说道。美国海外投资的风险管控主要针对战乱风险、征用风险和外汇风险，另外还提供租赁担保、石油天然气项目担保、自然资源项目担保等专项风险担保。美国海外投资风险管控由政府出资、国家投资保险公司承保，按照市场化运作，每个项目可提供海外投资额 75% 的保险费用。当投保项目遇到风险时，先由美国政府向企业补偿损失，再根据双边投资保护协定，由政府取代企业，要求该国赔偿损失。此外，美国还十分重视对外投资的知识产权保护。美国商务部对重大境外投资项目预审的重要内容是在投资国能否得到知识产权保护。据统计，美国对外直接投资主要集中在欧洲和加拿大等法律健全、知识产权保护严格的国家，对发展中国家的投资仅占 33.1%，主要原因是发展中国家在知识产权保护方面没有保障。

（三）国际多元利益主体的"合作博弈"

国际多元利益主体所具备的默契协同和"正和博弈"的能力是其得以合力操控以大宗农产品为主的涉农战略性商品国际定价权的"法宝"，是其系统协同能力和综合实力的体现。在国际定价权的博弈史中，"原油定价权的博弈"是大宗商品国际定价权争夺战的缩影，欧美国家在与中东产油国在原油定价权的争夺中最终凭借其对原油金融化的定价创新和对国际大宗商品定价中心的掌控而取得了胜利，其最长历时、最多利益主体、最为经典的定价权博弈过程无疑练就了以美国为首的西方国家的相关利益主体在操控定价权中默契协同、"正和博弈"的能力。

"南美产大豆，美国卖大豆并决定价格，中国买大豆"是对大豆国际贸易格局和国际定价权现状的经典描述，但分别作为大豆全球最大的生产方和需求方的南美和中国为什么无法突破此不合理的约束而屡屡遭受经济利益的盘剥。问题在于以美为主的涉农实体寡头、国际基金、USDA 报告和国际定价中心 CBOT 之间长期在以市场化竞争的旗帜下进行默契的战术协同和战略协同，最终形成合力的结果体现在以下三个方面。

一是全球农产品价格上涨与跨国涉农寡头收益的正相关性越来越显著，日益凸显各利益方的正和博弈能力和定价优势。在本书第八章中对涉农寡头（孟山都公司、先正达公司、ADM 公司、邦吉公司）近 10 年的财务数据比较分析后，结果表明，具有定价优势的跨国涉农寡头日益受益于涉农商品国际价格上涨。另据广发基金的研究部门测算，1996 年全球农产品价格上涨带来的收益中，10% 被全球涉农龙头企业获得，而到了 2009 年，这个比例已经提高到了 50%。期货价格大幅上涨所带来的高收益现象无法仅仅从涉农寡头风险规避能力高来解读，也进一步揭示了全球涉农寡头企业对涉农战略性商品市场的掌控力不断提高、定价权不断增强、定价权收益不断提高。

二是"南美产大豆，美国卖大豆并决定价格，中国买大豆"揭示了以美为主的多元利益主体的默契协同及其对国际定价权的高掌控力。为什么"美国决定价格"呢？从相关性的视角来看，一方面比较分析全球大豆的生长周期所需的时间（见表 9-1）与芝加哥商品交易所大豆期货合约价格走势（见图 9-3）可以看到，美国大豆销售期（12月、1月、2月、3月、4月）时的 CBOT 的期价一般在全年的高位，南美大豆销售期（6月、7月、8月、9月）时的 CBOT 的期价一般处在全年的低位。显然，这说明了美国期价紧密配合美国的产业利益，南美大豆价格则长期明显被压制，而影响美国期价预期相关决策的权威信息则是由 USDA 发布的。另一方面，美国大豆价格指数大幅波动中呈上涨趋势，而巴西的大豆价格指数则长期处于低位，这一对比可以进一步验证上述观点。综上可见，长期屡屡出现的现象已无法从市场竞争的角度来解读，其中蕴藏着不为人知的相关性和必然性。可以认为，这绝不是市场竞争的结果，显然是受强势相关利益主体合力操纵或长期默契协同的结果。

表 9-1　全球大豆的生长周期所需的时间

大豆耕作时间分布		1月	2月	3月	4月	5月	6月	7月	8月	9月	10月	11月	12月
	中美					种植期		开花期	灌浆期		收获期		
	巴西	开花期	灌浆期		收获期							种植期	
	阿根廷		开花期	灌浆期		收获期						种植期	
		种植期		开花期	灌浆期	收获期							种植期

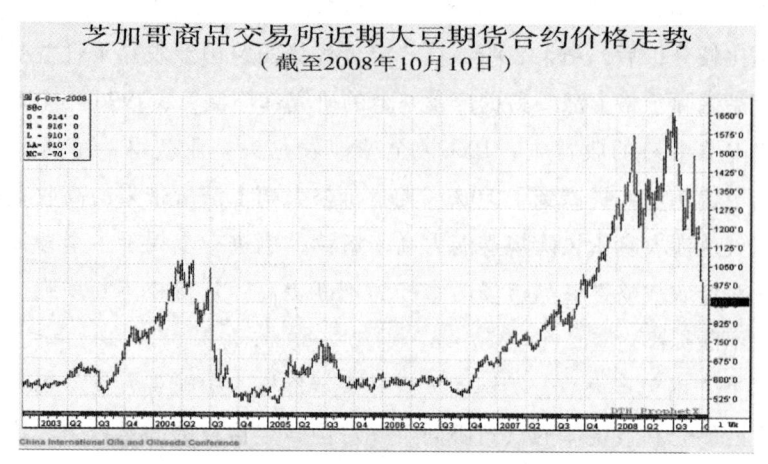

图 9-3 芝加哥商品交易所大豆期货合约价格走势

三是国家自然科学基金等项目在关于"2004年大豆风波事件"的案例研究中得出基本共识：客观结果而言，USDA、CBOT、大豆协会之间形成了良好的互动机制，各机构在此基础上密切合作，共同维护美国大豆产业的利益；USDA 适时发布的权威数据、国际基金炒作是一个环环相扣、互为促进的过程，而将此过程向前和向后延伸来看，无论是 CBOT 基准合约价格对大豆国际定价的影响、美国粮商对大豆主国际贸易渠道的控制，还是事后美国大豆协会访问中国就"大豆风波"所做的解释，都是其中的重要环节，这一切离不开一个统一运作、协调运转的机制（李艺、汪寿阳，2007；吴冲锋，2010）。

（四）WTO 农业协议和国际定价规则的不平等

1. WTO 农业协议加剧了中国弱质农业的弱势性和国际涉农产品对中国涉农产业链的冲击

美国主导制定的 WTO 农业协议和中美农业双边协议的不对等性无疑加剧了以美为主的强势农业和中国弱势农业之间的不平衡，农产品贸易自由化规则和发达国家的高补贴政策更让中国涉农产业链受到巨大的冲击，中国农业产业安全从无防御进入被动防御状态。实际上，作为后加入 WTO 的中国在弱质农业入世方面被迫向以美为首的农业强国在关税、配额和开放领域等方面做出重大的让步，农产品平均关税从 23.2%（2001 年）降至

15.23%（2006年），远远低于美日欧等发达国家水平，不到世界农产品平均关税62%的1/4，成为世界上农产品关税总水平最低的国家之一，居于涉农产业链上下游的农资市场、粮食流通市场在WTO过渡期后已对外开放。对外开放早的涉农产品市场已遭控制，如2012年转基因大豆对外进口依存度已达85%，进口油脂抢占了国内4000万豆农的生存空间，从而对东北大豆主产区的生产能力形成严重冲击，同时下游的豆粕等饲料市场也被外资控制；同样，对外开放的果蔬种子市场已被外资占领了51%以上的市场份额，且玉米等主粮种子市场已遭战略性布局。作为农业强国和世界第一农产品出口国的美国以WTO农业协议对中国进行约束并打开中国的涉农产品市场，但自身无视自由贸易规则竟于2002年以国内法《新农业法案》进一步加倍对本国的农业补贴，但WTO不对等条款的约束导致中国等后入世的发展中国家不得对其提出正式异议。美国农业部部长威尔萨克表示，中国2010年上半年购买逾100亿美元的美国农产品，是美国农产品最大买家。2008年4月，联合国行政首长理事会会议呼吁迅速结束多哈发展回合谈判，从而减少发达国家的补贴政策对国际贸易的扭曲，这些补贴破坏了发展中国家的生产能力。

2. 涉农战略性商品国际定价规则的不合理加剧了中国国际定价权的丧失

定价权的博弈在一定程度上取决于规则制定权，谁掌握了定价规则，谁就掌握了定价的主动权。现行全球涉农战略性商品的定价规则基本上是由涉农寡头主导的，是强者的定价规则，是不利于买方议价的。如当前大宗农产品的国际定价规则是由ABCD四大粮商主导的，有利于其控制国际交易定价，但不利于买方议价。大宗农产品国际贸易基本上以美国的CBOT和ICE两大期货交易所的期价作为定价基准，实行现货交易，而美国的大宗农产品期货合约一般是以美国的农产品标的物作为交割物，显然期价主要反映的是美国国内的供求关系。如美国的大豆期货合约标的物是美国大豆，而中国、巴西和阿根廷等大豆主产国的大豆都不能用于交割，这无疑强化了美国在大豆国际贸易定价中的主动权。当中国购买南美大豆等大宗农产品或南美出口大宗农产品时，按当前规则只能以美国同类大宗农产品的期价作为定价基准。此外，期货市场是一个受所在国严格监管的市场，监管者制定的相关法律、法规、政策和信息发布机制等都会影响期货市场的价格走势和运行，并让价格的形成反映本国的供需，体现自身的国家利益。为此，不难理解"2004年的大豆风波"和"2010年棉花狂涨"事件，更不难理解"卖大豆的南美"和"买大豆的中国"都只是国际价格的被动接受者的尴尬局面。

二 涉农战略性商品定价权缺失的深层内因分析

1. 战略性障碍分析

国际定价权的博弈实质上是一种战略的博弈。对全球涉农战略性商品定价权博弈的实质和全貌的认识不足或滞后，导致中国在战略层面对定价权缺失问题的防范和反制存在缺失或滞后，更缺乏统一的规划，进而导致战略被动，危及涉农产业安全乃至国家经济安全。实质上，非完全竞争的市场才可能产生定价权问题，定价权问题的出现正是战略性商品的国际市场竞争已呈现寡头垄断竞争局面的一种现象，或是寡头滥用市场势力的一种结果。对中国定价权问题的认识不能仅囿于国际定价权，而忽视国内自主定价权不断被弱化的问题，更不能对以美国为主涉农寡头联合治理下的涉农战略性商品全球价值链的定价权博弈缺少认识。

国家关于定价权博弈战略上的滞后，导致农业在入世后被迫过度让步和过度开放，在这种情况下，没有及时进行战略性和系统防御或反制的制度安排，这严重削弱了中国涉农战略性商品的国际定价权和国内自主定价权。对外开放以来中国的重点放在促进出口获取外汇和吸引外资上，加入WTO后的过渡期内，也缺少有效的相关制度安排来争取涉农战略性商品国际贸易定价权，对国内涉农战略性商品产业价值链战略性或高附加值环节屡被国际涉农寡头战略性布局或控制更缺乏行之有效的反制之策，最终导致对外依存度高的大豆、棉花、钾肥、硫黄等涉农战略性商品的国际定价权基本丧失。国内市场已呈现国际化竞争态势，中国涉农产业的总体市场集中度过低，国内涉农企业总体上与国际涉农垄断寡头的实力悬殊，中国政策扶持的众多农业龙头企业大多已被涉农国际寡头和其他外资企业的初步参股和并购，若中国不施以政策保护而期望以市场手段渐进培育出具有与国际涉农寡头相抗衡的中国涉农市场主体，那可谓缺乏市场战略竞争常识。

在不完全竞争的市场，市场份额之争的实质是渠道资源之争，是定价权、话语权之争。终端渠道资源在涉农战略性商品市场定价权的争夺中具有战略重要性，但在国家的并购审查中并没受到应有的重视，导致对外资并购的审批起不到防范的作用。要知道，渠道的占有率越高，市场份额越大，市场势力就越强，定价话语权就越大。众所周知，攫取超额利润是国际涉农寡头的最终目标，超额利润等于市场份额的平均收益和定价权收益之和。国际涉农寡头在扩大市场份额时，一般会实行倾销或压价等策略性定价来打压对手或挤占市场份额，而在控制了一定市场份额并取得相应的市场价格话语权后就会以提价来提高收益。国际大宗农产品的需求刚性大，呈卖方市场，为此 ABCD 四大涉农寡头控制了国际贸易的大宗农产品来源也就控制了大宗农产品国际贸易渠道资源，并购寡占中国的油脂压榨业，为 ABCD 四大国际粮商垄断国际转基因大豆打开了进入世界最大的市场——中国市场的渠道。以品牌经营寡占中国油脂产业的终端渠道，实质上也就进入了中国主粮的销售渠道，同时中国农业入世早已为其承诺了准予进入的时间。

作为人均资源稀缺的国家，中国在诸多资源性初级涉农战略性商品谈判上的败绩很大程度上可以归因为战略布局上的滞后与失误，缺乏谈判的筹码。如，中国在全球钾资源的战略布局上滞后并存在巨大失误，缺乏谈判筹码，最后陷入钾肥国际定价权博弈的尴尬境地。国外钾资源布局方面，基本上是在让中国吃尽苦头的铁矿石垄断寡头——必和必拓试图购并 PotashCorp 公司时，才引起中国战略上的重视，但之前的战略短视已导致中国丧失了最好的低价并购时机。而在香港上市的中化化肥控股有限公司反遭到全球钾肥供应寡头 PotashCorp 公司的战略性布局。据上市公司公告，截至 2012 年 6 月 30 日其 22.26% 的股份被世界上最大钾肥供货商——加拿大 PotashCorp 公司持有。中化化肥是中国最大的化肥分销商、中国最大的进口化肥产品供应商、中国最大的化肥生产商之一，且是盐湖股份（中国最大的钾肥生产商，2012 年产能将达 350 万吨）的第三大股东（持股 9.4%），而 PotashCorp 公司是中国大陆进口钾肥谈判的对手，为此遭到业内人士的极大质疑。

2. 理论性障碍分析

实际上，联合国界定的粮食安全不仅关注有效供给安全，也关注价格安全（让人买得起）。但中国理论界至今仍限于第一产业环节的产业安全观或仅片面强调粮食有效供给的粮食安全战略观,这都无法系统认清现实中的涉农产业(链)安全问题,更无法从中国正面临的涉农战略性商品国际和国内自主定价权安全层面来拓展涉农产业安全的内涵。涉农战略性商品定价权缺失不仅让中国涉农产业利益受到重大的损失,而且不断减少了中国消费者剩余,并不时引发中国源于食品价格上涨的结构性通胀,事关国计民生和国家经济安全。

理论界对定价权问题认识存在偏差及消极效应还体现在以下几个方面。一是认为定价权缺失是市场自由竞争的结果,不能争夺,只能以市场的手段来解决。理论上,自由竞争市场的价格是一种完全竞争下的均衡价格,谁也不能主导定价,因此也就不存在定价权问题。非完全竞争的市场才会产生定价权问题,定价权问题正是战略性商品的国际市场竞争已呈现寡头垄断竞争局面下的一种现象。而以美为主的农产品出口大国所实施的农产品战略性贸易政策无疑压低了国际农产品价值中枢,扭曲了国际定价,从而提升了本国优势企业的出口竞争力。

二是将定价权概念和问题仅限于国际定价权,无视国内自主定价权问题。这是学界、政界和媒体都普遍存在的一种认识误区,将掩盖或忽视国内产业价值链的战略性环节正被寡头级的国际投资者旨在定价权的战略性布局。中国面临的国内涉农战略性商品自主定价权不断被弱化。

三是混淆了策略性定价与定价权争夺现象。短期定价权可以通过倾销、跨国公司内部定价、政府补贴等手段来得到,长期定价权的获得离不开战略层面和规则层面的设计和强力推进。实现短期定价权的目的在于取得长期定价权,取得短期定价权是战术性手段,掌控长期定价权才是战略目的。

四是忽视了西方关于定价权的一些理论,导致战略对策上的长期缺失。基于不完全竞争的战略性贸易政策理论和全球价值链治理与经济租理论实质上分别是关于如何争夺国际定价权和全球价值链治理下的定价权的战略性理论,而追求超额利润或经济租才是国际涉农寡头资本的最终目标。在中国的理论界,不少人将中国农业等同于传统产业、夕阳产业、低附加值产业,无视涉农产业的战略性地位,且囿于自由竞争和完全竞争市场最具效率的理想化思维,这严重脱离了国际涉农产业总体呈不完全竞争、寡头垄断的严酷现实,更无法认识到涉农产业链间的竞争或产业链的控制与反控制之争已成国际涉农产业竞争的常态，忽视了追求超额利润或经济租早已成为国际涉农寡头的战略目标，再加上中国长期基于西方静态比较优势理论的产业国际分工战略极大地延误了涉农产业国际竞争优势战略的布局和涉农战略性商品价格安全的维护。

3. 涉农产业层面的制约分析

从涉农战略性商品产业层面看，导致中国涉农战略性商品定价权缺失的原因主要是产业市场集中度低、进口依存度高且进口来源国集中。

一是从产业链的产业组织层面看，中国市场集中度偏低，产业国际竞争力总体较低。中国内资涉农市场主体总体呈现"散弱小"的局面，规模极不经济，陷入了不完全竞争、过度无序竞争的非有效竞争困局，但中国又要按WTO农业规则与力量悬殊的国际涉农产业寡头同台竞技，故被并购、被控制或在竞争中破产是必然结局。国内涉农产业市场集中度低且具有国际竞争力的国际级企业稀缺，如中国前十强种子企业仅占国内种子市场份额的13%，登海、隆平、敦煌、德农、丰乐等五家上市公司2008年销售额仅相当于美国孟山都公司的1/15；2003～2006年，全国农民户均耕地面积只有0.5公顷，以国有农场耕地面积占全国耕地面积比重计算的农业集中度只有3.7%左右，集中度极低，不足经济规模的1/4。在农产品加工环节，2006年中国粮油加工业的统计分析表明，前十强企业总产量占本行业入统企业总产量比重分别是：大米10.4%，小麦粉17%，食用植物油44.7%（外资控股为主）；屠宰行业前三大企业的市场份额只有5%左右。当前中国食品工业还是以农副食品原料的初加工为主，深加工的程度较低，正处于成长期。涉农产业总体集中度低导致市场主体的恶性竞争行为（"零和"现象）和资源浪费，同时根据正统产业组织理论中市场集中度与利润率呈正相关关系的观点，产业集中度低导致行业利润微薄。

二是从全球产业链的国际分工层面看，处于"被国际化"阶段的中国农业正滑向国际涉农产业价值链的低端环节。随着国际分工日渐深化，中国涉农产业融入国际产业链的程度越深，国内外市场越呈现一体化的态势，但中国涉农企业由于总体规模偏小、市场化成长时间短，缺少自主知识产权、自有品牌和渠道资源，在国内外市场与跨国农企的较量中竞争力弱，处于涉农产业价值链"微笑曲线"的中低端环节。一方面，国际市场国内化竞争呈现供方的负和博弈。如中国具有出口优势的果蔬和水产品等劳动力密集型产品,产业集中度低,因不具有品牌和渠道资源,部分企业为争夺国外订单竞相压价,结果只能作为生产加工环节挣取国际产业价值链中微薄的利润。以整合或协同来凝成合力是共同取得产业链的控制力并取得定价权的关键,否则不管是作为最大的消费者(如中国是最大的铁矿石的购买者)还是最大的生产供给者(如中国是居世界第一位的稀土生产者),中国都只能是处于产业价值链低端,成为被动的价格接受者。另一方面,国内市场竞争国际化,国内市场定价权的争夺加剧。在国内外市场渐趋一体化背景下,外资开始在中国涉农产业价值链的高附加值环节进行战略性布局,以谋取产业链的控制权、话语权和定价权。国际涉农企业巨头基于其对全球涉农产业价值链的成熟控制模式,加强了对中国涉农产业链的有序战略性布局和控制,对中国的涉农产业资本正产生巨大的挤出效应。显然,处于"被国际化"阶段的中国涉农企业分工正滑向国际涉农产业价值链的低端环节。

4. 市场主体层面的制约分析

缺少具有强市场势力或定价权的国际级涉农企业成为中国在涉农战略性商品国际定价权和国内自主定价权博弈中的最大短板。定价权的博弈虽是一种系统实力的博弈,但定价权的获取最终取决于是否具有强大市场势力和国际竞争力的国际级市场主体。定价权与一国是不是全球某种涉农战略性商品最大的、主要的需求者(如中国是大豆和棉花的最大进口国)或供给者(如巴西和阿根廷是大豆的主要出口国)的相关性不大,且一国建立了期货市场不见得就拥有了定价中心,关键在于拥有足够多的具有强市场势力的民族大企业,这才能与掌控国际定价权的国际涉农寡头进行对等博弈,才能不断增强国际市场议价能力和在国内市场自主定价的能力,才能抑制卖方或买方屡屡滥用市场势力来过度推升或压低价格。

在涉农战略性商品国际贸易定价权博弈方面,中国企业屡屡出现"贵买贱卖"的定价权缺失现象,其原因有以下几个方面。一是信息不对称和中方企业对国际规则的不熟悉。二是中国企业普遍缺乏参与国际大宗商品交易市场的经验,议价能力不足。三是当前中国针对国际大宗商品贸易虽已从"负和博弈"日益转向联合采购、集体谈判的"合作博弈"方式,但一方面该方式的协调成本高导致组织难度大且不易推广;另一方面由于各参与主体存在不同的利益诉求,很容易产生利益分配不均和"搭便车"现象，导致成效不显著。如中国钾肥采取联合谈判进口机制就是很好的典型，而硫黄的进口仍处于"负和博弈"，采用各自谈判进口的方式。

定价权的博弈已从寡占涉农产业价值链中的高附加值环节向主导涉农战略性商品全球价值链治理权演进。中国涉农企业的产业链纵向一体化经营管理能力和实力与跨国涉农寡头仍有一定差距。涉农产业链一体化（股权式或契约式）布局已成为国际涉农巨头在世界或中国进行战略经营的基本模式。如美国嘉吉在中国已完成农资化肥、农产品贸易、物流、食品深加工和金融等各个产业链环节的一体化布局，且在终端与肯德基、美赞臣等跨国涉农巨头进行战略结盟；益海嘉里以国际农业综合企业寡头（ADM和新加坡丰益集团）为后盾在中国已基本寡占了油脂产业链，并依托油脂品牌和渠道优势转向布局中国主粮产业链等。与实力强大的跨国涉农寡头企业相比，国内没有真正的大企业能与之抗衡，且竞争的重点已从以往技术和品牌的竞争转变为产业链一体化经营能力的竞争。至今，即使是国内最具实力的经营农产品的三大国有农企（中储粮、中粮、华粮），在产业链一体化的经营上也刚起步。中储粮作为全国最大的粮源控制企业，却少有粮食加工业务；中粮集团的"全产业链"战略已实施三年，有加工业务，却刚介入粮储业务，分销渠道多年受到益海嘉里压制正寻求突围；华粮集团规模较大，但实力根本不能与跨国公司相提并论。从产业链一体化模式看，中化+中储粮+中粮≈嘉吉模式，可见中国在产业链一体化经营能力和实力上与跨国涉农寡头的差距还很大。国内民营企业尚不具备这种实力。从畜牧业产业链一体化经营中最具实力的民营上市龙头企业（新希望、双汇等）来看，在实力上与已进入中国市场的同业公司泰森相比，规模相差巨大，且在猪全产业链上已遭到投行高盛的战略性布局，而投行出售所持股权套利只是时机问题，一旦该股权落入同业实体寡头（如泰森）之手，则中国畜牧业产业链的主导权将被人控制。

5. 多层面的协同性障碍分析

定价权的博弈是一种系统综合实力的博弈，体现为一国的政府、行业协会和企业之间多元主体的协同博弈能力的较量。在近几年国际大宗农产品价格日益频繁波动之中，美国的 USDA、期货交易所、国际基金和涉农寡头间屡屡多赢的互动"表演"正体现了这一点，而不只是多次偶然的巧合。中国在尚不具备国际定价中心实力的情况下，各部门间协同维护国内外价格公平秩序来提升中国的定价话语权，显得尤为迫切。

在涉农战略性商品国际贸易定价权方面，政府、行业协会和企业之间总体上仍缺乏有效的协同来争取合理的国际价格，对外议价能力不足。中国涉农产业的产业集中度总体偏低，在参与国际交易时，多头对外、无序竞争的现象还是很普遍，而外商经常拿着一个订单多方询价、多轮压价，最终导致国内企业陷入"负和博弈"的困局。这与政府没有从全球视野、提高国际定价话语权的战略高度来规划提高产业集中度有关，也与行业协会没有很好地发挥组织协调各企业对外价格谈判的作用来提高议价地位相关，同时，与企业自身的联营意识和自律意识不强也有很大的关系。

另外，中国大宗农产品期货市场的国内价格发现功能日益增强，成交量日益增加，但对美国 CBOT 和 ICE 等国际定价中心的影响力还相当弱，主要还处于被单向决定的地位。在涉农战略性商品的国际供求信息和价格信息方面，中国尚未建立起国际涉农战略性商品国际贸易和国内贸易的信息披露机制，企业不能及时获得商品供求变化等相关信息，存在信息上的劣势，而国际企业或外资企业掌握的外部信息和中国国内市场的信息却要大大优先于国内企业。

在维护国内自主定价权方面，中央、地方政府、企业界至今难以形成合力，且调控手段主要是事后干预。首先，中国至今尚无经济安全法可用来维护国内自主定价权，更谈不上对涉农产业安全的法律保证，中央、地方政府和企业界无法形成合力，处于被动应对局面。涉农产业正处于多头管理阶段，分段管理、分层次管理、分区域管理，难形成政策合力。因此，ABCD 四大粮商、益海嘉里、孟山都和杜邦先锋等跨国涉农寡头能在中国进行低调的战略性布局，且能屡屡绕开或规避法律的约束，在中国涉农产业价值链的战略性环节或高附加值环节形成相当大的控制力和价格影响力。涉农产业经济安全作为公共品需要由中央政府从战略层面和全局利益出发进行立法规制，让各经济人在共同的游戏规则约束下形成合力。其次，政府对国内涉农战略性商品的价格调控多是事后的干预，治标不治本。反垄断法和价格法对涉农业寡头旨在控制定价权的战略布局力不从心，只能是事后的防范。反垄断法还将对农业反垄断排除在外。国家发改委的约谈是一种并不具有法律约束力的非正式的价格调控的手段。近几年来，发改委约谈涨价企业已经成为常态，并且陷入了"约谈—涨价—再约谈—再涨价"的怪圈，而且受到了"歧视约谈"的非议，治标不治本。从白酒、白糖、面粉到食用油，众多企业曾经因涨价事件被国家发改委约谈。而金龙鱼与福临门等企业给出的涨价原因一般很简单：在原料价格上涨与燃油成本上升的背景下，不得不提价减压。

三 本章小结

基于以上的分析，我们分别从外部原因和内部原因两大方面详细剖析了中国涉农战略性商品定价权缺失的成因。中国大宗商品定价权缺失的外部原因，主要包括国际垄断寡头攫取经济租的战略行为、以美为主发达国家扭曲国际定价的战略性制度安排、多元国际主体屡屡多赢的"合作博弈"、WTO农业协议和国际定价规则的不平等四个方面；在中国大宗商品定价权缺失的内部原因分析中，分别从战略性障碍与制度安排的缺失、理论性障碍、产业层面的不足、市场主体层面的制约和多层面主体协同性障碍等五个方面来探讨。

第十章

破解涉农战略性商品定价权缺失，提升产业安全度的对策

经济全球一体化背景下，国际与国内市场的涉农战略性商品价格沿产业链传导日益容易，且两个市场期货价格和现货价格波动产生联动、传导和溢出效应等交织作用，涉农战略性商品的定价权的影响因素日益复杂。国际定价权受控于他人，且国内市场自主定价权日益弱化，导致中国涉农产业的重大利益在"兵不血刃"中被剥夺，也给中国消费者和农民带来巨大的损失，同时，无疑加大了中国以宏观调控来平稳 CPI 的难度。可见，对中国来说，提升国内外定价权的话语权乃至掌控力势在必行。

一 构建以价格安全为核心和以产业利益安全为导向的涉农产业（链）安全理论体系

涉农战略性商品定价权问题实际上是外部因素引发的国际和国内市场的价格安全问题，并导致中国涉农产业利益被掠夺或受损害，且其实质上是一种战略博弈。为此，从战略层面构建以价格安全为核心和以产业利益安全为导向的涉农产业安全理论体系势在必行。

在经济全球一体化背景下，涉农战略性商品的定价权博弈已成为涉农产业安全的新常态，以美国为主的涉农寡头对中国涉农战略性商品全球价值链旨在定价权收益的战略布局正危及中国国内自主定价权。在产业链的旨在定价权的实体控制与反控制和产业链间的国际竞争已成常态的大背景

下，利益目标导向的涉农产业安全观重在预防和规制以及基于自主产业链利益循环和产业自主发展的可持续，维护涉农战略性商品价格秩序、国际定价权和国内自主定价权的安全，包含并超越了传统粮食安全观和传统农业产业安全观，实质上是产业安全观六个层面的转变：从囿于第一产业的农业产业安全观转变为基于涉农产业（链）的大农业安全观，从描述与监控涉农产业安全状态的传统产业安全观转向旨在维护公平的价格秩序或定价安全为目标导向的产业安全观，从基于供求总量基本平衡的粮食安全观转变为基于产业利益和农民增收的粮食安全观，从基于自主有效供给的农业产业安全观转变为增供给、引导理性消费和双向调节的涉农产业（链）的大农业安全观，从以粮食安全为核心的农业产业安全观转变为以涉农产业链定价和利益安全与自主可持续发展为核心的大农业产业链安全观，从基于比较优势的农业产业安全观转变为旨在提升产业链国际竞争优势乃至国家竞争优势并实现本国产业利益最大化的涉农产业安全观。要实现本国涉农产业中长期利益最大化、提升涉农产业安全度，理论界就要从全球视野、战略高度和系统协同的全新涉农产业安全观来健全中国农业产业（链）安全理论体系并指导产业的安全立法和产业安全普法。

二 加强涉农国际化战略的顶层设计与正和博弈规划，破解定价权博弈困境

目前新形势下，中国农业的国际化战略尚缺乏顶层设计和总体规划（程国强，2012）。从涉农国际化战略层面看，破解中国所面临的定价权博弈困境的总体战略思路是要双管齐下，即在增强中国定价话语权的同时，削弱国际产业/金融寡头的定价影响力。增强中国的定价话语权的核心是要以系统协同的规划来增进对外正和博弈、综合提升中国影响涉农战略性商品定价的话语权。削弱国际产业/金融寡头的定价影响力的重点要从营造多定价中心和多信息中心、健全国际共赢合作和国内外联合谈判机制等方面着手。

一是从战略和系统协同层面看，破解定价权博弈困境要具有全球视野、战略高度和系统协同的理论和策略，在增强中国定价能力和削弱现行国际定价权拥有方的定价能力方面要双管齐下，在增强中国的国际议价能力和维护国内自主定价权时要两线推进，在争夺定价权策略方面要采取国

际与国内互动并进,在增强民族企业议价权能力时中国要宏观、中观和微观协同推进。二是从国际定价权层面看,要大胆加快与相关国家进行国际采购联合谈判进程;要积极推进集团组织在规范国际大宗商品价格秩序的平台作用和联合国粮农组织的积极作用;要采取构建"多定价中心"和"多信息中心"的策略来削弱既有的单一国际定价中心和影响国际期货交易的权威信息中心的地位,不断弱化其在国际涉农战略性商品定价中的作用。三是在增强中国民族企业议价能力方面,国家要构建确保定价权安全或逐步扭转中国涉农战略性商品定价权劣势的涉农产业安全大战略,且该战略要发挥行业协会和产业组织在规范民族企业竞争秩序、联合价格谈判和行业整合等方面的作用,同时要以超常规的手段来培育具有定价权优势的国际级涉农业大企业。四是从规则层面看,一方面要健全并发挥反垄断法和价格法的作用,以法律规制来提高市场效率和维护国内价格秩序;另一方面由于定价权的缺失与现有的定价机制密切相关,要打破现有各大宗商品的定价机制的约束,构建新定价机制,正如 2011 年 11 月 3 日时任国家主席胡锦涛在戛纳举行的集团领导人第六次峰会上所指出的,大宗商品价格形成机制等仍需大力改革和完善,要推动形成更加合理的大宗商品定价和调控机制。联合国粮农组织总干事达席尔瓦认为,解决价格波动的措施是加强粮食安全全球治理。

另外,要从战略层面反思并改进一些现行的对策与思路。一是战略上要优先确保国内自主定价权并积极拓展国际资源,反思并改进利用"两种资源、两个市场"的策略。战略上必须确保涉农战略性商品国内自主定价权不再丧失,同时积极拓展中国稀缺的和对外依存度高的国际涉农战略性资源。由于涉农战略性商品的国际定价权基本已丧失且难以夺回,中国对外开放决不能再以牺牲国内涉农战略性商品自主定价权为代价。利用国际国内"两种资源、两个市场"来破解涉农产业安全的战略回旋空间不大,由于全球涉农产业经营集中度进一步提高,全球跨国涉农寡头强化旨在主导"全产业链"治理的布局,已控制了全球 80% 的粮食贸易和 70% 的油籽贸易等,导致中国涉农企业"走出去"的外部环境将日益复杂、利用国外涉农资源会越发艰难(程国强,2012)。且不分主次地利用"两种资源、两个市场"的大思路会麻痹自己对国内涉农产业安全的保护,放松自己对国际涉农寡头对中国涉农产业链旨在定价权的战略性布局的反制。二是提高中国涉农产业集中度旨在增强民族资本控制力和规模经济效应，而不是便利于外资并购。如中国在进行农业产业化时，原有涉农产业组织规模普遍过小，经过努力培育的稍具规模的、附加值高的、有潜力的私营企业或股份制企业却大多成为以涉农跨国寡头为主的外资进行战略性布局的目标，产业安全网的数据显示，入股龙头企业的外资已约占中国农产品出口份额的40%。提高产业集中度要与建立现货交易市场和打造具有竞争优势的世界级市场主体齐头并进，才能事半功倍。三是进行制度创新，修补政策漏洞，构建政府、部门、行业和地方利益多赢的机制，缩短自然博弈或零和博弈乃至负和博弈的过程，快速增进正和博弈和合作博弈，有效防范国际涉农寡头旨在中国国内定价权的战略性布局。政策漏洞常被利用，如限制外资企业在种业公司的持股上不得超过49%，但外资公司选择与大部分有渠道优势或品种优势的国内各个市场主体合作时，则其成为掌控中国种业的最大市场势力，显然也就拥有了相关种子的定价权。四是全面入世后，全涉农产业链的对外开放蕴藏着涉农战略性商品产业价值链存在被主导治理或其高附加值环节被垄断的风险。如农资流通领域已放开，正面临涉农跨国寡头的战略性布局的产业安全问题。当前，在农业高度开放的情况下，中国较多关注农产品进口限制、贸易保护，但更需要重视的是，如何从战略层面统筹管理农业产前、产中与产后相关产业环节开放所蕴藏的风险，同时仍缺乏完善的农业对外开放政策体系和健全的利用外资管理制度，农业产业安全管理存在一定隐患。也缺乏从涉农产业的大系统层面和大战略高度进行统筹规划和统一协调管理的体制机制。在一些领域，部门利益影响全局决策、地区利益挑战中央政策、行业利益左右社会舆论等现象越来越严重。

三　健全战略储备体系和供需平衡机制，提升涉农产业（链）的价格调控力

1. 健全战略储备体系，加大战略储备力度，提高涉农产业链的价格调控和国际议价能力

建立健全涉农战略性商品储备是政府为了提高涉农产业链的价格调控能力和国际议价能力而蓄积和控制战略性物资资源、能力等的策略和行为，是维护涉农产业安全乃至国家经济安全的重要手段和政策工具。加大

对进口依存度高的涉农战略性商品储备，可以提高对外议价能力并减缓国际价格波动的冲击；加大对自我供给率高的涉农战略性商品储备可以提高平抑国内价格和防范不确定性风险的能力。健全涉农产业链上的涉农战略性商品储备，可以提高涉农产业链上涉农战略性商品价格的协同调控能力，规避出现只调控某一环节的涉农战略性商品的价格而导致其他环节的价格信号混乱的情况。近几年，对"中国需求"的预期和炒作成为国际市场以大宗农产品为主的涉农战略性商品期货价格持续上涨的重要影响因素，在一定程度上归因于中国相关的战略储备不足，无法利用储备来缓解供求矛盾，平抑市场价格。另外，一些大宗农产品和农资原料的进口依存度居高不下且不断攀升。为避免陷入受制于人的被动局面并提高中国的自主定价能力，本书从三个方面探讨健全中国涉农战略储备体系、加大战略储备力度。

一是健全涉农战略性商品战略储备管理机制，旨在全产业链价格协同平抑和调控。当前呈现涉农战略性商品储备多头分割管理局面，农业化工原材料、成品油等归国家物资储备局管理，粮油由中储粮总公司管理，棉花储备由中储棉总公司管理，而食糖储备由华商储备中心管理，国家石油储备隶属国家能源局，且尚未建立钾肥等紧缺农资的国家战略储备。为此，要加快推动整合组建以中储粮、华孚集团、中储棉为主体的"国家战略储备管理局"的进程，加强全局统筹管理、协同平抑和调控的能力。同时，要建立健全中央和地方两级政府储备制度，培育商业储备为补充，统筹利用"两个市场、两种资源"，维护重要涉农战略性商品市场供求基本平衡。

二是完善储备时机和方式的选择，规避国际炒作。在时机选择上可利用丰富的外汇储备在价格低位或经济不景气时主动低调、分散进口储备商品；同时，不妨以隐性委托或以其他招牌等多平台采购的方式达到规避由央企出面询价和采购引发的"中国需求"国际炒作，这既可化解外汇储备风险，又能提高国内市场涉农战略性商品的价格调控能力。

三是加大战略储备力度和范围，提高国际议价能力。尤其是，加大中国涉农战略性商品的战略储备力度，增加中国对外依存高的涉农战略性商品在国际市场上的需求弹性，提高国际议价能力。扩大战略储备范围，如将进口依存度高的钾、硫、橡胶、纸浆、大豆、植物油等纳入涉农战略性商品战略储备范围，通过"淡季储备、旺季调节"的方式，可以增强国家对钾肥行业的调控能力并有效平抑国内价格的大幅波动，且可增强钾肥进口的议价能力；同时，要完善多形态储备体系的建设，拓展海外资源储备，并针对每种战略性资源（商品）的具体情况进行整体规划、循序渐进地推进相关工作。

2. 增供给缓需求，双向调节提升涉农战略性商品自给率，提高国际议价能力

双向调节，降低对外依存度。在目前的国际贸易背景下，中国企业要想取得大宗商品的定价权并非易事。在战略性农资环节，不仅要"走出去"投资、并购中国稀缺的涉农矿产资源，增加中国海外资源的供给，同时要改善边际产出已呈递减之势的单纯依靠要素高投入来增产的"石油农业"模式，提高肥药的投入效率，并大力发展循环农业、生态农业来提升农业的可持续性；在农业生产环节，由于工业化、城镇化不断侵占大量的本已稀缺的耕地资源，除了"走出去"购地、租地来建立海外生产基地之外，中国必须痛下决心，严厉制止乱占耕地，严保18亿亩底线，真正确保战略性农产品的有效供给；在加工流通环节，要降低耗损率，不提倡过度的精深加工，规制以大宗农产品为原料生产生物质能源的现象；在消费环节，大力倡导健康消费，引导国人改变饮食结构，降低畜禽等肉食品消费量，进而减缓对战略性农产品的需求。

3. 务必要创新国内价格平稳机制，掌握国内市场定价主动权

从中长期看，要提高粮食收购价弥补农资价格上涨和工资上涨对农民收益的负面影响，保证农民收益的稳定增长以确保产粮的积极性；要打击国内外投机资本对农产品的囤积、炒作，健全机制防范"蒜你狠""豆你玩""姜你军"等现象的发生；要规制跨国公司的策略定价和内部转移定价、FDI的准垄断定价（如奶粉价格准垄断等），警醒并防范外资控制涉农产业链且不服从宏观调控的现象，如新加坡的益海嘉里出现控制油脂加工产业链、布局圈占河南小麦粮源、高价抢购东南稻谷等现象。

四 健全涉农战略性商品进出口调控和行业协同机制，增强国际定价话语权

1. 建立健全农产品进出口调控机制，增强中国涉农战略性商品国际定价权

在国际贸易定价权的博弈中，根据中国企业在国际市场深陷被动的原因，行业管理的重心在于调控对国际市场的总体依赖程度和对单一交易方的

过度依赖行为，提升中国企业在国际贸易利益分配格局中的地位。从产业安全的层面完善进出口调控机制，规避大量进口农产品对国内生产的挤出效应以及对市场形成价格冲击，如在国内对大豆需求快速增长的背景下，转基因大豆的大量进口导致国产非转基因大豆的生产不增反减，且价格也受到压制，但是进口转基因大豆屡屡出现"量增价扬"或"量减额增"的现象。拓宽大宗农产品进口渠道，促进进口来源国多元化，降低对美国大宗农产品和种子的进口依存度；进一步加强引导、督促完善以农资为主的涉农战略性商品进口的联合谈判机制，早日促进国内相关利益方实现共赢、大赢的局面；建立国内涉农战略性商品进口监测与产业损害预警系统和快速反应机制，尤其是对大宗农产品的进口，要充分运用反补贴、反倾销、保障措施等贸易救济措施，建立应对国外农业以高额补贴为主的战略性贸易政策的应急机制。通过政策引导支持，大力提高中国涉农产业的市场集中度，规范市场秩序。

2. 建立健全行业协会在进出口时的协同机制，增进正和博弈，规避屡屡发生的"高买低卖"现象

多头对外、集中采购和无序竞争是当前中国国际贸易中存在的突出问题，这导致屡屡出现"贵买贱卖"的定价权缺失问题。一方面，多头对外、集中采购会人为地扩大"中国需求"，为国际市场涉农战略性商品价格上涨提供口实；另一方面，多头对外和无序竞争导致低价竞销愈演愈烈，外国采购方常常以一个订单来多方询价、多轮压价，导致行业整体效益随之下降，出现"负和博弈"的局面。面对这些问题，行业协会的自律性管理和协调性管理往往比政府的制度性管理更为有效。为此，要大力发挥行业协会在规范对外贸易秩序中的作用，规避出口时互相压价和进口时被动接受高价的无序竞争行为，创新利益共享机制，实现正和博弈。要推动行业协会发挥在协调、组织同业企业进行进出口联合谈判、增强国际议价能力等方面的作用，规避价格波动风险。

五 坚持产融结合、创新驱动，打造一批有定价优势的世界级涉农市场主体

定价权的博弈是一种系统实力的博弈，但最终还是要通过强国际竞争力的国际级市场主体来实现。一国建立了期货市场不见得就拥有国际定价

中心，关键还在于能否拥有足够多的具有强国际竞争力的本国大企业。只有拥有国际级涉农市场主体，才能与掌控国际定价权的国际涉农寡头进行对等博弈，才能不断增强国际市场议价能力和国内市场自主定价能力。因此，坚持产业与金融互动结合、创新驱动，打造一批有定价优势的世界级市场主体是大势所趋。

国内市场已呈现国际化竞争态势，由于中国涉农产业的总体市场集中度过低，国内涉农企业总体上与国际涉农垄断寡头的实力悬殊，中国政策扶持的众多农业龙头企业大多已被国际涉农寡头和其他外资初步参股和并购。若不施以政策保护就期望以市场手段渐进培育出具有与国际涉农寡头相抗衡的中国涉农市场主体，可谓缺乏市场战略竞争常识。因此，必须以非常规的手段来捍卫中国涉农战略性商品的自主定价权，同时要防控国际涉农寡头旨在定价权的对中国的涉农战略性布局。

坚持创新驱动，紧紧围绕打造一批具有国际竞争优势和定价优势的涉农产业链一体化的企业集团，实行体制创新、机制创新、战略创新、科技创新和经营管理创新等的协调互动，加快涉农产业集群化、规模化、集团化发展，提升涉农产业国际竞争力，进而提升在国内外涉农战略性商品的定价话语权。①出台产业政策引导、支持产业内兼并、收购、参股和互相持股等，推动以优势龙头企业为平台进行产业内横向整合和沿产业链纵向一体化整合，提高产业市场集中度，扭转低层次的无序竞争局面，实现规模经济，提升产业绩效。②推行资本市场带动战略，促进大资本要素向农业产业集聚，进行金融创新，勇于打破常规，设立以地方国资和央企为主体、社会资金参与的涉农产业大基金（主粮农业产业基金和特色农业产业基金），加快推进产业和金融的创新式结合进程，对国内涉农产业的重点行业进行战略性的整合和布局，打造具有竞争优势的世界级市场主体，对危及中国涉农产业安全的外部威胁进行主动防御和反击，旨在提高产业安全度、掌控自主定价权。如对种业、大豆业等行业从产业链一体化层面进行整合，实现资本和产业的联合互动、整合共生，共御外资的侵袭。③坚持"扶大、扶强、扶优"的原则，扶持涉农"国家队"企业和上市农业龙头企业，提高其产业链一体化的经营能力和实力，旨在提升本国资本对高附加值环节的战略布局能力及其对全产业链的控制力，打造多个能与国际顶级涉农寡头相抗衡的市场主体。世界级的农企决胜主要集中在产业链的掌控上，全产业链战略是大型食品和涉农企业发展的大趋势，国际农业竞争已经成为以涉农企业为主体的农业产业链之间的竞争，竞争的焦点是对产业价值链高端环节和未来农业发展主导权的抢占。④定价差异化和品牌地理化，实行非对称的国际竞争策略。在不拥有国际定价权的情况下，一旦融入全球价值链的国际分工，则与国际接轨的后果只能是惨遭纵向的垂直利益压榨，为此要在国际规则的弹性空间中扬长避短，实行规模化经营和非对称的国际竞争策略。比如对于国外占绝对优势的转基因产品和国内占优势的非转基因产品，要让消费者有充分的知情权和选择权，这有利于国内企业实施差异化营销策略和差异化定价。比如，国产东北大豆的定价可凸显高蛋白和非转基因产品的特色，进而对日韩等国外和国内有偏好的消费群体实行高定价，否则容易陷入同质化的竞争，导致国产大豆及大豆油陷入"卖难买难"的困局。同时，依法大力加强对国外转基因大豆使用过程的监管。⑤与国际规则接轨，大力扶持以生物种业为主的新兴战略性产业，坚持"师法自然"和健康安全的原则，坚持对核心技术进行自主创新，在重大科研攻关上实行"举国体制"，在产业发展上通过设立种业产业基金对产业进行跨越式的整合，在扶持和保护政策上吸取大豆业产业链沦陷的教训。

六 创新健全期现货市场体系和国际合作，巧争涉农战略性商品定价话语权

1. 创新健全期货和现货市场体系，提升中国对涉农战略性商品国际定价的影响力

创新金融市场、营造"多定价中心"和"多信息中心"的目的是削弱对手的定价影响力。在大力建立期货交易市场的同时，要加强全国性涉农战略性商品现货交易市场及其产销需信息发布平台和机制的建设。但是建立了期货市场不等同于拥有了国际定价中心，关键还在于在创新中营造特色，这样才能不断增强国际市场议价能力和在国内市场自主定价的能力。

一是从战略层面适时对大宗农产品期现货市场规则和交易品种进行创新，早日凸显中国国际定价中心的作用。利用中国强大的需求优势做

大涉农战略性商品交易规模，但从期货市场争夺国际定价中心的现状来看，可谓与目标背道而驰，且已成为国内农产品的"被定价中心"，即国内期货市场的价格成为国际定价中心的"影子价格"。完全与国际接轨的农产品期货市场价格，不仅无法对 CBOT 等国际定价中心的定价产生影响，反而被 CBOT 等国际定价中心的期货价格快速单向决定，伤害国内市场的自主定价权。另外，虽然国内棉花期价逐渐对国际定价有一定程度的影响，但国际投行摩根大通和四大粮商之一的路易·达孚涉入甚深，国内棉花存在被国际涉农资本掌控的可能。为此，在谨防国际化的同时，也要谨防国内价格陷入"被国际定价"的局面。比如，可以通过凸显中国东北大豆高蛋白的优势来创新交易品种，在中国打造非转基因大豆国际定价中心。扶持并发展国内大宗涉农产品期货市场，提高中国市场价格对国际市场的影响；争夺中国数据的主动权，改变影响国际期市现市的中国数据由美国机构主导发布的现况，做到中国数据由中国发布。

二是将被动"中国因素"变为主动权威的"中国数据"。①坚定实施"多数据中心"策略，并扩大其对市场预期的影响力。积极参与并推动建设依托联合国粮农组织建立的全球农产品数据中心，发挥其全球数据的真实性和权威性的作用；建立真实反映中国农产品产销需的数据中心和全球农产品主产国产销需的数据中心，公开免费发布数据并广而告之，逐步扩大其对期货投资决策者和现货价格的影响力。如果存在多个能影响大宗农产品供求预期的权威信息中心，那必然在削弱美国农业部和行业协会数据的唯一性和权威性的同时，也会促进美国所发布数据的真实性。从涉农大宗商品的国际定价机制看，现货价格与期货价格联动、油价与粮价联动，大宗商品现货交易价取决于美国 CBOT 和 ICE 的大宗农产品价格和 NYMEX（纽约商业交易所）的石油价格，而屡屡成为国际炒家炒作的"中国因素"背后的"中国数据"是期货市场参与者的重要决策依据，但"中国数据"并不由中国提供而是由美国所谓"第三方"研究预测（虽不完全可信），并交由美国农业部和行业协会每月、每周免费向全球公开发布。借势发力，中国若能由"权威机构"向全球免费提供相关的"中国数据"（真实数据和预期数据），势必会化被动的"中国因素"为主动的"中国数据"来影响乃至左右国际市场价格，则可在遵循市场游戏规则的合法范围内争取和保护自己利益。②依托中国巨大的国内需求市场，大力发展现货交易平台、大宗农产品的价格成本信息发布平台，让其真实反映中国国内涉农战略性商品的供求关系及其价值中枢，使其渐进成为影响国内外期货和现货交易价格的权威信息平台，提高"中国真实信息"对国际涉农战略性商品定价的影响力，减缓国际上以大宗农产品为主的涉农战略性商品价格偏离供需基本面的大幅涨跌态势。

三是创新金融市场和调控手段，争夺大宗农产品定价权。①创新金融市场，在国内建立、培育并做大做强大宗涉农产品期货交易市场及其指数基金，严禁操纵行为，渐进提高中国市场定价在国际大宗涉农产品定价中的影响力。创新调控手段，在进口贸易领域，为应对国际上玉米和大豆及其副产品的策略定价行为式的倾销，可以让国储在国内建立有限的以大豆和玉米为原料的生物质能源或深加工设施，按平稳价格的原则对国内市场进行调余，避免被动收储超量压仓；在国内流通领域，为减轻外资零售巨头的策略定价行为对本国流通企业的挤压和冲击，可以效仿欧盟反倾销的经验和先进管理模式，努力实施国内流通领域的反倾销。②凭借近几年中国期货市场的交易量大幅增加的基础，大胆创新期货品种和交易规则，打造自身竞争优势。比如，凸显中国大豆非转基因和高蛋白的比较优势，可以在大交所开发以"蛋白质含量"为划分标准以及以中国东北大豆为交割物的新交易品种，将中国打造成"非转基因、高蛋白"大豆的国际定价中心。摆脱当前旨在争夺国际定价中心的中国期货市场成为"被定价中心"的尴尬局面。由于中国大豆、玉米、小麦等国内农产品期货市场的价格处于被美国 CBOT 等国际定价中心单向决定的被动地位，因此，非但没增强反而加速弱化了国内的自主定价权。

2. 加强国际合作，实现共赢局面

重点实施涉农产业"走出去"战略，加快建设持续、稳定、安全的全球涉农战略性商品供应链；大力扶持基础较好的国内粮农企业发展，要鼓励有条件的企业积极通过各种途径（如并购、合资、参股、建立战略联盟等方式）充分地开发和利用国际资源，实现进口渠道、来源和进口方式的多元化，增进中国涉农企业在国际涉农战略性商品定价中的影响力。

对外依存度高的涉农战略性商品在面临国际资源性垄断和经营性寡头联盟的价格压榨时，中国要大胆与国际其他主要需求方进行战略结盟，可协同反垄断或采购结盟，比如可与印度等国家就钾资源等战略性农资原料的国际采购方面进行战略结盟，破解国际寡头共同限产保价的策略。加强与巴西、阿根廷、哈萨克斯坦等农业生产要素禀赋优异的国家在大宗农产品生产、物流设施、经营与基地等方面的合作，拓宽大宗农产品的来源并稳定供给。

积极参与并完善国际定价规则的合理化改革。联合国粮农组织总干事达席尔瓦认为，解决价格波动的措施是加强粮食安全全球治理，其手段之一就是联合国粮农组织在二十国集团倡导下主持开发的农业市场信息系统，该系统为成员国提供即时农业信息，并同时向公众发布全球粮食库存和价格变化情况，以及各国家农业收成预期，以期消除市场不确定性，减小粮价波动。二十国集团成员国拥有约95%的全球谷物产量，联合国粮农组织将致力于协调这些国家之间的粮食政策，共同应对全球粮食安全挑战。政策层面上，中国政府将设法推动初级大宗商品定价机制的改革，以防范大宗商品价格波动带来的风险。正如联合国粮农组织总干事达席尔瓦指出的，新的时代已经到来，保障粮食安全已经成为全球课题，各国政策制定者要改变仅以国家利益为考量来做决定的习惯，要通过国际合作协调各国粮食政策，这对避免粮食危机至关重要。

七 健全反垄断法律体系，规制国际涉农寡头旨在定价权收益的战略性布局与控制

健全反垄断法律体系，努力营造公平竞争的市场秩序。加强对国际涉农寡头低调、频繁地规避中国政策的战略性布局的跟踪和监管，规制国际涉农寡头旨在定价权收益的战略性布局与控制。

从国家涉农产业发展战略层面来看，中国要寻求破解之道、健全反垄断法律体系，就要将产业链垄断纳入《反垄断法》，努力营造公平竞争的市场秩序。首先，应出台专门遏制在涉农领域垄断的《反垄断法》，抑制纵向价格约束或压榨的产业链垄断，维护中国消费者福利和中国农民的利益。当前中国反垄断法律体系仍存在缺陷，其内容是针对一般工业领域制定的，并不适用于农业领域，但涉农产业反垄断具有合理性、合法性。从理论层面看，市场经济体制下的企业可以做大做强，但不能够寻求垄断。

当前中国正陷入涉农战略性商品的国际定价权丧失和国内的自主定价权不断被削弱的困局，这在很大程度上是由于我们的少数贸易伙伴在涉农战略性商品的国际交易中滥用自身的市场支配地位，同时国际涉农寡头对中国涉农战略性商品价值链的战略布局的定价权效应日益凸显。因此，要对涉农战略性商品领域的寡头进行反垄断，而且要对滥用市场支配地位对涉农产业链进行纵向约束定价的企业进行反垄断。中国作为实质上的农业弱国，其农业市场化应受到比美国模式更多的约束与制约。在上限上，要对外资进入中国农业领域设置防线，不能让中国受国家扶持的农业龙头企业屡屡成为以美国为主的涉农寡头的并购对象；在下限上，不仅要严守18亿亩红线，同时要增加一条防线，即要确保中国涉农战略性商品的定价权不被大资本垄断与控制。

中国的《反垄断法》不能一味与美国接轨，至少要保护自主定价权不受国际涉农寡头的削弱和控制，否则将自缚手脚。美国政府现行的反垄断执法机构深受芝加哥学派的影响，将经济效率作为反垄断法的首要价值目标，这无疑放松了反垄断执法，加快了其国内产业集中的进程，才会有波音兼并麦道得以通过美国反垄断法审查的情况出现，旨在增强其产业寡头的规模和国际竞争力。中国企业的国际竞争实力与以美国为主的涉农寡头企业相差较大，按同一标准进行同台竞争才是最大的不公平。众所周知，以美国为主的涉农寡头对中国涉农产业价值链进行低调战略布局的目的是定价权收益，为此，中国要跟踪其低调布局的动态，做好事前防范。

八 健全产业安全预警体系和利益动力机制，协同提升涉农产业（链）安全度

探索建立完善中央宏观产业损害预警机制和地方特色产业损害预警机制，加强预警分析、及时发布预警信息。中央政府从第一产业环节的预警（局部）向产业链的瓶颈环节和产业链安全的系统性预警转变，对产业产出结果的预警转向引发产业链安全因素的预防预警，从主要衡量粮食供需平衡的预警转向反映产业利益损害、产业定价权受控、宏观调控力受损等多维和综合的预警。要将系统化后的宏观涉农产业安全指标区域化，分摊到地方政府，强化并完善省长"米袋子"、市长"菜篮子"考核机制，同

时各地方政府要从区域经济利益和持续发展层面建立地方特色产业预警机制，加强对产业龙头企业的扶持并规制外资企业的并购行为，尤其是要警醒并加强对生物遗传资源等生物知识产权的保护。

加强对各级涉农产业安全主管部门人员的产业安全保护和产业安全防范知识的培训，将正式规则防范内化为中央和地方的自觉行动，规避地方各级政府在片面做大短期 GDP 过程中做出损害国家产业长远发展利益或全局利益的过度招商引资行为，防范中国为数不多的行业"排头兵"遭到外资进一步的策略性并购，严防以生物遗传资源为主的生物知识产权再遭窃取或外资企业以合作等名义夺取中国高端科研成果。

中央财政应健全国民财富二次分配平衡机制和政绩考核制度，坚持责任和利益对等的原则，对负有较大产业安全责任的农产品主产区域给予不低于全国产业发展平均机会成本的补偿，农产品的主销区要从财政上对产区进行补偿，产粮区的政绩考核要与产粮数量和质量挂钩而不能以 GDP 为主，只有这样才能健全完善产粮区域的利益动力机制，确保地方抓粮食生产的积极性。同时要考虑并理顺涉农产业链的上游农资价格和中上游农产品价格之间的新价格剪刀差问题，在政策上要加强对农民利益的关注，稳定产粮补贴、增加产粮农民收入，确保农民产粮的积极性。

九　本章小结

定价权博弈实质是一种蕴藏顶层设计的战略博弈。全球市场战略的实质是某一利益主体为了实现其既定的中长期目标而制定的。在全球市场一体化背景下，资本逐利、国家维护产业利益安全是无可厚非的。要从全球视域并以淡定的心态来看待西方寡头垄断（金融或产业）掌控涉农战略性商品定价权的战略，掌控全球涉农战略性商品定价权是为了实现其长期超额利润回报目标的战略性之"谋"。涉农产业安全作为公共品要由中央政府从战略层面进行长期和全局的利益出发进行立法规制，促使各经济人在共同的产业安全游戏规则的约束下进行协同防御和主动阻击。主动抓紧引导和支持中国市场主体对涉农产业链进行横向并购和纵向一体化整合，提升产业集中度、产业定价权和产业链控制力，通过提升产业绩效、培育国际级的涉农产业市场主体来抗击以美国为主的国际级涉农产业巨头的侵蚀和定价权的控制，提高中国涉农产业现代化进程的自主性和持续性，否则中国的涉农产业（链）的利益只能拱手让人，国内市场自主定价权如果丧失将严重损害作为消费者的全体国民的利益和国家的产业安全、经济安全乃至国家安全。

第五篇

后续实证研究

第十一章
基于谈判定价的涉农战略性商品国际定价权的实证分析
——以钾肥为例

一 中国钾肥进口数量、价格国别比较

2001年以来，中国钾肥进口的主要国家为以色列、加拿大和俄罗斯。统计口径显示，2001年1月到2012年12月，所记录的数据表现为进口金额；2013年1月以来，关于中国钾肥进口数据的记录增加了进口数量这一项指标。

本章采用Eviews7.2对2013年1月到2019年8月，中国向这3个国家进口的钾肥数量、价格进行时间序列分析。需要指出的是，进口钾肥价格由进口金额与进口数量这两个指标对比得出。为避免出现多重共线性问题，接下来仅分析中国钾肥的进口数量、进口价格这两个指标。

国家与数量的英文名称合成缩略语ISRQ、CANQ、RUSQ，分别代表2013年1月到2019年8月，中国向以色列进口的钾肥数量、中国向加拿大进口的钾肥数量、中国向俄罗斯进口的钾肥数量。国家与价格的英文名称合成缩略语ISRP、CANP、RUSP，分别代表中国向以色列进口的钾肥价格、中国向加拿大进口的钾肥价格、中国向俄罗斯进口的钾肥价格。

1. 中国进口钾肥数量折线图分析

如图11-1所示，2013年1月至2019年8月中国向以色列、加拿大、

俄罗斯进口的钾肥数量折线图存在 3 个显著特征。其一，存在季节性波动，每年的年中（6月）中国进口钾肥的数量较大，而每年的年末（12月）进口钾肥的数量则较小。其二，进口数量稳定，整体而言中国在 2013~2019 年向这 3 个国家进口的钾肥数量并没有明显的上升或下降趋势，长期来看较为稳定。其三，存在中断现象，中国向以色列进口的钾肥在此期间存在较多短期中断现象，少则 1~2 个月、多则 5 个月；然而，中国向加拿大、俄罗斯进口的钾肥在此期间较少出现中断现象。

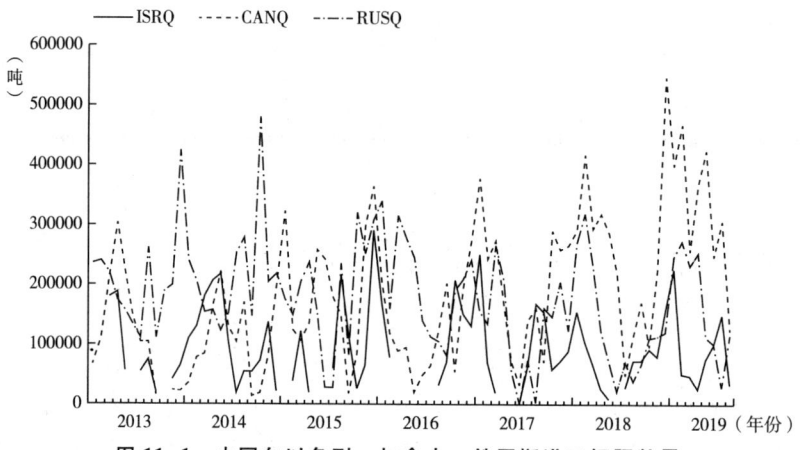

图 11-1 中国向以色列、加拿大、俄罗斯进口钾肥数量

2. 中国进口钾肥数量相关系数分析

如表 11-1 所示，2013 年 1 月至 2019 年 8 月期间中国向以色列、加拿大、俄罗斯 3 国进口的钾肥数量彼此之间的相关系数很低，分别为 0.227321、0.100740、0.041213，结果表明 3 个变量之间的相关关系均不显著。

表 11-1 中国向以色列、加拿大、俄罗斯进口钾肥数量相关系数

变量	ISRQ	CANQ	RUSQ
ISRQ	1.000000		
	—		
CANQ	0.227321	1.000000	
	(0.0664)	—	
RUSQ	0.100740	0.041213	1.000000
	(0.4209)	(0.7425)	—

注：括号内为 p 值。

3. 中国进口钾肥数量成对格兰杰因果关系检验

如表 11-2 和表 11-3 所示,分别选用 3 个月和 6 个月作为滞后期,中国向以色列、加拿大、俄罗斯进口的钾肥数量成对格兰杰因果关系检验结果表明存在两种情况的格兰杰因果关系。其一,加拿大钾肥进口数量会影响以色列钾肥进口数量(此时的滞后期为 3 个月,p 值为 0.0075,小于 0.01,表明高度显著);其二,俄罗斯钾肥进口数量会影响加拿大钾肥进口数量(此时的滞后期为 6 个月,p 值为 0.0044,小于 0.01,表明高度显著)。其余的 10 种情况均不存在显著的格兰杰因果关系。

表 11-2 中国向以色列、加拿大、俄罗斯进口钾肥数量成对格兰杰因果关系检验
(滞后期:3 个月)

Null Hypothesis	Obs	F-Statistic	Prob.
CANQ does not Granger Cause ISRQ	41	4.69827	0.0075
ISRQ does not Granger Cause CANQ	41	0.48665	0.6938
RUSQ does not Granger Cause ISRQ	41	0.16501	0.9192
ISRQ does not Granger Cause RUSQ	41	0.10305	0.9577
RUSQ does not Granger Cause CANQ	73	0.81056	0.4925
CANQ does not Granger Cause RUSQ	73	0.39387	0.7578

表 11-3 中国向以色列、加拿大、俄罗斯进口钾肥数量成对格兰杰因果关系检验
(滞后期:6 个月)

Null Hypothesis	Obs	F-Statistic	Prob.
CANQ does not Granger Cause ISRQ	26	1.25754	0.3408
ISRQ does not Granger Cause CANQ	26	0.61234	0.7171
RUSQ does not Granger Cause ISRQ	26	0.62425	0.7085
ISRQ does not Granger Cause RUSQ	26	1.34162	0.3074
RUSQ does not Granger Cause CANQ	67	3.60832	0.0044
CANQ does not Granger Cause RUSQ	67	2.14879	0.0625

4. 中国钾肥进口数量、价格的面板数据模型构建

通过格兰杰因果关系检验,从统计学角度对 2013 年 1 月至 2019 年 8 月期间中国向以色列、加拿大、俄罗斯进口的钾肥数量这 3 个变量之间的因果关系进行了初步判断。结果表明,这 3 个变量之间存在部分因果关系。由于此案例数据涉及时间、空间两个维度变化,并且包含多个变量,考虑

构建面板数据模型对数据的内涵进行深入剖析。

（1）面板数据模型原理概述

面板数据模型需要具有三维信息的数据结构，与传统线性计量经济学模型相比，对含有横截面、时间和变量三维信息的构建及检验更加真实和深入。因此本书利用面板数据模型的分析优势，对2013年1月至2019年8月期间中国进口钾肥（来自以色列、加拿大、俄罗斯3国）的数量和价格等数据进行分析。

设因变量 y_{it} 与 $k\times1$ 维解释变量向量 $x_{it}=(x_{1,it}, x_{2,it}, \cdots, x_{k,it})'$，满足线性关系

$$y_{it} = \alpha_{it} + x'_{it}\beta_{it} + u_{it}; i=1,2,\cdots,N; t=1,2,\cdots,T \qquad 式11-1$$

式11-1是考虑 k 个经济指标在 N 个截面成员及 T 个时间点上的变动关系。其中 N 表示截面成员的个数，T 表示每个截面成员的观测时期，参数 α_{it} 表示模型的常数项，β_{it} 表示对应于解释变量项链 x_{it} 的 $k\times1$ 维系数向量，k 表示解释变量个数。随机误差项 u_{it} 相互独立，且满足零均值、均方差为 σ_u^2 的假设。

为了使模型达到预估效果可以根据 N 个截面成员及 T 个时期将模型分为以下两类，分别表示为：

①含有 N 个个体成员方程模型

$$y_i = \alpha_i e + x_i \beta_i + u_i; e=(1,1,\cdots,1)'; i=1,2,\cdots,N \qquad 式11-2$$

$$\begin{pmatrix} y_1 \\ y_2 \\ \vdots \\ y_N \end{pmatrix} = \begin{pmatrix} \alpha_1 e \\ \alpha_2 e \\ \vdots \\ \alpha_N e \end{pmatrix} + \begin{pmatrix} x_1 & 0 & \cdots & 0 \\ 0 & x_2 & \ddots & \vdots \\ \vdots & \ddots & \ddots & 0 \\ 0 & \cdots & 0 & x_N \end{pmatrix} \begin{pmatrix} \beta_1 \\ \beta_2 \\ \vdots \\ \beta_N \end{pmatrix} + \begin{pmatrix} u_1 \\ u_2 \\ \vdots \\ u_N \end{pmatrix}$$

②含有 T 个时间截面方程模型

$$y_t = u_t e + x_t \gamma_t + v_t; e=(1,1,\cdots,1)'; t=1,2,\cdots,T \qquad 式11-3$$

$$\begin{pmatrix} y_1 \\ y_2 \\ \vdots \\ y_N \end{pmatrix} = \begin{pmatrix} \mu_1 e \\ \mu_2 e \\ \vdots \\ \mu_T e \end{pmatrix} + \begin{pmatrix} x_1 & 0 & \cdots & 0 \\ 0 & x_2 & \ddots & \vdots \\ \vdots & \ddots & \ddots & 0 \\ 0 & \cdots & 0 & x_T \end{pmatrix} \begin{pmatrix} \gamma_1 \\ \gamma_2 \\ \vdots \\ \gamma_T \end{pmatrix} + \begin{pmatrix} v_1 \\ v_2 \\ \vdots \\ v_T \end{pmatrix}$$

根据截距项向量 α 和系数项向量 β 中各分量的不同限制要求，可以将式 11-2 描述的面板数据模型划分为以下三种类型：无个体影响的不变系数模型、变截距模型、含有个体影响的变系数模型。可以分别表示为：

$$y_i = \alpha e + x_i \beta + u_i; i = 1, 2, \cdots, N \qquad 式 11-4$$

$$y_i = \alpha_i e + x_i \beta + u_i; i = 1, 2, \cdots, N \qquad 式 11-5$$

$$y_i = \alpha_i e + x_i \beta_i + u_i; i = 1, 2, \cdots, N \qquad 式 11-6$$

（2）面板数据模型估计

综合本案例的实际情况，适合选用的模型属于无个体影响的不变系数模型，如式 11-4 所示。Eviews7.2 测算的结果如表 11-4 所示，其参数估计方法选用的是广义最小二乘法并且对截面数据进行了加权处理，主要结论如下。其一，中国进口钾肥的价格存在惯性，其依据为作为解释变量的钾肥价格滞后一期时对进口钾肥价格影响显著（p=0.0000）。其二，中国进口钾肥的价格受到当期进口钾肥数量的影响，其依据为作为解释变量的钾肥数量的当期值对进口钾肥价格有弱显著性影响（p=0.0731）。其三，中国进口钾肥的价格受到滞后一期进口钾肥数量的影响，其依据为作为解释变量的钾肥数量的滞后一期值对进口钾肥价格影响显著（p=0.0031）。

表 11-4 中国进口钾肥面板数据模型估计结果

Variable	Coefficient	Std. Error	t-Statistic	Prob.
C	17.03653	4.168275	4.087189	0.0001
P (-1)	0.943099	0.013842	68.13400	0.0000
Q	1.62E-05	9.01E-06	1.801381	0.0731
Q (-1)	-2.71E-05	9.05E-06	-2.993183	0.0031

Effects Specification
Cross-section fixed (dummy variables)

Weighted Statistics		
R-squared	0.958445	Mean dependent var
Adjusted R-squared	0.957436	S. D. dependent var
S. E. of regression	13.09277	Sum squared resid

续表

F-statistic	950.2453	Durbin-Watson stat	
Prob（F-statistic）	0.000000		
Unweighted Statistics			
R-squared	0.939173	Mean dependent var	
Sum squared resid	36971.53	Durbin-Watson stat	

如表 11-5 所示，截面序号 1 代表以色列、截面序号 2 代表加拿大、截面序号 3 代表俄罗斯。显然，截面确定效应按从高到低排序依次为以色列、加拿大、俄罗斯，其现实意义可以理解为进口钾肥的平均价格为以色列最高、加拿大次之、俄罗斯最低。此结论与表 11-6 所示结果相契合，其中显示以色列进口钾肥的均价为 332.4 美元/吨、加拿大进口钾肥的均价为 297.3 美元/吨、俄罗斯进口钾肥的均价为 283.9 美元/吨。

表 11-5　中国进口钾肥面板数据模型截面确定效应

CROSSID	Effect
1	0.325264
2	0.085890
3	-0.314283

表 11-6　中国从以色列、加拿大、俄罗斯进口钾肥价格描述统计

	以色列	加拿大	俄罗斯
Mean	332.3925	297.2851	283.8889
Median	300.6086	300.5659	285.2122
Maximum	2800.000	459.2044	404.9581
Minimum	209.9974	213.9567	221.6309
Std. Dev.	314.5468	57.48278	52.12646
Skewness	7.473134	0.547706	0.495391
Kurtosis	59.17247	2.798694	2.433231
Jarque-Bera	9291.527	3.411690	3.582908
Probability	0.000000	0.181619	0.166718
Sum	21937.91	19620.81	18736.67
Sum Sq. Dev.	6431079	214777.5	176615.9
Observations	66	66	66

(3) 面板数据模型预测

如图 11-2 所示，中国从以色列、加拿大、俄罗斯进口钾肥价格的预测结果表明：首先，钾肥价格自 2013 年以来呈现逐渐降低趋势，目前的价格控制在 300 美元/吨以内；其次，这 3 个国家钾肥价格变动趋势较为相似，均经历了价格高速下降、低速下降、接近水平三个阶段；最后，该模型的预测精确程度一般，详见图 11-2 右侧系列统计量值。

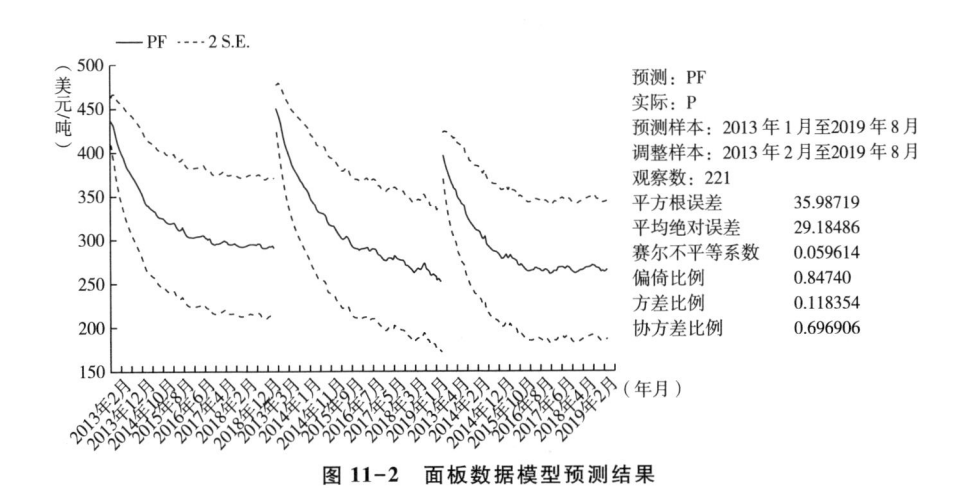

图 11-2 面板数据模型预测结果

二 中国钾肥进口金额与价格互动关系研究

接下来，本书将对 1996~2018 年中国钾肥进口金额与价格之间的关系进行研究，试图通过解析隐含在数据内部的逻辑关系，进而为中国钾肥进口标准的设定乃至安全定价问题提供决策依据。本节继续采用 Eviews7.2 进行数据分析，引入 3 个变量：M 表示钾肥进口金额、Q 表示钾肥进口数量、P 表示钾肥进口价格。相应的单位依次为万美元、万吨、美元/吨。

（一）中国钾肥进口总额趋势分析

如图 11-3 所示，1996~2018 年中国钾肥进口总额柱形图呈明显的周期变动。直观上看，中国钾肥进口总额与中国整体经济发展水平相契合。简言之，经济社会环境越好，中国钾肥的进口总额就越大，比如 2015 年；经济社会环境越差，中国钾肥的进口总额就越小，比如 2009 年。

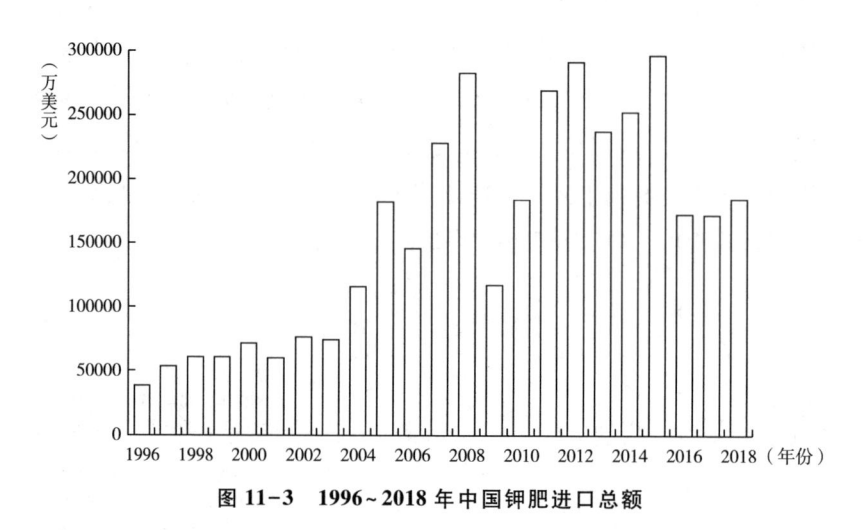

图 11-3　1996~2018 年中国钾肥进口总额

（二）中国钾肥进口总量趋势分析

如图 11-4 所示，1996~2018 年中国钾肥进口总量柱形图呈明显的周期变动。直观上看，中国钾肥进口总量与中国整体经济发展水平相契合。简言之，经济社会环境越好，中国钾肥的进口总量就越大，比如 2007 年、2015 年；经济社会环境越差，中国钾肥的进口总额就越小，比如 2009 年。

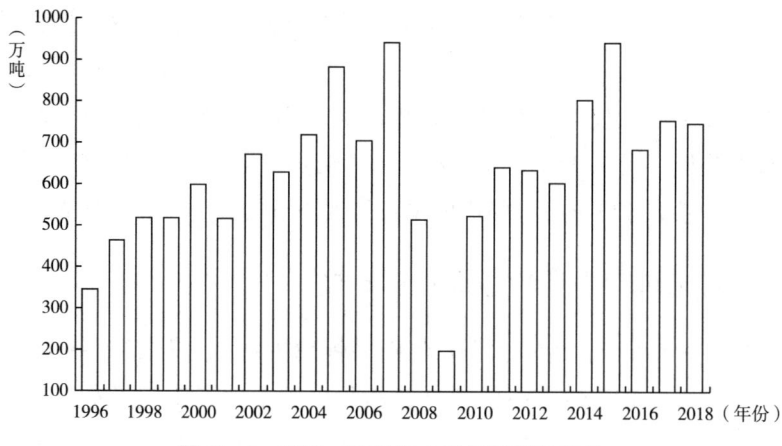

图 11-4　1996~2018 年中国钾肥进口数量

（三）中国钾肥进口价格趋势分析

如图 11-5 所示，1996~2018 年中国钾肥进口价格柱形图呈明显的周期变动。直观上看，中国钾肥进口价格与中国整体经济发展水平相契合，但是呈负相关。简言之，经济社会环境越差，中国钾肥的进口价格就越高，比如 2008 年、2009 年（接近 600 美元/吨）；经济社会环境越好，中国钾肥的进口价格就越低，比如 2016~2018 年（在 300 美元/吨以内）。

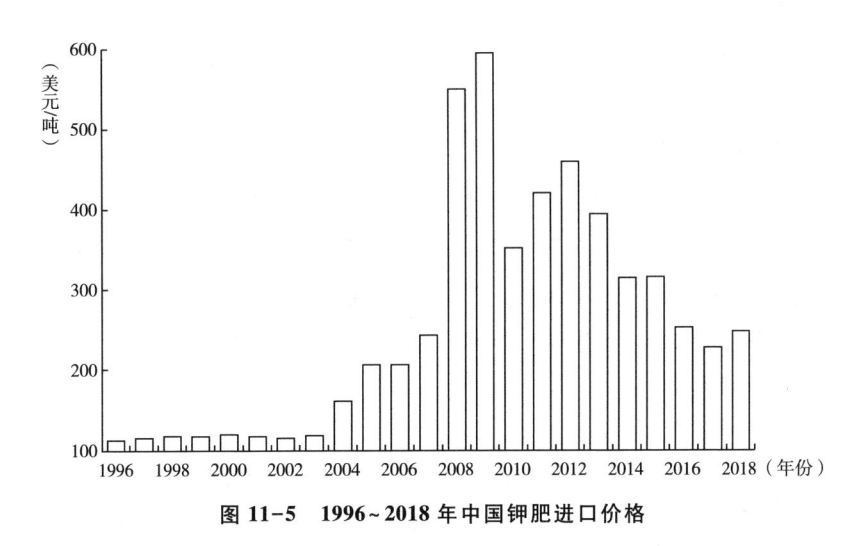

图 11-5　1996~2018 年中国钾肥进口价格

（四）中国钾肥进口总额、总量、价格相关系数

如表 11-7 所示，中国钾肥进口总额、总量、价格这 3 个变量中两两之间的相关系数从高到低依次为 0.730（总额和价格）、0.506（总额和总量）、-0.151（价格和总量）。相应地，这 3 个相关系数的显著情况依次为高度显著（p=0.0001<0.01）、中度显著（p=0.0137<0.05）、不显著（p=0.4917>0.1）。根据变量之间的显著性水平情况，本节选择中国钾肥进口总额与中国钾肥进口价格这两个变量进行时间序列分析。

表 11-7 中国钾肥进口总额、总量、价格相关系数

变量	M	P	Q
M	1.000000 —		
P	0.729557 (0.0001)	1.000000 —	
Q	0.506274 (0.0137)	-0.150964 (0.4917)	1.000000 —

注：括号内为 p 值。

（五）中国钾肥进口总额、价格时间序列分析

1. 单位根检验

构建时间序列模型，首先需要对变量的平稳性进行检验，利用 Eviews7.2 对这两个变量进行单位根检验，主要测算结果如表 11-8 所示。结果表明，中国钾肥进口总额与中国钾肥进口价格这两个变量均不平稳；但是，中国钾肥进口总额与中国钾肥进口价格这两个变量经过 1 次差分处理之后均为平稳序列。

表 11-8 中国钾肥进口总额、价格单位根检验结果

变量	ADF 统计量	检验类型（c, t, q）	显著水平	平稳性
中国钾肥进口总额 M	-2.619	(c, t, 0)	0.2760	不平稳
中国钾肥进口价格 P	-1.647	(c, 0, 0)	0.4429	不平稳
△中国钾肥进口总额 M	-3.171	(0, 0, 1)	0.0000	平稳
△中国钾肥进口价格 P	-4.807	(0, 0, 1)	0.0001	平稳

2. 协整检验

如上所述，中国钾肥进口总额与中国钾肥进口价格这两个变量均属于 1 阶单整（1 次差分后平稳）序列，适合采用恩格尔-格兰杰法（Engle-Granger, EG2 步法）进行检验。

（1）构建一元线性回归模型

本节对所构建的一元线性回归模型进行三大统计检验，结果如表 11-9

所示，其中，R^2 为 0.510，表明模型的拟合效果达到中等程度；F 值为 23.9（p=0.000），表明模型整体存在显著线性相关关系；回归系数的 t 统计量值为 4.89（p=0.000），表明进口总额与进口价格存在显著线性相关关系。可以得出的基本结论是该模型通过统计检验。

表 11-9　中国钾肥进口价格关于进口总额的线性回归结果

Variable	Coefficient	Std. Error	t-Statistic	Prob.
C	60.42226	45.32015	1.333232	0.1967
M	0.001236	0.000253	4.888371	0.0001
R-squared	0.532254	Mean dependent var		255.4706
Adjusted R-squared	0.509980	S. D. dependent var		147.2366
S. E. of regression	103.0677	Akaike info criterion		12.19159
Sum squared resid	223081.9	Schwarz criterion		12.29033
Log likelihood	-138.2033	Hannan-Quinn criter.		12.21642
F-statistic	23.89617	Durbin-Watson stat		1.154043
Prob（F-statistic）	0.000078	—		—

（2）模型误差项的平稳性检验

如表 11-10 所示，模型误差项经过单位根检验判定为平稳序列。结果表明，中国钾肥进口总额与中国钾肥进口价格之间存在协整关系（组合平稳）。

表 11-10　模型误差项的单位根检验

变量	ADF 统计量	检验类型（c, t, q）	显著水平	平稳性
模型误差项 u	-2.91	(0, 0, 1)	0.0057	平稳

3. 构建误差修正模型

存在协整关系的两个变量满足构建误差修正模型的前提条件，通过构建误差修正模型可以用来分析变量之间的长期均衡以及短期均衡关系。利用 Eviews7.2 构建误差修正模型，其测算结果概述如下。

$$p_t = 63.023 + 0.00121 m_t + 0.42343 e_{t-1}$$

$$(1.362)\ (4.800)\quad (2.025) \qquad\qquad 式11-7$$

$$R^2 = 0.597\ DW = 1.790$$

式 11-7 的结果表明中国钾肥进口总额的短期变动对中国钾肥进口价格存在正向影响。此外，短期调整系数是显著的，表明每年实际的中国钾肥进口价格与其长期均衡值的偏差中的 42.34%（0.42343）被修正。

4. 误差修正模型预测

对 1997~2018 年中国钾肥进口总额与中国钾肥进口价格误差修正模型进行静态预测（向前 1 步预测），结果如图 11-6 所示。依据图 11-6 右侧的系列预测评价指标值可推断，预测的效果一般。比如，BP（偏差率）值为 0.000、VP（方差率）值为 0.128、CP（协变率）值为 0.872，表明系统性误差（0.000+0.128=0.128）较小、非系统性误差（0.872）较大，预测效果尚可。

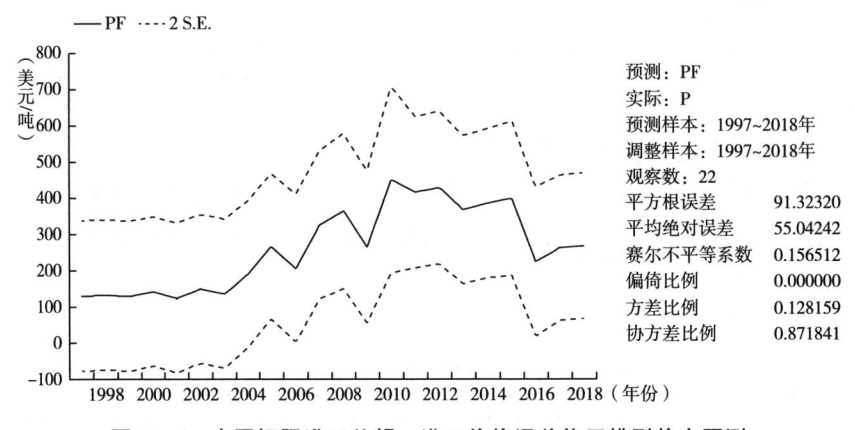

图 11-6 中国钾肥进口总额、进口价格误差修正模型静态预测

如图 11-7 所示，中国钾肥进口总额、进口价格误差修正模型的拟合值对实际值的拟合程度较好，其纵轴观测值见图形右侧；残差图是实际值与拟合值两者之差，其纵轴观测值见图形左侧。简言之，残差图将实际值与拟合值之间的差异进行了一定比例的放大，但整体而言所构建的误差修正模型的预测效果一般。

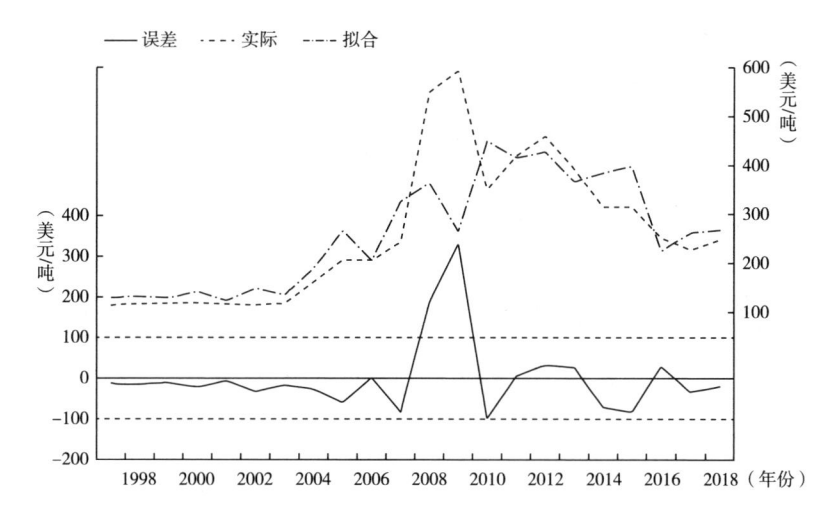

图 11-7　中国钾肥进口总额、进口价格误差修正模型的实际值、拟合值及残差

第十二章
中国涉农战略性商品价格波动的国内外影响因素的 VAR 实证分析
——以农产品总体为例（2002~2017 年）

本章研究问题与第七章一致，主要的区别在于指标（变量）的选取以及样本范围。第七章考察的样本范围为 2002~2012 年，而本章所涉及的样本范围为 2002~2017 年。旨在验证不同样本范围条件下所得的结论是否存在差异性。由于所采用的分析方法都是一样的，以下分析主要针对软件处理结果进行阐述，相关的理论不再赘述。需要指出的是，由于时间的推移，以前的指标数据出现变更或者缺失，故此时所选择的指标亦有所不同。

一 指标的差异性说明

中国涉农战略性商品价格波动的国内外影响因素（以农产品总体为例）的两次 VAR 实证分析除了样本范围从 2002~2012 年变更为 2002~2017 年以外，所选用的变量及其数据形态也存在差异。两个时期内指标名称的变更情况如表 12-1 所示，相应的指标名称以及数据类型都出现了较大的变化。原有指标 10 个（包括因变量），更新后的新指标 9 个（包括因变量）。

表 12-1　涉农战略性商品价格波动影响因素两个时期指标对比

原指标名称	数据类型	新指标名称	数据类型
国内农产品价格 Y	同比数据	农产品批发价格总指数 Y	同比数据
农业生产资料价格 X1	同比数据	农业生产资料价格指数 X1	同比数据
肉禽及其制品价格 X2	同比数据	—	
宏观经济景气指数 X3	同比数据	—	
国际食品价格指数 X4	同比数据	—	
国际石油价格指数 X5	同比数据	WTI 原油期货结算价 X2	连续数据
中国货币供应量（M2）X6	同比数据	货币和准货币量（M2）X3	连续数据
美国燃料乙醇月度产量 X7	同比数据	美国燃料乙醇产量 X4	连续数据
中国农产品期货综合指数 X8	同比数据		
美元对人民币汇率 X9	同比数据	美元对人民币汇率 X5	连续数据
—		全球大豆市场价格 X6	连续数据
—		全球玉米市场价格 X7	连续数据
—		全球猪肉市场价格 X8	连续数据

二　指标的相关性分析

2002 年 1 月至 2017 年 6 月涉农战略性商品价格波动影响因素所涉及的 9 个指标两两测算相关系数结果如表 12-2 所示，总共有 36 个数值，表中给出了相关系数的显著性水平。结果表明两两之间呈现高度相关的指标有 26 组，呈现中度相关的指标有 3 组，呈现低度相关的指标有 3 组，呈现不相关的指标有 4 组。

值得一提的是，因变量农产品批发价格总指数与其余 8 个自变量均存在显著相关关系，通过比较可以得出以下三个基本结论。其一，国际因素对国内农产品批发价格总指数的影响更加显著；其二，美元对人民币汇率对国内农产品批发价格总指数的影响最为显著，即人民币升值将导致国内农产品批发价格总指数上升；其三，国内农业生产资料价格指数与国内农产品批发价格总指数之间存在显著负相关关系，表明面对国际市场竞争压力，国内农产品批发价格的上升受到很大的限制。

表 12-2　涉农战略性商品价格波动影响因素指标相关系数矩阵

Correlation	Y	X1	X2	X3	X4	X5	X6	X7	X8
Y	1								
X1	−0.162212	1							
X2	0.151944	0.477412	1						
X3	0.435028	−0.490735	−0.378277	1					
X4	0.551898	−0.371858	−0.13283	0.845301	1				
X5	−0.757116	0.22202	−0.199769	−0.614857	−0.808502	1			
X6	0.450062	0.242142	0.731975	0.080129	0.30506	−0.591589	1		
X7	0.348101	0.412261	0.684162	−0.087351	0.154832	−0.435937	0.85336	1	
X8	0.393593	0.003077	0.523272	0.215568	0.355738	−0.549184	0.532084	0.478765	1
Probability	Y	X1	X2	X3	X4	X5	X6	X7	X8
Y	—								
X1	0.0652*	—							
X2	0.0844*	0***	—						
X3	0***	0***	0***	—					
X4	0***	0.0111**	0.1319	0***	—				
X5	0***	0.0055***	0.0227**	0***	0***	—			
X6	0***	0***	0***	0.3648	0.0004***	0***	—		
X7	0***	0***	0***	0.323	0.0786*	0***	0***	—	
X8	0***	0.9723	0***	0.0138**	0***	0***	0***	0***	—

注：* 表示低度显著（a=0.1）；** 表示中度显著（a=0.05）；*** 表示高度显著（a=0.01）。

三 指标的单位根检验

如表 12-3 所示,对 2002 年 1 月至 2017 年 6 月涉农战略性商品价格波动影响因素所涉及的 9 个指标分别进行单位根检验以了解其平稳性。其一,有 3 个指标为平稳序列,依次为农业生产资料价格指数 X1(高度平稳)、美元对人民币汇率 X5(中度平稳)、全球猪肉市场价格 X8(中度平稳)。其二,有 6 个指标为一阶差分平稳序列,依次为△农产品批发价格总指数 Y(高度平稳)、△WTI 原油期货结算价 X2(高度平稳)、△货币和准货币量(M2)X3(高度平稳)、△美国燃料乙醇产量 X4(低度平稳)、△全球大豆市场价格 X6(高度平稳)、△全球玉米市场价格 X7(高度平稳)。

表 12-3 各变量单位根检验结果

变量	ADF 统计量	检验类型 (c, t, q)	显著水平	平稳性
农产品批发价格总指数 Y	-1.5561	(c, 0, 0)	0.5022	不平稳
△农产品批发价格总指数 Y	-10.7718 ***	(c, t, 0)	0.0000	平稳
农业生产资料价格指数 X1	-4.3869 ***	(c, 0, 3)	0.0004	平稳
WTI 原油期货结算价 X2	-2.4502	(c, 0, 1)	0.1296	不平稳
△WTI 原油期货结算价 X2	-10.3068 ***	(0, 0, 0)	0.0000	平稳
货币和准货币量(M2)X3	-2.3605	(c, t, 8)	0.3983	不平稳
△货币和准货币量(M2)X3	-6.8263 ***	(c, t, 7)	0.0000	平稳
美国燃料乙醇产量 X4	-2.4750	(c, 0, 12)	0.1240	不平稳
△美国燃料乙醇产量 X4	-1.7270 *	(0, 0, 11)	0.0798	平稳
美元对人民币汇率 X5	-2.1903 **	(0, 0, 1)	0.0278	平稳
全球大豆市场价格 X6	-2.4035	(c, 0, 1)	0.1422	不平稳
△全球大豆市场价格 X6	-9.3979 ***	(0, 0, 0)	0.0000	平稳
全球玉米市场价格 X7	-1.8192	(c, 0, 1)	0.3703	不平稳
△全球玉米市场价格 X7	-11.1374 ***	(0, 0, 0)	0.0000	平稳
全球猪肉市场价格 X8	-3.3830 **	(c, 0, 1)	0.0128	平稳

注:△表示一阶差分,*、**、*** 分别表示在 10%、5% 和 1% 的显著性水平下拒绝存在单位根的原假设。

综上，本研究所涉及的 9 个指标有 3 个平稳序列、6 个一阶单整（一次差分平稳）序列，满足构建 VAR（向量自回归）模型的前提条件。

四 确定指标的最大滞后阶数

表 12-4 是对构建 VAR 模型适合选择的滞后阶数进行检测的结果，此时采用 5 个统计量进行评价。测算结果表明，统计量 SC 支持选择 1 阶滞后；统计量 FPE 和 HQ 支持选择 2 阶滞后；统计量 LR 支持选择 6 阶滞后；统计量 AIC 支持选择 8 阶滞后。依据少数服从多数原则，此时构建的 VAR 模型选择的最大滞后阶数为 2 阶。

表 12-4 VAR 模型滞后阶数判断结果

Lag	LogL	LR	FPE	AIC	SC	HQ
0	-5991.226	NA	4.23e+31	98.36436	98.57121	98.44838
1	-4546.403	2652.789	8.29e+21	76.00661	78.07515*	76.84679
2	-4415.068	221.7631	3.70e+21*	75.18144	79.11166	76.77777*
3	-4364.387	78.09763	6.41e+21	75.67848	81.47039	78.03098
4	-4277.417	121.1882	6.44e+21	75.58061	83.23420	78.68926
5	-4185.559	114.4458	6.42e+21	75.40261	84.91789	79.26742
6	-4081.089	114.7461*	5.76e+21	75.01785	86.39482	79.63882
7	-3989.905	86.69917	7.40e+21	74.85090	88.08956	80.22804
8	-3869.652	96.59700	7.19e+21	74.20741*	89.30775	80.34070

注：*表示根据本标准选择的滞后阶数，LR 表示序列调整的 LR 统计量（5% 显著性水平），FPE 表示最后预测误差，AIC 表示赤池信息准则，SC 表示施瓦茨信息准则，HQ 表示汉南-奎因信息量准则。

五 最大滞后阶数为 2 阶 VAR 模型平稳性检验

如图 12-1 以及表 12-5 所示，VAR 模型选用最大滞后期为 2 期时出现逆特征根（通常也说成特征根）在单位圆外的情况，此时模为 1.000303（大于 1），表明 VAR 模型不满足平稳性条件。综合考虑，后续将采用 SC 统计量所支持的最大滞后期为 1 期的模型进行平稳性检验。

第十二章 中国涉农战略性商品价格波动的国内外影响因素的VAR实证分析

AR特征多项式的逆根

图 12-1　VAR 平稳性检验结果（滞后 2 期）

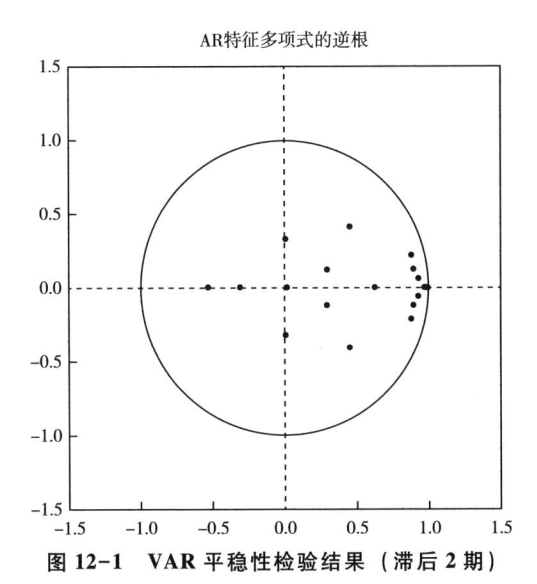

表 12-5　VAR 平稳性检验结果（滞后 2 期）

特征根	模
1.000303	1.000303
0.979350	0.979350
0.934539-0.060098i	0.936469
0.934539+0.060098i	0.936469
0.884351-0.217431i	0.910688
0.884351+0.217431i	0.910688
0.901129-0.123227i	0.909515
0.901129+0.123227i	0.909515
0.633429	0.633429
0.456562-0.409631i	0.613389
0.456562+0.409631i	0.613389
-0.526655	0.526655
0.011426-0.324028i	0.324229
0.011426+0.324028i	0.324229
0.300683+0.119321i	0.323493
0.300683-0.119321i	0.323493
-0.307365	0.307365
0.019944	0.019944

注：最少有一个特征根在单位圆外，VAR 模型不满足平稳性条件。

六 最大滞后阶数为 1 阶 VAR 模型平稳性检验

如图 12-2 以及表 12-6 所示，VAR 模型选用最大滞后期为 1 期时，所有的特征根未出现在单位圆外的情况，表明 VAR 模型已满足平稳性条件。因此，所构建的 VAR 模型适合的最大滞后期应为滞后 1 期。

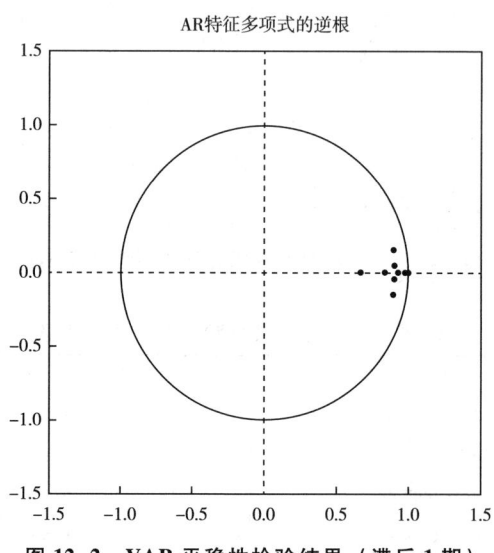

AR特征多项式的逆根

图 12-2　VAR 平稳性检验结果（滞后 1 期）

表 12-6　VAR 平稳性检验结果（滞后 1 期）

特征根	模
0.999816	0.999816
0.981128	0.981128
0.928386	0.928386
0.898482−0.151519i	0.911169
0.898482+0.151519i	0.911169
0.905460−0.045220i	0.906588
0.905460+0.045220i	0.906588
0.841417	0.841417
0.673951	0.673951

注：没有特征根在单位圆外，VAR 模型满足平稳性条件。

七 指标间的协整分析

(一) 序列和协整方程都有线性趋势的协整迹检验

表 12-7 的结果为在 5% 显著水平上，VAR 模型所涉及的 9 个指标选用 1 期滞后测算指标之间的协整关系。结果表明，此时指标之间至少存在 1 个协整关系。需要指出的是，Eviews 软件提供了两种测算协整关系的方法，即迹检验和最大特征值检验（此时采用迹检验）；同时，Eviews 软件提供了 5 种检测方程，此时采用的是第 4 种（序列和协整方程都有线性趋势），旨在与第七章协整分析结果形成对比。

表 12-7 Johansen 极大似然值协整迹检验结果（滞后 1 期）

原假设	特征根	迹统计量	a=0.05 时临界值	显著水平
none*	0.392726	247.4363	228.2979	0.0046
At most 1	0.334496	183.5930	187.4701	0.0774
At most 2	0.247507	131.4700	150.5585	0.3538
At most 3	0.204668	95.07155	117.7082	0.5384
At most 4	0.160214	65.76012	88.80380	0.6713
At most 5	0.124224	43.41030	63.87610	0.7185
At most 6	0.092689	26.43174	42.91525	0.7135
At most 7	0.063346	13.98121	25.87211	0.6592
At most 8	0.042842	5.604772	12.51798	0.5120

注：* 表示在 5% 的显著性水平下拒绝原假设。

(二) Johansen 5 种方程检验结果

如表 12-8 所示，Eviews 依据序列的时间趋势以及协整方程是否包含截距和确定性趋势进行分类，提供了 Johansen 5 种检验方程的各自 2 类方法（迹检验和最大特征值检验）协整检验结果。显而易见，不同检验方程、不同检验方法所得出的结果有所差别。从中可知，若采用前两种检验方程测算指标间的协整关系，则无论是迹检验还是最大特征值检验都认为

9个指标间存在2种协整关系，其余检测结果不再赘述。因此，指标之间存在逻辑上的因果关系，适合构建VAR模型进行分析。

表 12-8　Johansen 5种检验方程2类方法协整检验结果

序列时间趋势	无	无	线性	线性	二次
检验方程类型	无截距无趋势	有截距无趋势	有截距无趋势	有截距有趋势	有截距有趋势
迹	2	2	1	1	1
最大特征值	2	2	0	1	1

注：检验的临界值参照MacKinnon-Haug-Michelis（1999）。

八　VAR模型的脉冲响应函数

国内农产品批发价格总指数对国内外8个冲击因素（指标）的响应情况如图12-3所示。其中，国内因素有2个，分别为农业生产资料价格指数X1、货币和准货币量（M2）X3；国际因素有6个，分别为WTI原油期货结算价X2、美国燃料乙醇产量X4、美元对人民币汇率X5、全球大豆市场价格X6、全球玉米市场价格X7、全球猪肉市场价格X8。考虑到脉冲响应函数的呈现效果，此时将响应时期由原来的10个月拓展为100个月，这样可以在更长周期情况下观测变量之间的互动关系。

通过观察脉冲响应函数图，可以得出3个基本结论。其一，有5个因素（指标）对国内农产品批发价格总指数的影响趋势呈现长期内收敛状态，分别为WTI原油期货结算价X2、美国燃料乙醇产量X4、美元对人民币汇率X5、全球大豆市场价格X6、全球玉米市场价格X7；其二，有2个因素（指标）对国内农产品批发价格总指数的影响趋势呈现长期内不确定状态，分别为农业生产资料价格指数X1、全球猪肉市场价格X8；其三，有1个因素（指标）对国内农产品批发价格总指数的影响趋势呈现长期内发散状态，即货币和准货币量（M2）X3。究其原因，首先，对国内农产品批发价格总指数的影响趋势呈现长期内收敛状态表明，随着时间的推移该因素的影响逐渐减弱，这符合常理；其次，对国内农产品批发价格总指数的影响趋势呈现长期内不确定状态，表明农业生产资料价格指数和全球

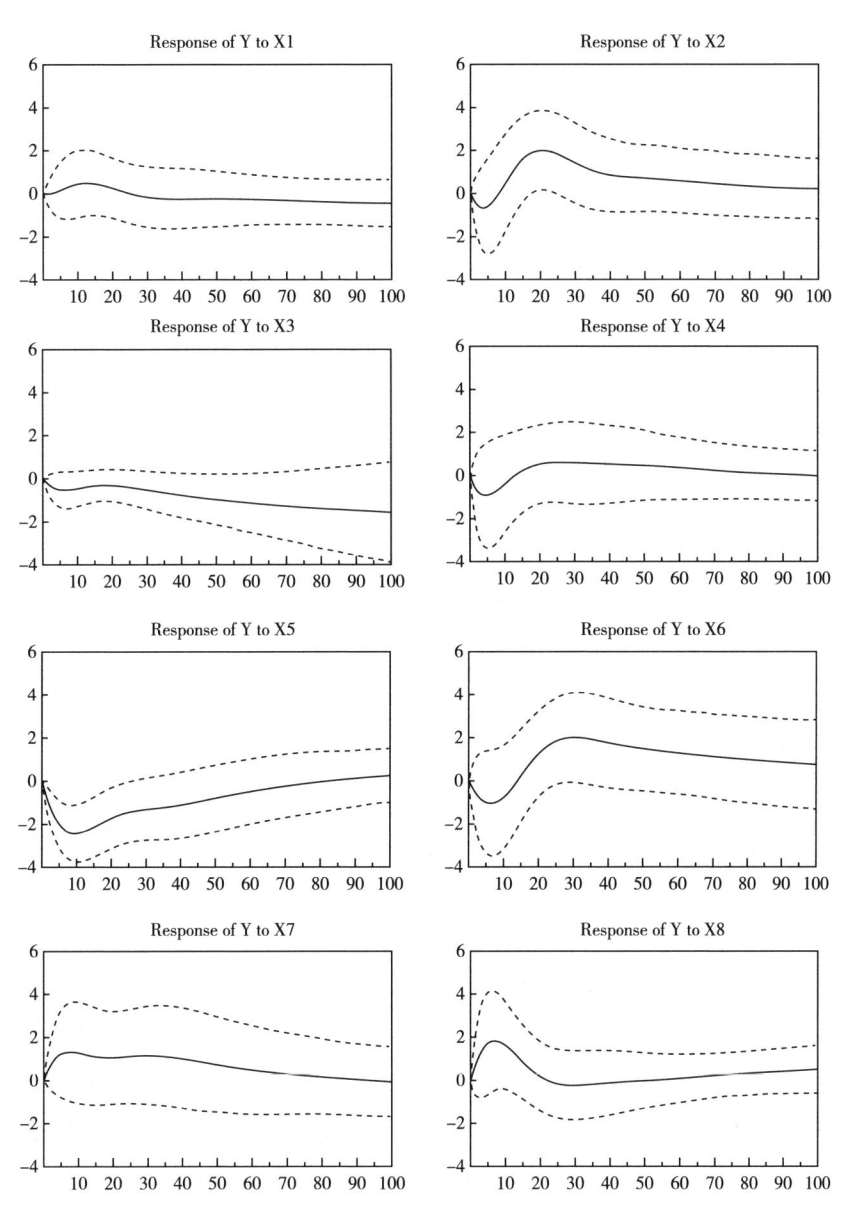

Response to Cholesky One S.D. Innovations ± 2 S.E.

图 12-3　国内农产品批发价格总指数对各种冲击因素的脉冲响应

猪肉市场价格对国内农产品批发价格总指数具有长期影响,并且影响方向与当时的社会环境有关;再次,对国内农产品批发价格总指数的影响趋势呈现长期内发散状态，表明货币和准货币量（M2）对国内农产品批发价格总指数将产生深远影响，并且随着时间的推移这种影响将逐步扩大，直观的解释就是货币和准货币量（M2）直接决定了物价的变动。

如图12-4所示，将对国内农产品批发价格总指数具有影响的8种冲击因素合成于一个图形之中，可以更直观地比较不同影响因素在影响效果上的差异。整体而言，这些因素的变动对于国内农产品批发价格总指数未来两年的影响较为明显；长期来看，多数的影响因素其影响逐渐减弱，但仍有少数影响因素将产生持续甚至更大的影响，比如货币和准货币量（M2）。

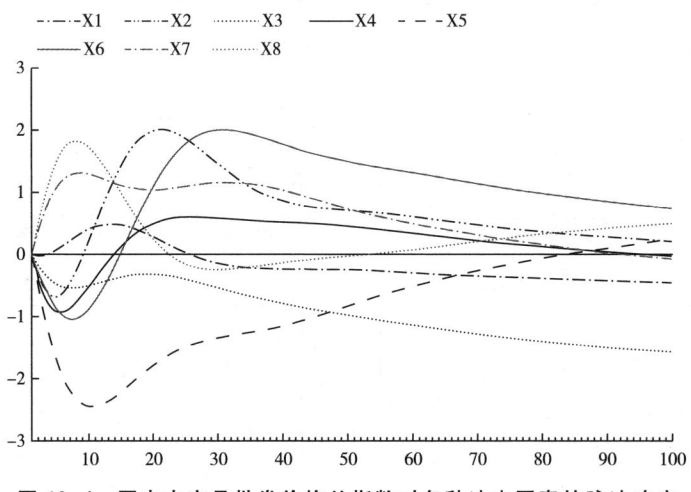

图 12-4 国内农产品批发价格总指数对各种冲击因素的脉冲响应

九 VAR 模型的脉冲方差分析

如表12-9和图12-5所示，在国际冲击因素中，美元对人民币汇率X5贡献最大，随着时间推移其贡献呈现递增趋势，并在第24期达到峰值，占比为16.754%。整体而言，国际冲击因素列第2~6位的依次为WTI原油期货结算价X2、全球猪肉市场价格X8、全球玉米市场价格X7、全球大豆市场价格X6、美国燃料乙醇产量X4。除了全球猪肉市场价格X8对国内农产品批发价格总指数冲击的峰值出现在第16期以外，其余5个国际冲击因素均在第24期达到峰值。

表 12-9　VAR 模型预测方差分解——各因子占预测方差百分比

单位：%

时期	Y	X1	X2	X3	X4	X5	X6	X7	X8
1	100.00	0.000	0.000	0.000	0.000	0.000	0.000	0.000	0.000
2	99.29	0.000	0.068	0.021	0.111	0.192	0.054	0.095	0.164
3	97.78	0.000	0.191	0.065	0.310	0.641	0.179	0.300	0.538
4	95.61	0.001	0.329	0.124	0.545	1.336	0.367	0.591	1.094
5	93.00	0.003	0.446	0.191	0.776	2.249	0.603	0.942	1.786
6	90.15	0.011	0.520	0.261	0.975	3.335	0.864	1.327	2.554
7	87.24	0.025	0.546	0.329	1.129	4.543	1.125	1.722	3.342
8	84.40	0.048	0.536	0.392	1.232	5.819	1.362	2.111	4.097
9	81.74	0.080	0.515	0.448	1.290	7.115	1.555	2.479	4.779
10	79.30	0.120	0.513	0.495	1.310	8.388	1.694	2.818	5.363
11	77.09	0.166	0.563	0.535	1.304	9.605	1.775	3.126	5.834
12	75.10	0.215	0.692	0.567	1.282	10.741	1.804	3.403	6.192
13	73.31	0.265	0.921	0.593	1.253	11.778	1.792	3.649	6.441
14	71.66	0.313	1.259	0.613	1.225	12.708	1.758	3.867	6.594
15	70.13	0.356	1.705	0.629	1.203	13.526	1.721	4.062	6.665
16	68.69	0.392	2.248	0.642	1.190	14.231	1.703	4.236	6.671
17	67.30	0.421	2.871	0.652	1.188	14.829	1.721	4.393	6.626
18	65.95	0.442	3.551	0.660	1.197	15.327	1.793	4.536	6.546
19	64.63	0.456	4.262	0.668	1.214	15.732	1.929	4.668	6.442
20	63.33	0.462	4.979	0.675	1.240	16.056	2.136	4.793	6.324
21	62.07	0.463	5.679	0.682	1.272	16.309	2.416	4.912	6.201
22	60.83	0.460	6.344	0.691	1.307	16.503	2.764	5.029	6.076
23	59.62	0.454	6.959	0.701	1.345	16.648	3.176	5.144	5.955
24	58.45	0.446	7.514	0.713	1.384	16.754	3.640	5.259	5.839

在国内冲击因素中，货币和准货币量（M2）X3 的贡献相对更大，但其最大值也只有 0.713%（出现在第 24 期）；农业生产资料价格指数 X1 的贡献相对更小，其最大值为 0.463%（出现在第 21 期）。

综合而言，国际因素对于国内农产品批发价格总指数的冲击明显高于国内因素对于国内农产品批发价格总指数的冲击。这表明世界经济一体化进程显著，客观上也说明了构建人类命运共同体，在经济领域方面势必需要走向融合。

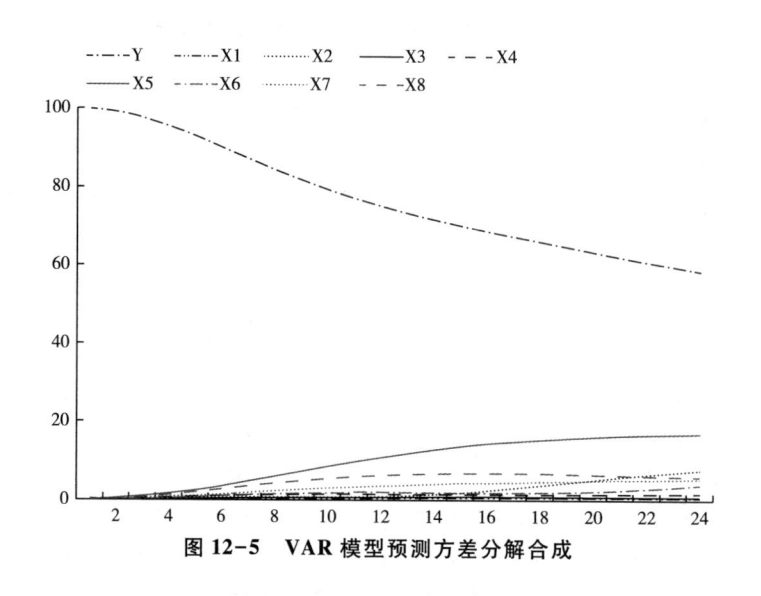

图 12-5　VAR 模型预测方差分解合成

十　内外部冲击因素的比较分析

我们将国内农业生产资料价格指数和货币和准货币量（M2）这两个因素视为农产品价格波动的国内因素；将 WTI 原油期货结算价、美国燃料乙醇产量、美元对人民币汇率、全球大豆市场价格、全球玉米市场价格、全球猪肉市场价格这 6 个因素视为国际因素，将滞后 24 个时期（2 年）的国内、国际因素的贡献度进行比较，结果如图 12-6 所示，可得出以下结论。其一，国内农产品价格自身的波动一直起着主要的作用，但是这种影响随着时间的推移呈现减弱趋势；其二，国内因素和国际因素对于国内农产品价格的影响呈现出递增趋势，即随着时间的推移这种影响将逐步扩大；其三，国际因素对于国内农产品价格的影响显著高于国内因素的影响，并且这种差异较大（10 倍以上）。

图 12-7 为滞后 100 期国内因素和国际因素对国内农产品价格影响比较，与图 12-6 的唯一区别在于所选择的滞后期数，前者为 24 期、此时为 100 期。对比图 12-6 与图 12-7 发现，观察时期不一样所得的结论也存在明显的差异。相对而言，图 12-6 可理解为国内、国际因素对国内农产品价格变动的中期影响；图 12-7 可理解为国内、国际因素对国内农产品价格变动的长期影响。这种长期影响概括为三个方面：其一，国际、国内、

自身三个因素对国内农产品价格的影响将趋向稳定状态；其二，长期而言，国际因素的影响位列第一、自身因素的影响位列第二、国内因素的影响位列第三；其三，国际因素的影响先急剧上升后缓慢下降（峰值出现在滞后 66 期）、自身因素的影响先急剧下降后缓慢下降、国内因素的影响先缓慢上升后快速上升。

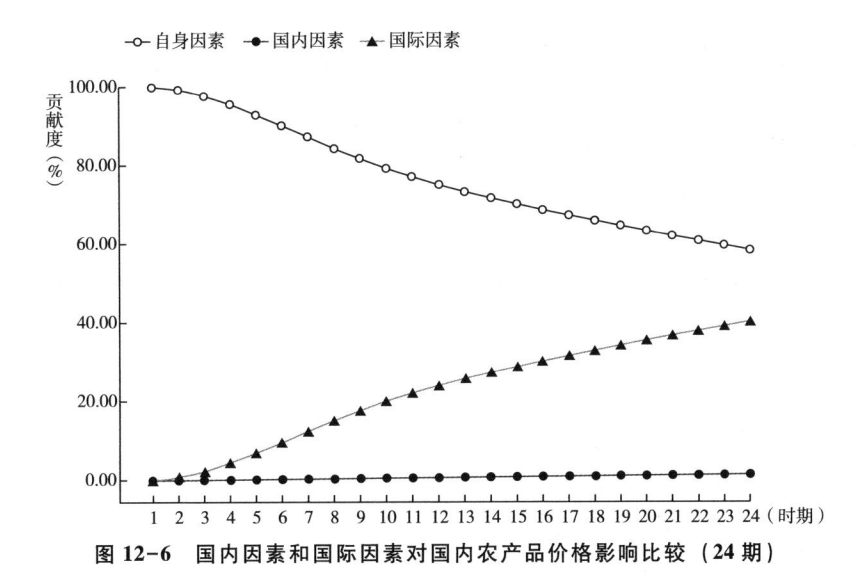

图 12-6　国内因素和国际因素对国内农产品价格影响比较（24 期）

图 12-7　国内因素和国际因素对国内农产品价格影响比较（100 期）

第十三章

中国涉农战略性商品价格波动的国内外价格影响因素的 VAR 实证分析

——以猪肉个体为例（2004~2017 年）

本节所研究问题与第七章一致，主要的区别在于指标（变量）的选取以及样本范围。本节主要以猪肉价格为研究对象，样本范围为 2004~2017 年。旨在验证不同样本范围条件下所得的结论是否存在差异性。由于所采用的分析方法都是一样的，以下分析主要针对软件处理结果进行阐述，相关的理论不再赘述。需要指出的是，由于时间的推移，以前的指标数据出现变更或者缺失，故此时所选择的指标亦有所不同。

一 指标的差异性说明

中国涉农战略性商品价格波动的国内外影响因素（以猪肉个体为例）的两次 VAR 实证分析除了样本范围从 2002~2012 年变更为 2004~2017 年以外，所选用的变量及其数据形态也存在差异。两个时期内指标名称的变更情况如表 13-1 所示，相应的指标名称以及数据类型都出现了较大的变化。原有指标 10 个（包括因变量），更新后的新指标也是 10 个（包括因变量）。

表 13-1 国内猪肉个体价格波动影响因素两个时期指标对比

原指标名称	数据类型	新指标名称	数据类型
国内猪肉价格	同比数据	国内猪肉集贸市场价格 Y	同比数据
国内大豆集贸市场价格	同比数据	国内大豆集贸市场价格 X1	同比数据
国内玉米集贸市场价格	同比数据	黄玉米期货结算价 X2	连续数据
宏观经济景气指数	同比数据	—	—
中国货币供应量（M2）	同比数据	货币供应量（M2）X3	连续数据
国际猪肉价格	同比数据	国际猪肉市场价格 X4	连续数据
国际石油价格指数	同比数据	WTI 原油期货结算价 X5	连续数据
美元对人民币汇率	同比数据	美元对人民币汇率 X6	连续数据
国际大豆价格	同比数据	国际大豆市场价格 X7	连续数据
国际玉米价格	同比数据	国际玉米市场价格 X8	连续数据
—	—	美国燃料乙醇产量 X9	连续数据

二 指标的相关性分析

2004 年 6 月至 2017 年 6 月国内猪肉个体价格波动影响因素所涉及的 10 个指标两两测算相关系数总共有 45 个数值，具体如表 13-2 所示，同时表中也给出了相关系数的显著性水平。结果表明，两两之间呈现高度相关的指标有 30 组，呈现中度相关的指标有 4 组，呈现低度相关的相关指标有 3 组，呈现不相关的指标有 8 组。

值得一提的是，因变量国内猪肉集贸市场价格与其余 9 个自变量之间的相关关系显著性水平整体并不高，包含 3 个不显著因素。具体情况如表 13-2 所示，详情不再赘述。

表 13-2 国内猪肉个体价格波动影响因素指标相关系数矩阵

Correlation	Y	X1	X2	X3	X4	X5	X6	X7	X8	X9
Y	1									
X1	0.486781	1								
X2	-0.055053	-0.032731	1							
X3	-0.179172	-0.284653	0.463436	1						
X4	-0.028278	0.069713	0.698193	0.250972	1					
X5	0.210225	0.566607	0.38658	-0.328373	0.526743	1				
X6	0.153955	0.04383	-0.861026	-0.667987	-0.531095	-0.208065	1			
X7	0.044034	0.341837	0.696979	0.226085	0.532338	0.679021	-0.697621	1		
X8	0.153703	0.356635	0.666165	0.052542	0.494014	0.659941	-0.54821	0.875128	1	
X9	-0.151358	-0.181382	0.665188	0.854009	0.378432	-0.07114	-0.864883	0.477567	0.32247	1
Probability	Y	X1	X2	X3	X4	X5	X6	X7	X8	X9
Y	—									
X1	0***	—								
X2	0.5213	0.7031	—							
X3	0.0355**	0.0007***	0***	—						
X4	0.742	0.4165	0***	0.003***	—					
X5	0.0133**	0***	0***	0.0001***	0***	—				
X6	0.0714*	0.6097	0***	0***	0***	0.0143**	—			
X7	0.6081	0***	0***	0.0077***	0***	0***	0***	—		
X8	0.0719*	0***	0***	0.5405	0***	0***	0***	0***	—	
X9	0.0764*	0.0332**	0***	0***	0***	0.407	0***	0***	0.0001***	—

注：* 表示低度显著（a=0.1）；** 表示中度显著（a=0.05）；*** 表示高度显著（a=0.01）。

三 指标的单位根检验

本节对 2004 年 6 月至 2017 年 6 月国内猪肉个体价格波动影响因素所涉及的 10 个指标分别进行单位根检验，以了解其平稳性，结果如表 13-3 所示，可得出如下结论。其一，有 4 个指标为平稳序列，依次为国内猪肉集贸市场价格 Y（中度平稳）、国内大豆集贸市场价格 X1（高度平稳）、国际猪肉市场价格 X4（高度平稳）、美元对人民币汇率 X6（中度平稳）。其二，有 6 个指标为一阶差分平稳序列，依次为：△黄玉米期货结算价 X2（高度平稳）、△货币供应量（M2）X3（低度平稳）、△WTI 原油期货结算价 X5（高度平稳）、△国际大豆市场价格 X7（高度平稳）、△国际玉米市场价格 X8（高度平稳）、△美国燃料乙醇产量 X9（低度平稳）。

综上，本研究所涉及的 10 个指标有 4 个平稳序列、6 个一阶单整（一次差分平稳）序列，满足构建 VAR（向量自回归）模型的前提条件。

表 13-3 各变量单位根检验结果

变量	ADF 统计量	检验类型（c, t, q）	显著水平	平稳性
国内猪肉集贸市场价格 Y	-3.064**	(c, 0, 1)	0.0314	平稳
国内大豆集贸市场价格 X1	-4.613***	(c, 0, 3)	0.0002	平稳
黄玉米期货结算价 X2	-1.722	(c, 0, 4)	0.4183	不平稳
△黄玉米期货结算价 X2	-10.752***	(c, t, 2)	0.0000	平稳
货币供应量（M2）X3	-2.446	(c, t, 12)	0.3548	不平稳
△货币供应量（M2）X3	-3.182*	(c, t, 11)	0.0923	平稳
国际猪肉市场价格 X4	-10.656***	(0, 0, 0)	0.0000	平稳
WTI 原油期货结算价 X5	-2.525	(c, 0, 1)	0.1116	不平稳
△WTI 原油期货结算价 X5	-9.410***	(0, 0, 0)	0.0000	平稳
美元对人民币汇率 X6	-2.281**	(0, 0, 1)	0.0222	平稳
国际大豆市场价格 X7	-2.138	(c, 0, 1)	0.2304	不平稳
△国际大豆市场价格 X7	-8.814***	(0, 0, 0)	0.0000	平稳
国际玉米市场价格 X8	-1.837	(c, 0, 1)	0.3616	不平稳
△国际玉米市场价格 X8	-10.373***	(0, 0, 0)	0.0000	平稳

续表

变量	ADF 统计量	检验类型（c，t，q）	显著水平	平稳性
美国燃料乙醇产量 X9	-2.475	(c, 0, 12)	0.1240	不平稳
△美国燃料乙醇产量 X9	-1.727*	(0, 0, 11)	0.0798	平稳

注：△表示一阶差分；*、**、*** 分别表示在 10%、5% 和 1% 的显著性水平下拒绝存在单位根的原假设。

四 确定指标的最大滞后阶数

如表 13-4 所示，对构建 VAR 模型适合选择的滞后阶数进行检测，此时采用 5 个统计量进行评价。测算结果表明：统计量 SC 和 HQ 支持选择 1 阶滞后；统计量 LR、FPE 和 AIC 支持选择 8 阶滞后。依据少数服从多数原则，此时构建的 VAR 模型选择的最大滞后阶数为 8 阶。

表 13-4 VAR 模型滞后阶数判断结果

Lag	LogL	LR	FPE	AIC	SC	HQ
0	-7371.224	—	9.83E+36	113.5573	113.7779	113.6469
1	-5712.548	3036.655	3.80E+26	89.57766	92.00403*	90.56357*
2	-5581.891	219.1015	2.43E+26	89.10601	93.73818	90.98822
3	-5514.246	103.0277	4.27E+26	89.60379	96.44176	92.38228
4	-5412.424	139.4176	4.72E+26	89.57576	98.61952	93.25054
5	-5283.306	156.929	3.77E+26	89.12778	100.3773	93.69885
6	-5139.581	152.5695	2.74E+26	88.45509	101.9104	93.92245
7	-4968.785	155.0299	1.58E+26	87.36592	103.0271	93.72957
8	-4780.921	141.6206*	9.11E+25*	86.01417*	103.8811	93.27411

注：* 表示根据本标准选择的滞后阶数，LR 表示序列调整的 LR 统计量（5% 显著性水平），FPE 表示最后预测误差，AIC 表示赤池信息准则，SC 表示施瓦茨信息准则，HQ 表示汉南-奎因信息量准则。

五 最大滞后阶数为 8 阶 VAR 模型平稳性检验

如图 13-1 以及表 13-5 所示，VAR 模型选用最大滞后期为 8 期时并未出现逆特征根（通常也说成特征根）在单位圆外的情况，此时的模均小于 1（其中最大的为 0.997709），表明 VAR 模型满足平稳性条件。

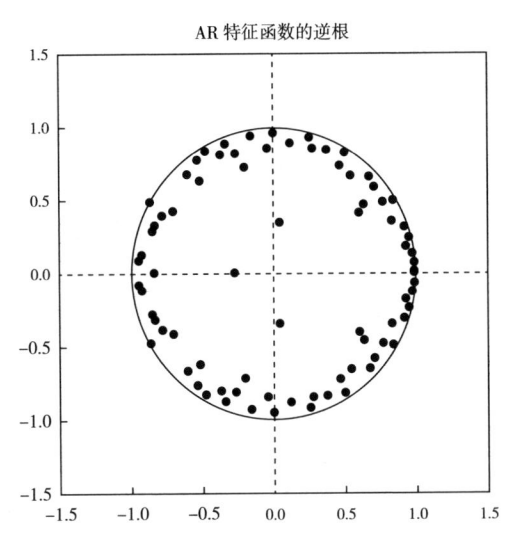

图 13-1　VAR 平稳性检验结果（滞后 8 期）

表 13-5　VAR 平稳性检验部分输出结果（滞后 8 期）

特征根	模
0.995258-0.069899i	0.997709
0.995258+0.069899i	0.997709
0.992879-0.004413i	0.992889
0.992879+0.004413i	0.992889
-0.862939+0.484664i	0.989729
-0.862939-0.484664i	0.989729
0.980727+0.131462i	0.989498
0.980727-0.131462i	0.989498
0.954053+0.241209i	0.984073
0.954053-0.241209i	0.984073
0.842355+0.495276i	0.97717
0.842355-0.495276i	0.97717
0.922739+0.312004i	0.97406
0.922739-0.312004i	0.97406

续表

特征根	模
0.504460+0.823168i	0.965446
0.504460-0.823168i	0.965446
0.261068+0.924451i	0.960607
0.261068-0.924451i	0.960607

注：没有特征根在单位圆外，VAR模型满足平稳性条件。

六　指标间的协整分析

（一）序列和协整方程都有线性趋势的协整迹检验

如表13-6所示，在5%显著水平下，对VAR模型所涉及的10个指标选用8期滞后测算指标之间的协整关系。结果表明，此时指标之间至少存在10个协整关系。需要指出的是，Eviews软件提供了两种测算协整关系的方法，即迹检验和最大特征值检验（此时采用迹检验）；同时，Eviews软件提供了5种检测方程，此时采用的是第4种（序列和协整方程都有线性趋势），旨在与第九章协整分析结果形成对比。

表13-6　Johansen极大似然值协整迹检验结果（滞后8期）

原假设	特征根	迹统计量	$a=0.05$时临界值	显著水平
None*	0.7210	778.5202	273.1889	0.0000
At most 1*	0.6906	613.8415	228.2979	0.0001
At most 2*	0.6305	462.4971	187.4701	0.0000
At most 3*	0.5591	334.0745	150.5585	0.0000
At most 4*	0.4039	228.4280	117.7082	0.0000
At most 5*	0.3322	161.6858	88.8038	0.0000
At most 6*	0.3001	109.6088	63.8761	0.0000
At most 7*	0.1781	63.5804	42.9153	0.0001
At most 9*	0.1551	38.2846	25.8721	0.0009
At most 9*	0.1204	16.5462	12.5180	0.0100

注：*表示在5%的显著性水平下拒绝原假设。

(二) Johansen 5 种方程检验结果

如表 13-7 所示，Eviews 依据序列的时间趋势以及协整方程是否包含截距和确定性趋势进行分类，提供了 Johansen 5 种检验方程的各自 2 类方法（迹检验和最大特征值检验）协整检验结果。显而易见，不同检验方程、不同检验方法所得出的结果有所差别。从中可知，若采用前第 2、3、4 种检验方程测算指标间的协整关系，则无论是迹检验还是最大特征值检验都认为 10 个指标间存在 10 种协整关系，其余检测结果不再赘述。因此，指标之间存在逻辑上的因果关系，适合构建 VAR 模型进行分析。

表 13-7　Johansen 5 种检验方程 2 类方法协整检验结果

序列时间趋势	无	无	线性	线性	二次
检验方程类型	无截距 无趋势	有截距 无趋势	有截距 无趋势	有截距 有趋势	有截距 有趋势
迹	9	10	10	10	9
最大特征值	9	10	10	10	9

注：检验的临界值参照 MacKinnon-Haug-Michelis（1999）。

七　VAR 模型的脉冲响应函数

图 13-2 是国内猪肉个体价格对国内外 9 个冲击因素（指标）的响应情况。其中，国内因素有 3 个，分别为国内大豆集贸市场价格 X1、黄玉米期货结算价 X2、货币供应量（M2）X3；国际因素有 6 个，分别为国际猪肉市场价格 X4、WTI 原油期货结算价 X5、美元对人民币汇率 X6、国际大豆市场价格 X7、国际玉米市场价格 X8、美国燃料乙醇产量 X9。考虑到脉冲响应函数的呈现效果，此时将响应时期由原来的 10 个月拓展为 100 个月，这样可以在更长周期情况下观测变量之间的互动关系。

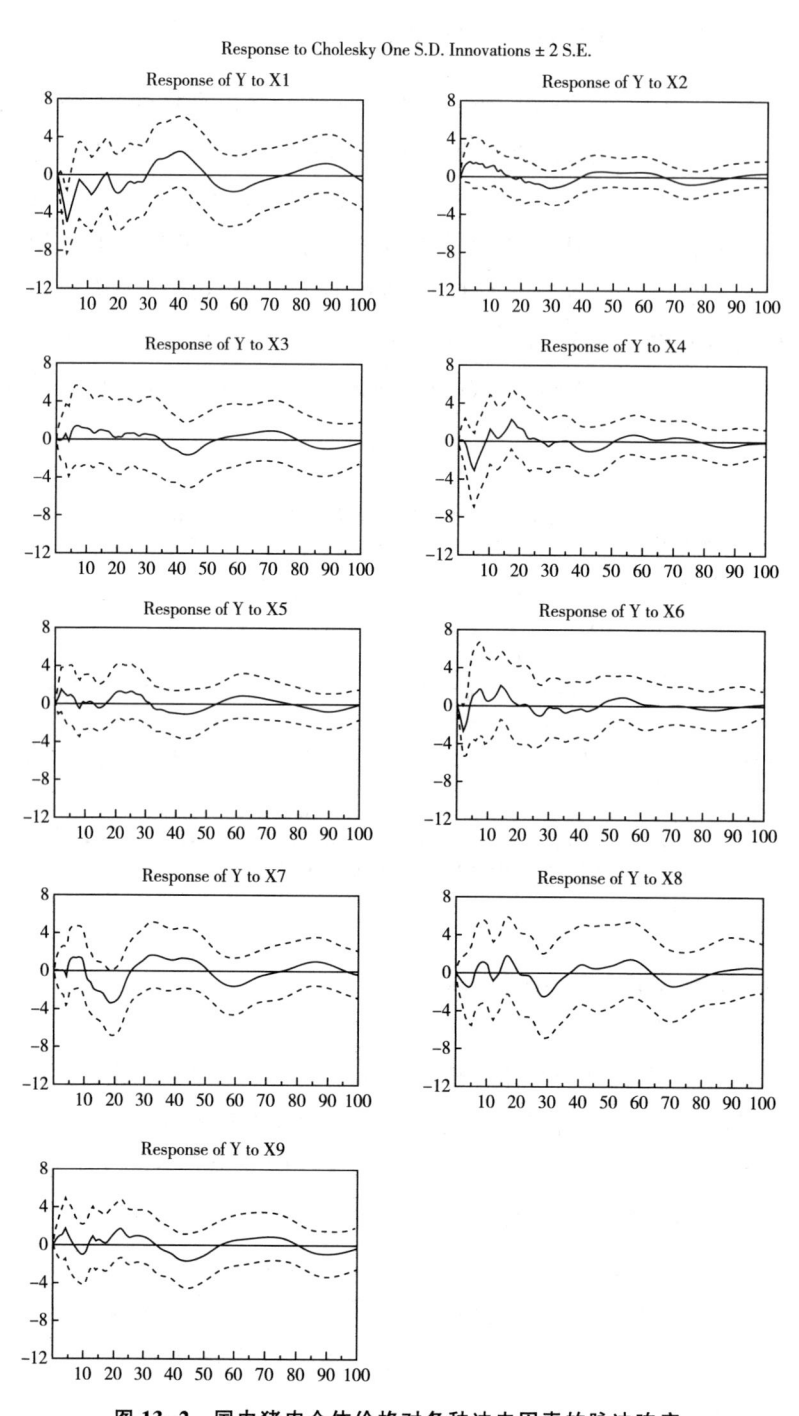

图 13-2 国内猪肉个体价格对各种冲击因素的脉冲响应

通过观察脉冲响应函数图，可以得出以下 3 个基本结论。其一，有 5 个因素（指标）对国内猪肉个体价格的影响趋势呈现长期内收敛状态，分别为黄玉米期货结算价 X2、货币供应量（M2）X3、国际猪肉市场价格 X4、WTI 原油期货结算价 X5、美元对人民币汇率 X6；其二，有 2 个因素（指标）对国内猪肉个体价格的影响趋势呈现长期内不确定状态，分别为国际玉米市场价格 X8、美国燃料乙醇产量 X9；其三，有 2 个因素（指标）对国内猪肉个体价格的影响趋势呈现长期内发散状态，即国内大豆集贸市场价格 X1、国际大豆市场价格 X7。值得一提的是，上述结论是根据脉冲响应图所做的直观分析，精确度有限，因此该结论与实际情况会存在一定的偏差。同时，关于脉冲响应图所呈现效果的解析类似本章前面内容，此处不再赘述。

将对国内猪肉个体价格具有影响的 9 种冲击因素合成于一个图形之中，如图 13-3 所示，可以更直观地比较不同影响因素在影响效果上的差异。整体而言，这些因素的变动对于国内猪肉个体价格未来两年的影响较为明显；长期来看，多数的影响因素其影响呈震荡式递减状态，但仍有少数影响因素将产生持续甚至较大的影响，比如国内大豆集贸市场价格。

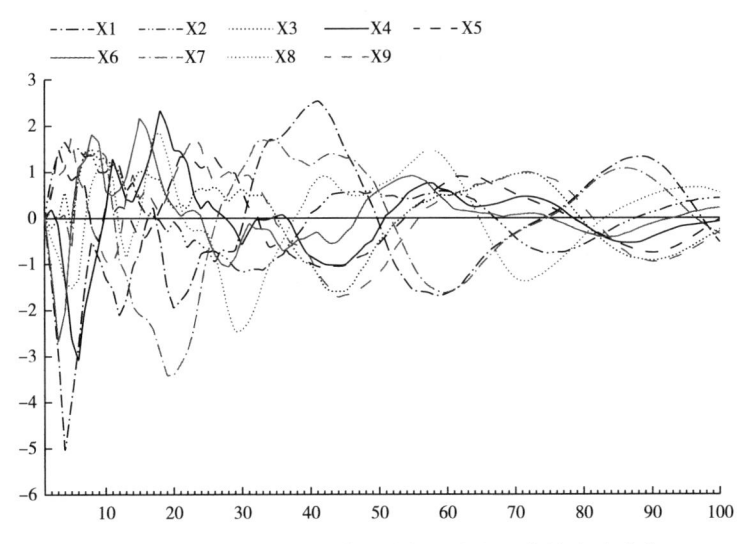

图 13-3　国内猪肉个体价格对各种冲击因素的脉冲响应

八 VAR模型的脉冲方差分析

如表13-8和图13-4所示,在国际冲击因素中,国际大豆市场价格X7贡献最大,并在第24期达到峰值,占比为12.551%,可见,随着时间推移其贡献呈现递增趋势。整体而言,国际冲击因素列第2~6位的依次为国际猪肉市场价格X4、美元对人民币汇率X6、国际玉米市场价格X8、美国燃料乙醇产量X9、WTI原油期货结算价X5。相应地,这些国际冲击因素的峰值分别出现在第21期(占比6.752%)、第17期(占比6.483%)、第19期(占比3.553%)、第24期(占比3.033%)、第24期(占比1.993%)。

表13-8 VAR模型预测方差分解——各因子占预测方差百分比

单位:%

时期	Y	X1	X2	X3	X4	X5	X6	X7	X8	X9
1	100	0	0	0	0	0	0	0	0	0
2	95.022	2.009	0.771	0.043	0.038	0.233	1.313	0.019	0.216	0.333
3	83.949	6.391	1.643	0.026	0.034	1.534	5.150	0.012	0.540	0.721
4	74.009	14.392	2.185	0.150	0.680	1.478	5.064	0.010	1.097	0.936
5	69.795	16.237	2.336	0.133	2.688	1.375	3.994	0.129	1.590	1.724
6	66.374	16.401	2.679	0.315	4.977	1.451	3.821	0.370	1.890	1.722
7	64.922	15.909	2.967	0.829	5.572	1.482	3.995	0.862	1.773	1.691
8	64.226	14.981	3.248	1.317	5.636	1.405	4.538	1.244	1.809	1.596
9	63.615	14.405	3.314	1.629	5.420	1.392	4.936	1.687	2.008	1.594
10	63.355	14.107	3.374	1.921	5.168	1.339	4.776	2.007	2.239	1.714
11	62.903	14.054	3.538	2.126	5.313	1.288	4.639	1.944	2.325	1.869
12	62.135	14.544	3.698	2.271	5.311	1.262	4.574	2.059	2.265	1.879
13	61.218	14.970	3.712	2.309	5.266	1.251	4.654	2.345	2.383	1.892
14	60.211	14.870	3.750	2.374	5.178	1.228	4.985	3.019	2.359	2.027
15	59.007	14.588	3.670	2.518	5.133	1.238	5.758	3.784	2.297	2.008
16	57.875	14.179	3.568	2.623	5.204	1.231	6.305	4.579	2.408	2.028
17	56.576	13.737	3.455	2.677	5.491	1.195	6.483	5.496	2.904	1.984

第十三章　中国涉农战略性商品价格波动的国内外价格影响因素的 VAR 实证分析 | 273

续表

时期	Y	X1	X2	X3	X4	X5	X6	X7	X8	X9
18	54.993	13.226	3.317	2.688	6.219	1.154	6.355	6.751	3.390	1.907
19	53.469	13.049	3.192	2.599	6.609	1.154	6.117	8.398	3.553	1.860
20	52.214	13.110	3.060	2.498	6.682	1.254	5.872	9.892	3.506	1.912
21	51.120	13.112	2.954	2.419	6.752	1.479	5.650	11.067	3.382	2.065
22	50.310	13.035	2.910	2.341	6.727	1.677	5.456	11.930	3.270	2.344
23	49.760	12.926	2.867	2.327	6.588	1.856	5.321	12.428	3.197	2.730
24	49.483	12.820	2.871	2.352	6.496	1.993	5.242	12.551	3.159	3.033

图 13-4　VAR 模型预测方差分解

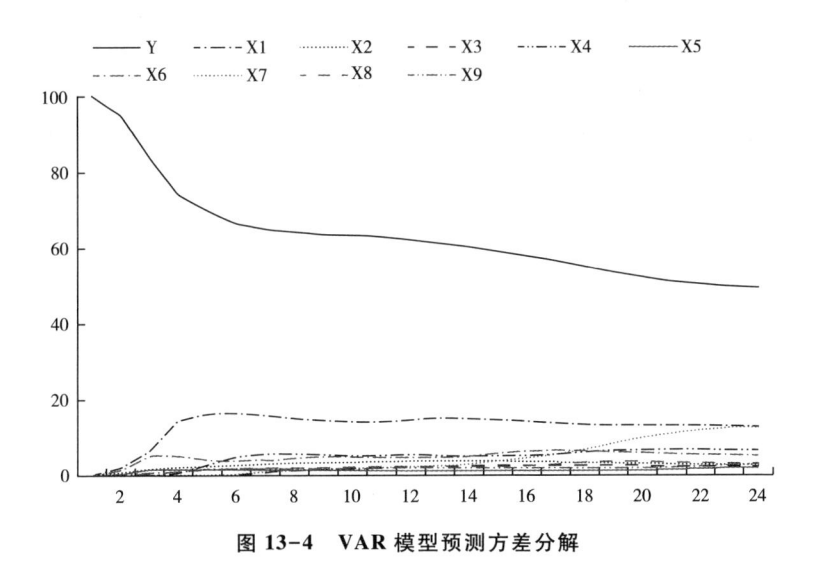

在国内冲击因素中，国内大豆集贸市场价格 X1 的贡献最大，其峰值出现在第 6 期，占比 16.401%；黄玉米期货结算价 X2 的贡献位列第二，其峰值出现在第 14 期，占比 3.750%；货币供应量（M2）X3 的贡献位列第三，其峰值出现在第 18 期，占比 2.688%。

综合而言，国际冲击因素对于国内猪肉个体价格的冲击显著高于国内冲击因素对于国内猪肉个体价格的冲击。这表明世界经济一体化进程显著，客观上也说明了构建人类命运共同体，在经济领域方面势必需要走向融合。需要指出的是，由于国际冲击因素（6个指标）与国内冲击因素（3个指标）所选取的指标在数量上存在差异，这也一定程度影响了国际与国内冲击因素总量的对比。若采用指标的平均贡献率对比，则国内冲击因素的贡献率更高。

九　内外部冲击因素的比较分析

我们将国内大豆集贸市场价格、黄玉米期货结算价和货币供应量（M2）这3个因素视为国内猪肉个体价格波动的国内因素；将国际猪肉市场价格、WTI原油期货结算价、美元对人民币汇率、国际大豆市场价格、国际玉米市场价格、美国燃料乙醇产量这6个因素视为国际因素，滞后24个时期（2年）的国内、国际因素的贡献度进行比较，结论如下。其一，国内猪肉个体价格自身的波动一直起着主要的作用，但是这种影响随着时间的推移呈现减弱趋势；其二，国内因素和国际因素对于国内猪肉个体价格的影响呈现出交叉变动趋势，即随着时间的推移国际冲击因素的影响将增大而国内冲击因素的影响将趋于平稳；其三，前期（15个月内）国内因素对于国内猪肉个体价格的影响更大，后期（15个月以后）则是国外因素对于国内猪肉个体价格的影响更大。

图13-6为国内和国际因素对猪肉个体价格的影响比较，该图与图13-5的唯一区别在于所选择的滞后期数，前者为24期、此时为100期。对比图13-5与图13-6发现，观察时期不一样所得的结论也存在明显的差异。相对而言，图13-5可理解为国内、国际因素对国内猪肉个体价格变动的中期影响；图13-6可理解为国内、国际因素对国内猪肉个体价格变动的长期影响。这种长期影响概括为三个方面：其一，国际、国内、自身三个因素对国内猪肉个体价格的影响将趋向稳定状态；其二，长期而言，国际因素的影响位列第一、自身因素的影响位列第二、国内因素的影响位列第三；其三，国际因素的影响先快速上升（周期大概3年）后趋于平稳、自身因素的影响先快速下降（周期大概3年）后缓慢下降、国内因素的影响先急剧上升（周期大概1年）后趋于平稳。

第十三章 中国涉农战略性商品价格波动的国内外价格影响因素的 VAR 实证分析 | 275

图 13-5 国内和国际冲击因素对猪肉个体价格影响比较（24 期）

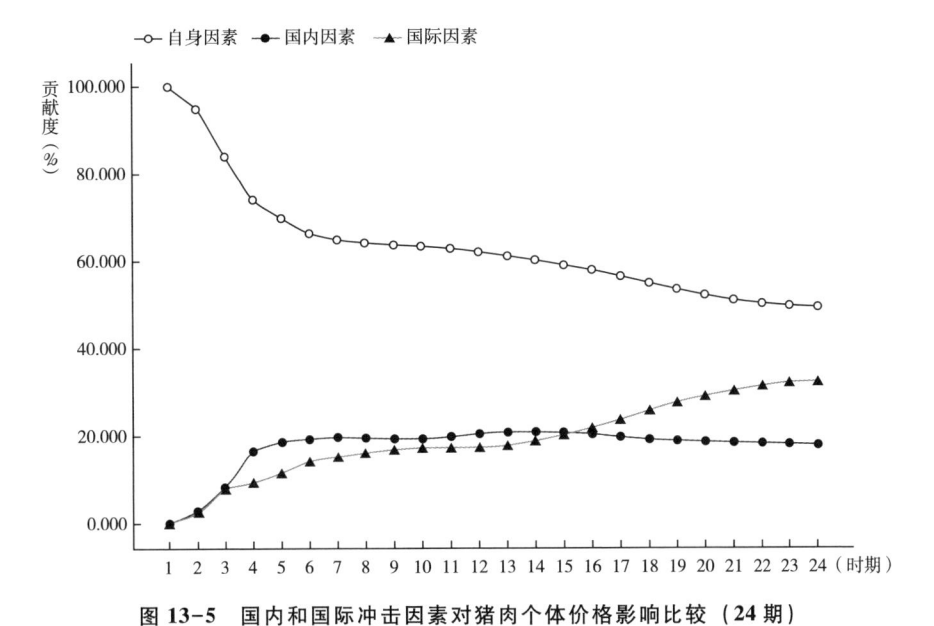

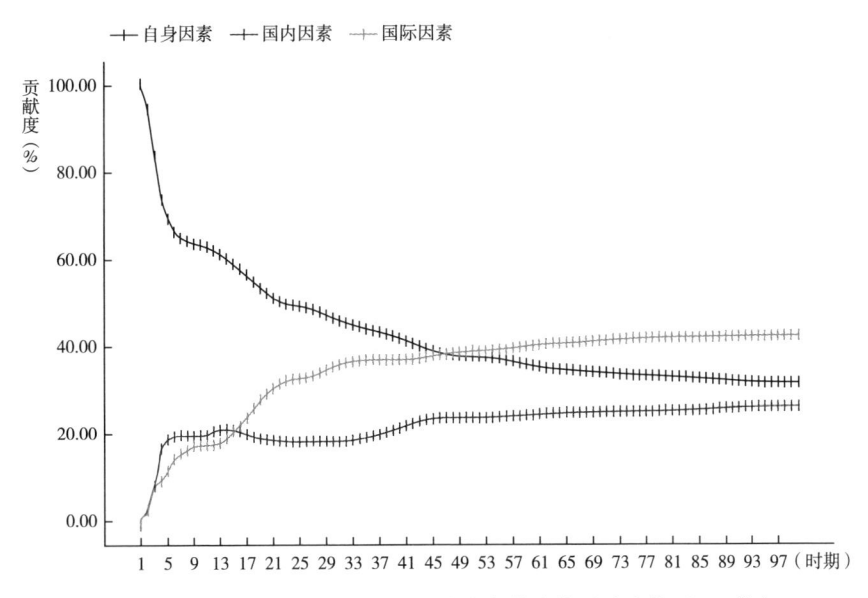

图 13-6 国内和国际冲击因素对猪肉个体价格影响比较（100 期）

第十四章

美国大豆期货、玉米期货与中国大豆期货、玉米期货价格的联动性考察

考虑到数据的完整性,本章选择的样本范围为 2004 年 9 月到 2017 年 6 月。以下针对美国大豆期货、玉米期货与中国大豆期货、玉米期货价格之间的联动性进行考察。需要指出的是,由于中国大豆采用的是同比数据、其他 3 个指标采用的是连续数据,在一定程度上会影响指标之间关联性的测算。一般地,连续数据的质量会优于同比数据。利用 Eviews 7.2 进行测算,有关结果概述如下。

一 相关系数测度

接下来测度国内外大豆、玉米期货价格相关系数,本书使用 4 个常规测度指标,分别为中国玉米期货价格(DCOR)、中国大豆期货价格(DSOY)、美国玉米期货价格(FCOR)、美国大豆期货价格(FSOY),指标间的相关系数、p 值如表 14-1 所示。

表 14-1 国内外大豆、玉米期货价格相关系数

变量	DCOR	DSOY	FCOR	FSOY
DCOR	1.000000 —			

续表

变量	DCOR	DSOY	FCOR	FSOY
DSOY	0.016137	1.000000		
	(0.8425)	—		
FCOR	0.750303	0.341914	1.000000	
	(0.0000)	(0.0000)	—	
FSOY	0.779106	0.318273	0.904887	1.000000
	(0.0000)	(0.0001)	(0.0000)	—

注：括号内为 p 值。

依据相关系数按从高到低进行划分，4 个指标之间的 6 个相关系数分为 4 类。第一类：高度相关，包括 FCOR 和 FSOY；第二类：中度相关，包括 FCOR 和 DCOR、FSOY 和 DCOR；第三类：低度相关，包括 FCOR 和 DSOY、FSOY 和 DSOY；第四类：不相关，包括 DCOR 和 DSOY。根据显著水平可以判断：前三类指标在统计上均在 1% 的显著性水平下显著；第四类指标在统计上不显著（p>0.1），表明国内市场上的大豆期货价格与玉米期货价格之间不存在统计上的相关关系。FSOY 和 FCDR 高度相关表明，美国市场上的大豆期货价格与玉米期货价格之间统计上存在显著的相关关系。同时国际与国内大豆、玉米期货价格存在联动性，后续分析将主要从具有显著相关关系的 4 对指标着手，分别为：FCOR 和 DCOR（0.7503）、FSOY 和 DCOR（0.7791）、FCOR 和 DSOY（0.3419）、FSOY 和 DSOY（0.3183）。

二 格兰杰因果关系检验

如前所述，4 对指标之间存在显著的线性相关关系，在此基础上有必要进一步考察指标之间的影响方向。如表 14-2 所示，设置滞后期为 2 期（依据显著水平判定），4 对指标之间的格兰杰因果关系表明：国际与国内玉米、大豆的期货价格仅存在单向因果关系，即国际期货价格会影响国内期货价格而国内期货价格对国际期货价格并不产生影响，这一结论与预期相符。根据显著性水平从高到低排序，依次为：FCOR 和 DSOY（0.0014）、FSOY 和 DSOY（0.0069）、FCOR 和 DCOR（0.0084）、FSOY 和 DCOR（0.0780）。

表14-2　4对指标的格兰杰因果关系检验

Null Hypothesis	Obs	F-Statistic	Prob.
FCOR does not Granger Cause DCOR	152	4.94403	0.0084
DCOR does not Granger Cause FCOR	—	0.94878	0.3896
FSOY does not Granger Cause DCOR	152	2.59632	0.0780
DCOR does not Granger Cause FSOY	—	0.64299	0.5272
FCOR does not Granger Cause DSOY	152	6.86587	0.0014
DSOY does not Granger Cause FCOR	—	0.78681	0.4572
FSOY does not Granger Cause DSOY	152	5.14531	0.0069
DSOY does not Granger Cause FSOY	—	0.35167	0.7041

三　计量经济学模型构建

根据格兰杰因果关系检验的结论，分别构建4个简单的计量经济学模型，以期了解国际玉米期货价格、国际大豆期货价格对于国内玉米期货价格、国内大豆期货价格的具体影响，采用的滞后期为2期（2个月）。

（一）国际玉米期货价格对国内玉米期货价格的影响

国际玉米期货价格对国内玉米期货价格影响的回归结果如表14-3所示，此时的DW值为0.199，表明存在正自相关问题，需要对模型进行修正。接下来，考虑引入因变量的滞后期作为解释变量进行修正。

表14-3　国际玉米期货价格对国内玉米期货价格的影响

Dependent Variable：DCOR

Sample (adjusted)：2004年11月~2017年6月

Included observations：152 after adjustments

Variable	Coefficient	Std. Error	t-Statistic	Prob.
C	931.0327	68.67696	13.55670	0.0000
FCOR（-1）	1.889291	1.611424	1.172436	0.2429
FCOR（-2）	2.979930	1.601895	1.860252	0.0648

续表

R-squared	0.578619	Mean dependent var	1859.730
Adjusted R-squared	0.572963	S.D. dependent var	415.4548
S.E. of regression	271.4918	Akaike info criterion	14.06528
Sum squared resid	10982463	Schwarz criterion	14.12496
Log likelihood	-1065.961	Hannan-Quinn criter.	14.08953
F-statistic	102.2995	Durbin-Watson stat	0.171574
Prob（F-statistic）	0.000000	—	—

修正后的模型回归结果如表 14-4 所示，自相关问题已解决（DW = 2.053），LM 检验结果如表 14-5 所示，p>0.1 也说明自相关问题已得到解决。因此，表 14-4 所构建的模型符合计量经济学假设。结果表明：国内玉米期货价格受到经济惯性以及国际玉米期货价格的影响。具体而言，经济惯性的乘数效应值约为 0.93（0.654681+0.272556）、国际玉米期货价格的乘数效应值约为 0.36（1.604517-1.242717）。简言之，过去 2 个月国内玉米期货价格每上升 1 单位将引起当前国内玉米期货价格上升 0.93 单位、过去 2 个月国际玉米期货价格每上升 1 单位将引起当前国内玉米期货价格上升 0.36 单位。

表 14-4 国际玉米期货价格对于国内玉米期货价格的影响修正

Dependent Variable: DCOR

Sample (adjusted): 2004 年 11 月~2017 年 6 月

Included observations: 152 after adjustments

Variable	Coefficient	Std. Error	t-Statistic	Prob.
C	69.64469	37.09738	1.877348	0.0625
DCOR (-1)	0.654681	0.080827	8.099809	0.0000
DCOR (-2)	0.272556	0.079019	3.449260	0.0007
FCOR (-1)	1.604517	0.599517	2.676352	0.0083
FCOR (-2)	-1.242717	0.610589	-2.035275	0.0436
R-squared	0.945245	Mean dependent var		1859.730
Adjusted R-squared	0.943755	S.D. dependent var		415.4548
S.E. of regression	98.52927	Akaike info criterion		12.05093

Sum squared resid	1427079.	Schwarz criterion	12.15040
Log likelihood	−910.8704	Hannan-Quinn criter.	12.09133
F-statistic	634.4223	Durbin-Watson stat	2.053235
Prob（F-statistic）	0.000000	—	—

表 14-5　国际玉米期货价格对于国内玉米期货价格影响的 LM 检验

Breusch-Godfrey Serial Correlation LM Test

F-statistic	1.268041	Prob. F (1, 146)	0.2620
Obs * R-squared	1.308785	Prob. Chi-Square (1)	0.2526

（二）国际大豆期货价格对国内玉米期货价格的影响

国际大豆期货价格对国内玉米期货价格影响的回归结果如表 14-6 所示，此时的 DW 值为 0.207，表明存在正自相关问题，需要对模型进行修正。接下来，考虑引入因变量的滞后期作为解释变量进行修正。

表 14-6　国际大豆期货价格对于国内玉米期货价格的影响

Dependent Variable：DCOR
Sample（adjusted）：2004 年 11 月~2017 年 6 月
Included observations：152 after adjustments

Variable	Coefficient	Std. Error	t-Statistic	Prob.
C	726.0835	77.16719	9.409225	0.0000
FSOY（−1）	1.381492	0.852435	1.620643	0.1072
FSOY（−2）	1.563149	0.845435	1.848929	0.0664
R-squared	0.611019	Mean dependent var	1859.730	
Adjusted R-squared	0.605798	S. D. dependent var	415.4548	
S. E. of regression	260.8454	Akaike info criterion	13.98527	
Sum squared resid	10138008	Schwarz criterion	14.04495	
Log likelihood	−1059.881	Hannan-Quinn criter.	14.00952	
F-statistic	117.0262	Durbin-Watson stat	0.206839	
Prob（F-statistic）	0.000000	—	—	

修正后的模型回归结果如表14-7所示,自相关问题已解决(DW=2.039),LM检验结果如表14-8所示,p>0.1也说明模型中的自相关问题已得到解决。因此,表14-7所构建的模型符合计量经济学假设条件。结果表明:国内玉米期货价格受到经济惯性以及国际大豆期货价格的影响。具体而言,经济惯性的乘数效应值约为0.93(0.668670+0.259384)、国际大豆期货价格的乘数效应值约为0.19(0.622038-0.431254)。简言之,过去2个月国内玉米期货价格每上升1单位将引起当前国内玉米期货价格上升0.93单位、过去2个月国际大豆期货价格每上升1单位将引起当前国内玉米期货价格上升0.19单位。需要指出的是,此时国际大豆期货价格滞后2期对于国内玉米期货价格的影响并不显著(p=0.2105>0.1),但是考虑到分析的一致性仍旧将其引入模型中。

表14-7 国际大豆期货价格对于国内玉米期货价格的影响修正

Dependent Variable: DCOR
Sample (adjusted): 2004年11月~2017年6月
Included observations: 152 after adjustments

Variable	Coefficient	Std. Error	t-Statistic	Prob.
C	63.72466	37.20204	1.712935	0.0888
DCOR (-1)	0.668670	0.082655	8.089854	0.0000
DCOR (-2)	0.259384	0.081292	3.190782	0.0017
FSOY (-1)	0.622038	0.338990	1.834970	0.0685
FSOY (-2)	-0.431254	0.342889	-1.257708	0.2105
R-squared	0.943556	Mean dependent var		1859.730
Adjusted R-squared	0.942020	S.D. dependent var		415.4548
S.E. of regression	100.0376	Akaike info criterion		12.08131
Sum squared resid	1471107.	Schwarz criterion		12.18078
Log likelihood	-913.1797	Hannan-Quinn criter.		12.12172
F-statistic	614.3350	Durbin-Watson stat		2.039378

表14-8 国际大豆期货价格对于国内玉米期货价格影响的LM检验

Breusch-Godfrey Serial Correlation LM Test

F-statistic	0.877211	Prob. F (1, 146)	0.3505
Obs*R-squared	0.907807	Prob. Chi-Square (1)	0.3407

(三) 国际大豆期货价格对国内大豆期货价格的影响

国际大豆期货价格对国内大豆期货价格影响的回归结果如表 14-9 所示，此时的 DW 值为 0.089，表明存在正自相关问题，需要对模型进行修正。考虑引入因变量的滞后期作为解释变量进行修正。接下来，需要指出的是，此时模型中解释变量均呈现不显著（p>0.1）状态，究其原因，可能是存在多重共线性问题。为了保证分析的一致性，仍旧将其引入模型中。

表 14-9 国际大豆期货价格对于国内大豆期货价格的影响

Dependent Variable: DCOR

Sample (adjusted): 2004 年 11 月~2017 年 6 月

Included observations: 152 after adjustments

Variable	Coefficient	Std. Error	t-Statistic	Prob.
C	83.84109	4.365829	19.20393	0.0000
FSOY (-1)	0.062524	0.048228	1.296444	0.1968
FSOY (-2)	-0.008962	0.047832	-0.187375	0.8516
R-squared	0.141070	Mean dependent var		104.4970
Adjusted R-squared	0.129541	S.D. dependent var		15.81769
S.E. of regression	14.75765	Akaike info criterion		8.240940
Sum squared resid	32450.45	Schwarz criterion		8.300622
Log likelihood	-623.3114	Hannan-Quinn criter.		8.265185
F-statistic	12.23585	Durbin-Watson stat		0.088793
Prob (F-statistic)	0.000012	—		—

修正后的模型回归结果如表 14-10 所示，自相关问题已有所解决（DW=2.112），LM 检验结果如表 14-11 所示，p>0.01 也说明修正后的模型中自相关问题已解决。考虑的一致性此时不再做进一步修正。因此，表 14-10 所构建的模型符合计量经济学假设条件。结果表明：国内大豆期货价格受到经济惯性以及国际大豆期货价格的影响。具体而言，经济惯性的乘数效应值约为 0.93（1.290775-0.361013）、国际大豆期货价格的乘数效

应值约为 0.0043（0.042743-0.038419）。简言之，过去 2 个月国内大豆期货价格每上升 1 单位将引起当前国内大豆期货价格上升 0.93 单位、过去 2 个月国际大豆期货价格每上升 1 单位将引起当前国内大豆期货价格上升 0.0043 单位。需要指出的是，与表 14-9 初始模型不同的是，此时的 4 个解释变量均呈现高度显著（p<0.01）状态；同时，国际大豆期货价格的乘数效应值仅有 0.0043 但是显著状态为高度显著，究其原因在于国内大豆期货价格采用的是同比数据而其他指标均采用连续数据，同比数据从绝对量上要远远小于连续数据。

表 14-10 国际大豆期货价格对于国内大豆期货价格的影响修正

Dependent Variable：DCOR

Sample (adjusted)：2004 年 11 月~2017 年 6 月

Included observations：152 after adjustments

Variable	Coefficient	Std. Error	t-Statistic	Prob.
C	5.549387	2.305076	2.407464	0.0173
DSOY (−1)	1.290775	0.074472	17.33246	0.0000
DSOY (−2)	−0.361013	0.072593	−4.973107	0.0000
FSOY (−1)	0.042743	0.013796	3.098237	0.0023
FSOY (−2)	−0.038419	0.013661	−2.812415	0.0056
R-squared	0.933267	Mean dependent var		104.4970
Adjusted R-squared	0.931452	S. D. dependent var		15.81769
S. E. of regression	4.141347	Akaike info criterion		5.712261
Sum squared resid	2521.161	Schwarz criterion		5.811730
Log likelihood	−429.1318	Hannan-Quinn criter.		5.752669
F-statistic	513.9561	Durbin-Watson stat		2.112441
Prob (F-statistic)	0.000000	—		—

表 14-11 国际大豆期货价格对于国内大豆期货价格影响的 LM 检验

Breusch-Godfrey Serial Correlation LM Test

F-statistic	4.580913	Prob. F (1, 146)	0.0340
Obs*R-squared	4.624084	Prob. Chi-Square (1)	0.0315

(四) 国际玉米期货价格对于国内大豆期货价格的影响

国际玉米期货价格对国内大豆期货价格影响的回归结果如表 14-12 所示，此时的 DW 值为 0.105，表明存在正自相关问题，需要对模型进行修正。接下来，考虑引入因变量的滞后期作为解释变量进行修正。需要指出的是，模型中的解释变量 FCOR（-2）呈现不显著（p>0.1）状态，究其原因，可能是存在多重共线性问题。为了保证分析的一致性，仍旧将其引入模型中。

表 14-12　国际玉米期货价格对于国内大豆期货价格的影响

Dependent Variable：DCOR				
Sample（adjusted）：2004 年 11 月~2017 年 6 月				
Included observations：152 after adjustments				
Variable	Coefficient	Std. Error	t-Statistic	Prob.
C	86.98233	3.708273	23.45629	0.0000
FCOR（-1）	0.182121	0.087010	2.093101	0.0380
FCOR（-2）	-0.090598	0.086496	-1.047429	0.2966
R-squared	0.152464	Mean dependent var		104.4970
Adjusted R-squared	0.141088	S. D. dependent var		15.81769
S. E. of regression	14.65944	Akaike info criterion		8.227586
Sum squared resid	32019.98	Schwarz criterion		8.287268
Log likelihood	-622.2965	Hannan-Quinn criter.		8.251831
F-statistic	13.40190	Durbin-Watson stat		0.105109
Prob（F-statistic）	0.000004	—		—

修正后的模型回归结果如表 14-13 所示，自相关问题已有所解决（DW=2.10），LW 检验结果如表 14-14 所示，p>0.01 也说明修正后的模型中自相关问题已解决，考虑的一致性此时不再做进一步修正。因此，表 14-13 所构建的模型符合计量经济学假设条件。结果表明：国内大豆期货价格受到经济惯性以及国际玉米期货价格的影响。具体而言，经济惯性的乘数效应值约为 0.93、国际玉米期货价格的乘数效应值约为 0.0055。简言之，过去 2 个月国内大豆期货价格每上升 1 单位将引起当前国内大豆期货

价格上升0.93单位、过去2个月国际玉米期货价格每上升1单位将引起当前国内大豆期货价格上升0.0055单位。需要指出的是，与表14-12初始模型不同的是，此时的4个解释变量均呈现高度显著（p<0.01）状态；同时，国际玉米期货价格的乘数效应值仅有0.0055但是显著水平为1%，究其原因在于国内大豆期货价格采用的是同比数据而其他指标均采用连续数据，同比数据从绝对量上要远远小于连续数据。

表14-13 国际玉米期货价格对于国内大豆期货价格的影响修正

Dependent Variable: DCOR
Sample (adjusted): 2004年11月~2017年6月
Included observations: 152 after adjustments

Variable	Coefficient	Std. Error	t-Statistic	Prob.
C	6.314200	2.238991	2.820109	0.0055
DSOY (-1)	1.288826	0.073210	17.60443	0.0000
DSOY (-2)	-0.360460	0.071468	-5.043623	0.0000
FCOR (-1)	0.091227	0.024785	3.680795	0.0003
FCOR (-2)	-0.085728	0.024545	-3.492736	0.0006
R-squared	0.934696	Mean dependent var		104.4970
Adjusted R-squared	0.932919	S.D. dependent var		15.81769
S.E. of regression	4.096776	Akaike info criterion		5.690619
Sum squared resid	2467.185	Schwarz criterion		5.790089
Log likelihood	-427.4870	Hannan-Quinn criter.		5.731027
F-statistic	526.0042	Durbin-Watson stat		2.104172
Prob (F-statistic)	0.000000	—		—

表14-14 国际玉米期货价格对于国内大豆期货价格影响的LM检验

Breusch-Godfrey Serial Correlation LM Test

F-statistic	3.898467	Prob. F (1, 146)	0.0502
Obs*R-squared	3.953123	Prob. Chi-Square (1)	0.0468

尾 篇

结 论

一 研究的主要结论

本书以不完全竞争条件下的寡头垄断理论、全球价值链治理与经济租理论、战略性贸易政策理论等相关理论为依据，运用系统的理论分析、总体和个体相结合的实证研究、典型的案例研究、技术路线法等，从国际定价权、国内自主定价权和全球价值链治理下的定价权三个方面，剖析中国大宗涉农战略性商品定价权缺失或弱化的环境、现状、表现形式、定价机制、影响因素和深层成因等，并从创新健全理论体系、国家战略、市场主体、市场体系和规则等主要方面提出对策与建议。

本书主要研究结论如下。

一是涉农战略性商品定价权问题是涉农产业安全新常态，实质上是一种各利益主体战略性博弈的结果。

二是产业安全与定价权的相关作用紧密，将定价权纳入产业安全范畴将会进一步发展涉农产业安全理论的研究。在对外开放的大格局下，外部因素引发了涉农产业安全问题，引发涉农产业安全的路径在一定时间后在不同程度上都会引发定价权问题，而定价权问题反过来又会加剧产业安全问题。从引发产业安全问题的路径来研究不失为研究国内自主定价权问题的新思路。

三是不完全竞争市场和寡头垄断是定价权问题的逻辑前提。通过全面分析中国涉农战略性商品定价权问题的环境、现状及表现形式，发现不完全竞争和寡头垄断已是全球涉农产业的市场大环境，即全球涉农产业已从一国集中走向全球寡头垄断，从涉农寡头布局高附加值战略环节到联合治理涉农战略性商品全球价值链，这成为涉农定价权问题的逻辑前提；在对外开放大格局下，各种涉农战略性商品定价权问题已成为中国涉农产业安全的新常态。

四是涉农战略性商品定价机制的研究除了包括常见的在国际贸易环节的谈判定价机制和以期价为基准的现货交易定价机制外，还应包括一国国内的自主定价机制（如政府调控下的市场主体定价方式）和全球价值链治理下的定价机制。

五是在国际贸易环节，中国涉农战略性商品的国际定价权基本丧失。通过系统的理论分析和钾肥定价权博弈的典型案例研究，全面分析了基于期货定价和基于谈判定价的涉农战略性商品国际定价权问题的影响因素。研究发现，国际定价权问题的研究结论基本趋于一致，即影响国际定价的各种因素大多会通过影响国际期货价格来影响现货价格，且美国的 CBOT 和 ICE 主导了基于期货定价的涉农战略性商品的国际定价，其价格溢出效应已强势作用于中国国内的期货现货价格。全球供方、需方垄断是影响中国钾肥等基于谈判定价的涉农战略性商品国际定价权的主要影响因素。另外，已有文献对国际贸易中国际定价权缺失进行了的大量实证研究，尤其是对相关的国内期货市场的价格发现功能，国际期货价格与国内期货、价格现货价格的相互影响方面的研究较多，且结论基本趋于一致，为此，本书对前述相关问题的实证研究不再重复。

六是中国国内涉农战略性商品的自主定价权在外部因素的不断冲击下正处于缺失和不断弱化的困境。在研究涉农战略性商品国内自主定价权问题的影响因素时，一是通过运用相关性分析、协整分析、方差分解分析和 VAR 模型分析等研究方法，采用国际、国内所有冲击变量的自 2002 年 1 月到 2012 年 6 月的月度同比数据，来分别综合考察国际各因素和国内在长时间序列中对中国农业产品（总体）价格波动、猪肉（个体）的价格波动中的冲击影响的程度及其强度变化趋势，随后通过对国际因素和国内因素的各自冲击影响的动态进行比较分析来揭示出中国涉农战略性商品国内自主定价权的变化趋势。对涉农战略性商品的总体实证研究和个体实证研结论均表明，国际因素的影响在增强，而国内因素的影响在减弱，即揭示出国内自主定价权在外部因素的冲击下不断弱化。二是从不同冲击路径（贸易传导、FDI 和国际金融市场）的国际因素对国内自主定价权的影响进行理论分析，揭示中国自主定价权不断弱化的机理，对上述实证分析进行了有益补充。

七是采用理论分析、路径图解法（技术路线法）、实证研究和典型案例分析相结合的方法来综合考察、揭示全球性涉农寡头主导涉农战略性商品全球价值链治理的路径。结果表明，当前，对中国涉农产业价值链的战略性布局和联合治理正是以美为主的涉农寡头进行全球扩张的战略重点，攫取经济租或定价权收益、分享中国经济高增长成果是其战略目标。

八是从战略层面来揭示中国的涉农战略性商品定价权缺失或弱化的深层成因。研究认为，深层外因主要体现在：旨在攫取"经济租"的涉农垄断寡头的战略行为、扭曲国际定价的美国涉农战略性制度安排、国际多元利益主体的"合作博弈"、农产品日益金融化和 WTO 农业协议的不平等五个方面。深层内因主要体现在：战略性障碍、理论性障碍、涉农产业层面的制约、市场主体层面的制约、多层面的协同性障碍等五个方面。

九是基于上述定价权缺失的影响因素和内外深层成因的分析，提出了八个方面的对策建议：构建以价格安全和产业利益安全为导向的涉农产业（链）安全理论体系；加强涉农国际化战略的顶层设计与正和博弈规划，破解定价权博弈困境；健全战略储备体系和供需平衡机制，提升涉农产业（链）的价格调控力；健全涉农战略性商品进出口调控和行业协同机制，增进国际定价话语权；坚持产融结合、创新驱动，打造一批有定价优势的世界级涉农市场主体；创新健全期现货市场体系和国际合作，巧争涉农战略性商品定价话语权；健全反垄断法律体系，规制国际涉农寡头旨在定价权收益的战略性布局与控制；健全产业安全预警体系和利益动力机制，协同提升涉农产业（链）安全度。

二 后续研究展望

本书试图从全球视野、涉农产业安全战略高度、涉农产业大系统和纵向关联逻辑来研究涉农战略性商品定价权问题。由于笔者时间和财力有限，只能在定性研究的基础上采用点面结合、总体实证与个体实证相结合、案例研究与路径图解法相结合、后期实证验证前期实证等方法，从中国国际定价权丧失、国内自主定价权渐趋弱化和全球价值链治理下的定价权等三个方面来考察中国涉农战略性商品的定价权问题，但无法对所有的涉农战略性商品定价权问题逐一进行全面考察，更无法对涉农战略性商品定价权间的关系逐一进行全面研究，故只能抛砖引玉，为他人和笔者的后续深入研究奠定一定基础。下一步在方法上可依托大数据和人工智能，可深入的主要研究方向是要在进一步深化本研究的基础上构建预警体系，对具有定价优势的涉农寡头及其对中国的战略性布局进行跟踪研究、在对策上要进一步贴近现状细化。

参考文献

巴曙松:《国际大宗商品价格波动的市场与政策因素》,《中国经济时报》2011年12月20日。

毕玉江、朱钟隶:《人民币汇率变动的价格传递效应——基于协整和误差修正模型的实证研究》,《财经研究》2006年第7期。

卜永祥:《人民币汇率变动对国内物价的影响》,《金融研究》2001年第3期。

蔡凤景、李元、王慧敏:《我国货币政策对农产品价格的传导研究》,《统计与决策》2009年第9期。

蔡俊煌、林文雄、杨建州等:《中国涉农产业安全问题及其对策研究:基于产业链视角》,《福建论坛》(人文社会科学版)2011年第7期。

陈柳钦:《论产业价值链》,《兰州商学院学报》2007年第4期。

陈贤银:《基于产业安全视角的中国农业产业外资并购效应研究》,博士学位论文,西南大学,2010。

程国强:《粮食产量实现"八连增" 中国农业呼唤新战略》,《半月谈》2012年第2期。

程国强、胡冰川、徐雪高:《新一轮农产品价格上涨的影响分析》,《管理世界》2008年第1期。

程国强:《关注大豆行业"拉美化"》,《瞭望》2005年第52期。

程国强:《中国大豆行业的问题与建议》,《中国食物与营养》2006年第 9 期。

大连商品交易所课题组：《中国期货市场功能研究——大连商品交易所的实证、调查与例证》，中国财政经济出版社，2010。

戴化勇：《产业链管理对蔬菜质量安全的影响研究》，光明日报出版社，2016。

邓炜：《国际经验及其对中国争夺稀土定价权的启示》，《国际经贸探索》2011 年第 1 期。

丁守海：《国际粮价波动对中国粮价的影响分析》，《经济科学》2009 年第 2 期。

东北大豆产业发展能力和国际竞争力研究课题组：《中国大豆产业发展战略研究》，《管理世界》2003 年第 3 期。

方湖柳：《人民币升值对农产品价格的影响》，《农业经济问题》第 2009 年第 7 期。

高焕喜：《山东省"十三五"农业农村发展规划建议 山东省农业专家顾问团 2015 年重点调研课题》，山东科学技术出版社，2016。

高扬：《大宗商品期货价格研究》，经济科学出版社，2011。

龚文龙：《中国棉花产业安全评价指标体系研究》，《科技创新导报》2007 年第 31 期。

顾国达、方晨靓：《中国农产品价格波动特征分析——基于国际市场因素影响下的局面转移模型》，《中国农村经济》2010 年第 6 期。

顾海兵、沈继楼、周智高等：《中国经济安全分析：内涵与特征》，《中国人民大学学报》2007 年第 2 期。

关锐捷：《"洋棉花"涌入对中国棉花产业构成冲击》，《中国棉麻流通经济》2006 年第 4 期。

郭明：《大宗商品定价与经济安全》，《北方经济》2007 年第 10 期。

胡峰、王霖、张月月等：《基于 GVC 和 NVC 视角的中国运动鞋制造业转型升级研究》，山西经济出版社，2015。

何官燕：《整合粮食产业链确保我国粮食安全》，《经济体制改革》2008 年第 3 期。

何维达：《全球化背景下国家产业安全与经济增长》，知识产权出版社，2016。

何维达、何昌:《当前中国三大产业安全的初步估算》,《中国工业经济》2002年第2期。

何维达、何丹、朱丽萌:《加入世界贸易组织后中国农业产业安全估算及对策》,《经济与管理研究》2007年第2期。

何维达、宋胜洲:《分享制公司及其治理结构》,《中国经济问题》2000年第6期。

洪银兴、郑江淮:《反哺农业的产业组织与市场组织——基于农产品价值链的分析》,《管理世界》2009年第5期。

胡冰川、徐枫、董晓霞:《国际农产品价格波动因素分析——基于时间序列的经济计量模型》,《中国农村经济》2009年第7期。

胡晓鹏:《经济全球化与中国食品加工业的产业安全》,《国际贸易问题》2006年第2期。

胡俞越、刘志超、张慧:《"一带一路"战略与大宗商品定价权——兼议期货市场国际化路径选择》,《商业经济研究》2017年第12期。

黄季焜、仇焕广:《全球及区域生物质能源发展:机遇与挑战》,生物质能源发展与农产品贸易研讨会,2007。

黄季焜、杨军、仇焕广等:《本轮粮食价格的大起大落:主要原因及未来走势》,《管理世界》2009年第1期。

黄先明、孙阿妞:《"三位一体"争取大宗商品进口的国际定价权》,《价格理论与实践》2006年第4期。

纪宝成、刘元春:《对中国产业安全若干问题的看法》,《经济理论与经济管理》2006年第9期。

纪宝成:《正确认识和解决中国产业安全问题》,《中国国情国力》2009年第10期。

纪敏:《本轮国内价格波动的外部冲击因素考察》,《金融研究》2009年第6期。

贾俊雪、郭庆旺:《经济开放、外部冲击与宏观经济稳定——基于美国经济冲击的影响分析》,《中国人民大学学报》2006年第6期。

贾俐俐:《全球价值链分工下中国产业国际竞争力研究——基于国际贸易的视角》,中共中央党校博士学位论文,中共中央党校,2008。

贾儒楠、邢珺、边思凯:《中国大宗商品国际定价权缺失问题研究》,

《价格理论与实践》2015年第6期。

景玉琴：《产业安全概念探析》，《当代经济研究》2004年第3期。

鞠国华：《外部冲击的国内研究综述》，《经济学动态》2009年第5期。

柯炳生：《我国棉花产业的风险困境与解决对策》，《农业发展与金融》2006年第7期。

孔祥智、李圣军：《农业产业链条价格传递机制的实证分析》，《技术经济》2010年第1期。

拉吉·帕特尔：《粮食战争》，东方出版社，2008。

郎咸平：《产业链阴谋》，东方出版社，2008。

李昌平：《警惕国内农产品价格定价权国际化》，《东方早报》，http://www.dfdaily.com/html/63/2010/10/12/524501.shtml，最后访问日期：2010年10月12日。

李国祥：《全球农产品价格上涨及其对中国农产品价格的影响》，《农业展望》2008年第7期。

李敬辉、范志勇：《利率调整和通货膨胀预期对大宗商品价格波动的影响》，《经济研究》2005年第6期。

李孟刚、贾美霞、刘晓飞：《基于DEA模型的中国文化产业安全评价实证分析》，《吉首大学学报》（社会科学版）2018年第5期。

李孟刚：《2005-2006中国纺织产业安全报告》，《财经界》2006年第9期。

李孟刚：《产业安全》，浙江大学出版社，2008。

李孟刚：《产业安全的分类法研究》，《生产力研究》2006年第3期。

李孟刚：《产业安全理论的研究》，博士学位论文，北京交通大学，2006。

李孟刚：《产业结构安全论》，北京交通大学出版社，2015。

李宁、辛毅：《国内外农业产业安全问题研究状况综述》，《价格月刊》2009年第4期。

李仕明：《构造产业链，推进工业化》，《电子科技大学学报》（社科版）2002年第3期。

李心芹、李仕明、兰永：《产业链结构类型研究》，《电子科技大学学报》（社科版）2004年第4期。

李洋：《谁是棉花定价权背后操手》，《农经》2011年第Z1期。

李艺、汪寿阳：《大宗商品国际定价权研究》，科学出版社，2007。

李跃群：《全球粮价飙升 联合国呼吁美国停产玉米乙醇》，《东方早报》，http://news.eastday.com/rollnews/f/2012/0814/281316983.html，最后访问日期：2012年8月14日。

林吉双、董赪：《我国缺失国际贸易定价权的经济学分析》，《国际经贸探索》2011年第7期。

刘刚：《基于产业链的知识转移与创新结构研究》，《商业经济与管理》2005年第11期。

刘刚：《中国大宗商品定价权缺失问题探析》，《价格理论与实践》2009年第11期。

刘金山：《市场协调农业产业链：一种探索》，《上海经济研究》2002年第3期。

刘乐山：《中国"入世"后的农业产业安全问题及其对策》，《喀什师范学院学报》2002年第1期。

刘林青、谭力文、施冠群：《租金、力量和绩效——全球价值链背景下对竞争优势的思考》，《中国工业经济》2008年第1期。

刘小铭：《中国粮食价格与居民消费价格关系研究》，《经济问题探索》2008年第4期。

刘艳梅：《大宗农产品国际定价权博弈问题研究》，新华出版社，2016。

刘元琪：《新自由主义与发展中国家的农业危机》，《国外理论动态》2004年第9期。

刘志彪、张杰：《全球代工体系下发展中国家俘获型网络的形成、突破与对策》，《中国工业经济》2007年第5期。

刘忠华、崔健：《政府在利用外国直接投资与维护国家经济安全中的地位和作用——东亚和拉美比较分析》，《中共南京市委党校学报》2005年第4期。

卢锋、彭凯翔：《中国粮价与通货膨胀关系（1987-1999）》，《经济学（季刊）》2002年第3期。

卢福财、胡平波：《全球价值网络下中国企业低端锁定的博弈分析》，《中国工业经济》2008年第10期。

卢良恕：《现代农业的新特点》，《江苏农村经济》2006 年第 5 期。

罗峰、牛宝俊：《入世以来我国农产品价格波动之原因考察》，《江西财经大学学报》2011 年第 5 期。

罗锋、牛宝俊：《国际农产品价格波动对国内农产品价格的传递效应——基于 VAR 模型的实证研究》，《国际贸易问题》2009 年第 6 期。

吕剑：《人民币汇率变动对国内物价传递效应的实证分析》，《国际金融研究》2007 年第 8 期。

吕立才、熊启泉：《拉丁美洲农业利用外国直接投资的实践及启示》，《国际经贸探索》2007 年第 2 期。

吕政：《自主创新与产业安全》，《中国国情国力》2006 年第 8 期。

马述忠、屈艺等：《中国粮食安全与全球粮食定价权——基于全球产业链视角的分析》，浙江大学出版社，2018。

马晓河、赵苹等：《中国产业安全态势评估、国际借鉴及若干对策建议》，《改革》2009 年第 4 期。

马欣原：《从美国生物质能源战略看"粮食武器"运用》，《中国证券报》2008 年 4 月 29 日。

倪洪兴、刘武兵：《农业对外开放与农业产业安全》，中国党政干部论坛，http://theory.people.com.cn/GB/82288/83851/83861/15979220.html，最后访问日期：2011 年 10 月 21 日。

倪洪兴：《开放条件下中国农业产业安全问题》，《农业经济问题》2010 年第 8 期。

农业部市场与经济信息司：《中国农产品市场分析报告 2009》，中国农业出版社，2010。

潘勇辉：《外资并购中国农业类上市公司实证分析》，《商业时代》2006 年第 1 期。

任登魁：《全球价值链视角贫困地区产业集聚发展研究》，中国经济出版社，2016。

商务部：《中国在国际贸易体系的定价权几乎全面崩溃》，新华网，http://news.xinhuanet.com/fortune/2010-05/18/c_12113805.htm，最后访问日期：2010 年 5 月 18 日。

孙斌艺：《欧美日反托拉斯法与跨国公司垂直约束行为》，《华东政法大学学报》2008年第6期。

索寒雪：《外资争购中国大米中粮益海打响遭遇战》，人民网，http：//ccnews.people.com.cn/GB/142063/12765257.html，最后访问日期：2010年9月18日。

唐衍伟、王逢宝、张晨宏：《中国大宗商品定价权的缺失以及相关对策研究》，《中国物价》2006年第1期。

涂武斌、傅泽田、张领先等：《跨国公司并购影响中国生鲜农产品国际竞争力的机制初探》，《乡镇经济》2007年第2期。

王鸿雁：《联合国呼吁美国停产玉米乙醇》，《东方早报》，http：//finance.eastmoney.com/news/1345，20120814244691815.html，最后访问日期：2012年8月14日。

王凯、韩纪琴：《农业产业链管理初探》，《中国农村经济》2002年第5期。

王希：《商务部附条件批准俄两大钾肥巨头合并计划》，新华网，http：//news.xinhuanet.com/2011-06/02/c_121489484.htm，最后访问日期：2011年6月2日。

王小波：《中国粮食进口量猛增或成全球第一农产品进口国》，农博网，http：//finance.aweb.com.cn/20120604/502759432.shtml，最后访问日期：2012年6月4日。

王孝松、谢申祥：《国际农产品价格如何影响了中国农产品价格》，《经济研究》2012年第3期。

王孝松、谢申祥：《国际市场粮价演变与国内粮价关系分析》，《中国物价》2007年第8期。

王欣兰、姜红：《中国加入世贸组织后的农业产业安全问题及其保护对策》，《黑龙江八一农垦大学学报》2003年第3期。

王秀清、H. T. Weldegebriel、A. J. Rayne：《纵向关联市场间的价格传递》，《经济学季刊》2007年第3期。

王义中、金雪军：《中国经济波动的外部因素：1992—2008》，《统计研究》2009年第8期。

王艺明：《外部金融冲击下的稳定政策与农产品价格》，《厦门大学学报》（哲学社会科学版）2009年第2期。

王永刚：《贸易、国际投资与植物油加工业市场结构》，《重庆工商大学学报》2006年第5期。

王永刚：《中国植物油加工业发展现状、问题与对策》，《粮食流通技术》2007年第1期。

王永刚：《中国植物油加工业发展战略分析》，《粮食科技与经济》2007年第3期。

温铁军：《如何建设新农村》，《中国社会导刊》2006年第13期。

文嫮、曾刚：《嵌入全球价值链的地方产业集群发展——地方建筑陶瓷产业集群研究》，《中国工业经济》2004年第6期。

吴冲锋：《大宗商品与金融资产国际定价权研究》，科学出版社，2010。

吴泰岳、李慧、张鹏：《粮食价格与居民消费价格关系的统计分析》，《数学的实践与认识》2006年第5期。

武拉平：《农产品市场一体化研究》，中国农业出版社，2002。

谢臻、卜伟：《第三届产业安全与发展论坛综述》，《经济学动态》2016年第7期。

辛贤、谭向勇：《农产品价格的放大效应研究》，《中国农村观察》2000年第1期。

刑世伟：《国际大宗商品的定价机制和中国定价权缺失问题研究》，《河北金融》2010年第10期。

徐建：《基于产业安全视角的中国DCE大豆定价地位研究》，博士学位论文，南京航空航天大学，2009。

徐洁香、邢孝兵：《当前中国农业产业安全问题探析》，《商业研究》2005年第17期。

许丹松：《部分发展中国家农业利用外资政策及其启示》，《国际经济合作》1999年第7期。

薛和斌：《中国棉花期货市场功能的实证分析及对相关产业的启示》，博士学位论文，上海交通大学，2007。

亚当·斯密：《国民财富的性质和原因的研究》，商务印书馆，1994。

杨公朴：《现代产业经济学》，上海财经大学出版社，2005。

杨莲娜：《中国棉花的进口依赖与棉花进口安全》，《财贸研究》2012年第2期。

杨凌华：《中国大豆进口贸易的定价权问题研究》，博士学位论文，中国海洋大学，2011。

杨燕、刘渝林：《中国粮食进口贸易中大国效应的扭曲及实证分析》，《对外经济贸易大学学报》2006年第4期。

杨益：《当前中国产业安全面临的压力与发展趋势、对策措施》，《国际贸易》2008年第9期。

叶苏、于冷：《主成分分析法分析中国大豆期货价格波动因素》，《哈尔滨商业大学学报》2012年第1期。

叶堂林：《开发条件下中国农业保护理论综述》，《理论学刊》2005年第1期。

依琴：《生物燃料扭曲粮食市场美欧应对涨价负责》，中国粮油信息网，http：//www.chinagrain.cn/news/2008/7/5/2008757421269600.shtm，最后访问日期：2008年7月5日。

詹啸、吴秋娟、苗瑾等：《农产品定价权与产量关系探究》，《期货日报》，http：//futures.hexun.com/2011-10-19/134358532.html，最后访问日期：2011年10月19日。

张碧琼：《国际资本扩张与经济安全》，《中国经贸导刊》2003年第6期。

张帆、尚宇红、雷平：《基于市场结构理论的大宗商品定价权分析及中国对策》，《上海对外经贸大学学报》2018年第5期。

张辉：《全球价值链动力机制与产业发展策略》，《中国工业经济》2006年第1期。

张继民：《中国争取大宗商品国际定价权问题探讨——以铁矿石、石油和大豆为例》，《黑龙江对外经贸》2011年第8期。

张巨勇、于秉圭、方天：《中国农产品国内市场与国际市场价格整合研究》，《中国农村经济》1999年第9期。

张立：《产业安全问题的国际政治经济学分析》，《天府新论》2007年第4期。

张利庠、张喜才：《外部冲击对中国农产品价格波动的影响研究——基于农业产业链视角》，《管理世界》2011年第1期。

张利庠：《产业组织与产业链整合：中国产业可持续发展研究——基于

中国饲料产业"千百十"调研工程与个案的分析》,《管理世界》2007年第4期。

张梦雨:《中国国际贸易大宗商品定价权缺失的主要影响因素分析》,《经贸实践》2018年第5期。

张平、刘霞辉、张晓晶等:《外部冲击与中国的通货膨胀》,《经济研究》2008年第5期。

张平:《外部冲击的经济增长和宏观政策选择》,《经济学动态》2005年第4期。

张峭、徐磊:《构建大豆产业风险管理体系,提高产业组织化程度》,《中国食物与营养》2008年第1期。

张向永、施晓萌:《外资垄断威胁产业安全》,人民网,http://mnc.people.com.cn/GB/8210270.html,最后访问日期:2008年10月22日。

赵蓓文:《国家经济安全视角下的外资风险传导与扩散机制》,《世界经济研究》2006年第3期。

赵慧娥:《国外农业利用外资政策及其对中国的启示》,《理论界》2005年第2期。

赵荣、乔娟:《中美棉花期货与现货价格传导关系比较分析》,《中国农业大学学报》2008年第2期。

赵卫亚、彭寿康、朱晋:《计量经济学》,机械工业出版社,2008。

赵霞、吴方卫:《中国涉农综合体GDP测算与结构分析》,《财经研究》2008年第12期。

郑宝华、李东:《国内农业产业安全问题研究综述》,《农业经济问题》2008年第1期。

郑雄:《后金融危机时代的市场定价》,中国言实出版社,2016。

中国价格协会课题组:《关于价格传导机制的若干问题研究》,《价格理论与实践》2005年第2期。

中国经济增长与宏观稳定课题组:《外部冲击与中国的通货膨胀》,《经济研究》2008年第5期。

中国期货业协会编:《大豆》,中国财政经济出版社,2011。

中国人民银行营业管理部课题组:《外部冲击与中国物价水平的决定——基于结构VAR模型的分析》,《财经研究》2009年第8期。

钟甫宁：《如何看待当前国际粮食价格的上涨》，博士学位论文，上海交通大学，2008。

重点化工产品产业损害预警课题组：《中国钾肥进口或将重演铁矿石谈判的境遇》，中国产业安全指南网，http：//www. acs. gov. cn/sites/aqzn/aqjxnr. jsp？contentId＝2569862842382，最后访问日期：2010 年 8 月 10 日。

周灏：《反倾销视角下的中国农业产业安全评价研究》，《现代经济探讨》2018 年第 7 期。

周立：《美国：这场世界粮食危机中在干什么》，《华夏星火》2008 年第 5 期。

周应恒、邹林刚：《中国大豆期货市场与国际大豆期货市场价格关系研究——基于 VAR 模型的实证分析》，《农业技术经济》2007 年第 1 期。

周章跃、万广华：《论市场整合研究方法》，《经济研究》1999 年第 3 期。

朱广其、赵家风：《进一步提高我国农产品国际竞争力》，《宏观经济管理》2007 年第 5 期。

朱丽萌：《中国农产品进出口与农业产业安全预警分析》，《财经科学》2007 年第 6 期。

朱晓峰：《论我国的农业安全》，《经济学家》2002 年第 1 期。

朱钟棣：《入世后中国的产业安全》，上海财经大学出版社，2006。

祝继高：《定价权博弈：中国企业的路在何方？》，中国人民大学出版社，2012。

祝年贵：《利用外资与中国产业安全》，《财经科学》2003 年第 5 期。

中国产业安全指南网：《国际私募财团涉足我蔬菜业农产品行业恐陷入被动发展局面》，http：//www. acs. gov. cn/sites/aqzn/aqjxnr. jsp？contentId＝2548090026637，最后访问日期：2010 年 8 月 10 日。

中国产业安全指南网：《美国企业占据中国 70% 种子市场》，http：//www. acs. gov. cn/sites/ aqzn/aqjxnr. jsp？contentId＝255897647384，最后访问日期：2010 年 7 月 11 日。

中国产业安全指南网：《外资控制我油脂市场国内价格受限》，http：//www. acs. gov. cn/sites/aqzn/aqjxnr. jsp？contentId＝2539622851563，最后访问日期：2010 年 8 月 10 日。

Sarah Nolet、Jason Jay:《涉农产业如何免蹈新能源泡沫的覆辙》,《中国社会组织》2016 年第 20 期。

Acemoglu D., Johnson S., and Robinson J., "The Colonial Origins of Comparative Development: An Empirical Investigation", *American Economic Review* 91 (2001): 1369-1401.

Alexander C., "Cointegration and Market Integration: An Application to the Indonesian Rice Market", *Journal of Development Studies*, 30 (1994): 303-328.

Asche F., Bremines H., and Wessells C., "Product Aggregation, Market Integration, and Relationships Between Prices: An Application to World Salmon Markets", *American Journal of Agricultural Economics*, 81 (1999): 568-581.

Davis J., Goldberg, *A Concept of Agribusiness.* (Boston: Division of Research, Graduate School of Business Administration, Harvard University, 1957), p. 133.

Dercon, S., "On Market Integration and Liberalization: Method and Application to Ethiopia," *Journal of Development Studies*, 32 (1995): 112-143.

Frigon M., M. Doyon and R. Romain, *Asymetry in Farm-Retail Price Transmission in the Northeastern Fluid Milk Market. Research Report.* (Food Marketing Policy Center: Storrs, Connecticut., 1999), p. 45.

Gardner B., "The Farm to Retail Price Spread in a Competitive Food Industry", *American Journal of Agricultural Economics*, 57 (1975): 399-409.

Gary Gereffi, John Humphrey, "The governance of global value chains," *Review of International Political Economy*, 12 (2005): 78-104.

Gereffi G., "A Commodity Chains Framework for Analyzing Global Industries", *Working Paper for IDS*, 1999b.

Gereffi G. and Korzeniewicz M., *Commodity chains and global capitalism.* (London: Praeger, 1994).

Gereffi G., Humphrey J., Sturgeon T., "The Governance of global value chains", *Forthcoming in Review of International Political Economy*, 11 (2003): 5-11.

Gonzalez-Rivera G., and S. M. Helfand. "The Extent, Pattern, and Degree of Market Integration: A Multivariate Approachfor the Brazillian Rice Market", *American Journal of Agricultural Economics*, 2001 (83): 576-592.

Goodwin B., N. Piggott, "Spatial Market Integration in the Presence of Threshold Effects", *American Journal of Agricultural Economics*, 83 (2001): 302-317.

Goodwin B., "Multivariate Cointegration Tests and the Law of One Price in International Wheat Markets", *Review of Agricultural Economics*, 14 (1992): 117-124.

Harrison J. S., Hall, E. H. and Nargundkar, R., "Resource Allocation as an outcropping of Strategic Consistency: Performance Implications", *Academy of Management Journal*, 36 (1993): 1026.

Hayenga Marvin L., Miller., "Douglas. Price Cycles and Asymmetric Price Transmission in the U. S. Pork Market", *American Journal of Agricultural Economics*, 83 (2001): 551-562.

Henderson J., "Danger and Opportunity in the Asia-Pacific" [In: Thompson, G. (eds.). Economic Dynamism in the Asia-Pacific, London: Routledge, 1998], pp. 356-384.

Humphrey J., Schmitz H., "How Does Insertion in Global Value Chains Affect Upgrading in Industrial Clusters", *Regional Studies*, 36 (2002): 1017-1027.

Humphrey J., Schmitz H., "Governance in Global Value Chains", *IDS Bulletin*, 32 (2001): 19-29.

Humphrey J., Schmitz H., "Governance and Upgrading: Linking Industrial Cluster and Global Value Chain", *IDS Working Paper*, 120, Brighton: 2000.

Kaplinsky R., "Spreading the Gains from Globalisation: What Can Be Learned from Value Chain Analysis", *Journal of Development Studies*, 37 (2000): 117-146.

Kogut B., "Designing Global Strategies: Comparative and Competitive Value-added Chains", *Sloan Management Review*, 26 (1985): 15-28.

Mackowiak B., External Shocks US, "Monetary Policy and Macroeconomic Fluctuations in Emerging Markets", *Journal of Monetary Economics*, 54 (2007): 251-252.

Porter M. E., *The Competitive Advantage*, New York, Free Press, 1985.

Sturgeon T., Lee J. R., "Industry Co-evolution and the Rise of A Shared Supply-base for Electronics Manufacturing", *Nelson and Winter Conference* (2001): 12-15.

Trefler D., "The Long and Short of the Canada-U. S. Free Trade Agreement", *American Economic Review*, 94 (2004): 870-895.

Yuqing Zheng, Henry W. Kinnucan, Henry Thompson, "News and Volatility of Food Prices", *Applied Economics*, 40 (2008): 1629-1635.

Zhang P. Fletcher S. M., Carley D. H., "Peanut Price Transmission Asymmetry in Peanut Butter", *Agribusiness*, 11 (1995): 13-20.

图书在版编目(CIP)数据

涉农战略性商品定价权研究/蔡俊煌著. -- 北京：社会科学文献出版社，2022.5
（海西求是文库）
ISBN 978-7-5201-9855-4

Ⅰ.①涉… Ⅱ.①蔡… Ⅲ.①农业产业-商品价格-国际价格-定价-研究-中国 Ⅳ.①F323.7

中国版本图书馆 CIP 数据核字（2022）第 040049 号

·海西求是文库·
涉农战略性商品定价权研究

著　　者 / 蔡俊煌

出 版 人 / 王利民
组稿编辑 / 王　绯
责任编辑 / 周雪林
责任印制 / 王京美

出　　版 / 社会科学文献出版社·政法传媒分社（010）59367156
　　　　　 地址：北京市北三环中路甲 29 号院华龙大厦　邮编：100029
　　　　　 网址：www.ssap.com.cn

发　　行 / 社会科学文献出版社（010）59367028
印　　装 / 天津千鹤文化传播有限公司

规　　格 / 开　本：787mm × 1092mm　1/16
　　　　　 印　张：20.25　字　数：322 千字
版　　次 / 2022 年 5 月第 1 版　2022 年 5 月第 1 次印刷
书　　号 / ISBN 978-7-5201-9855-4
定　　价 / 98.00 元

读者服务电话：4008918866

版权所有 翻印必究